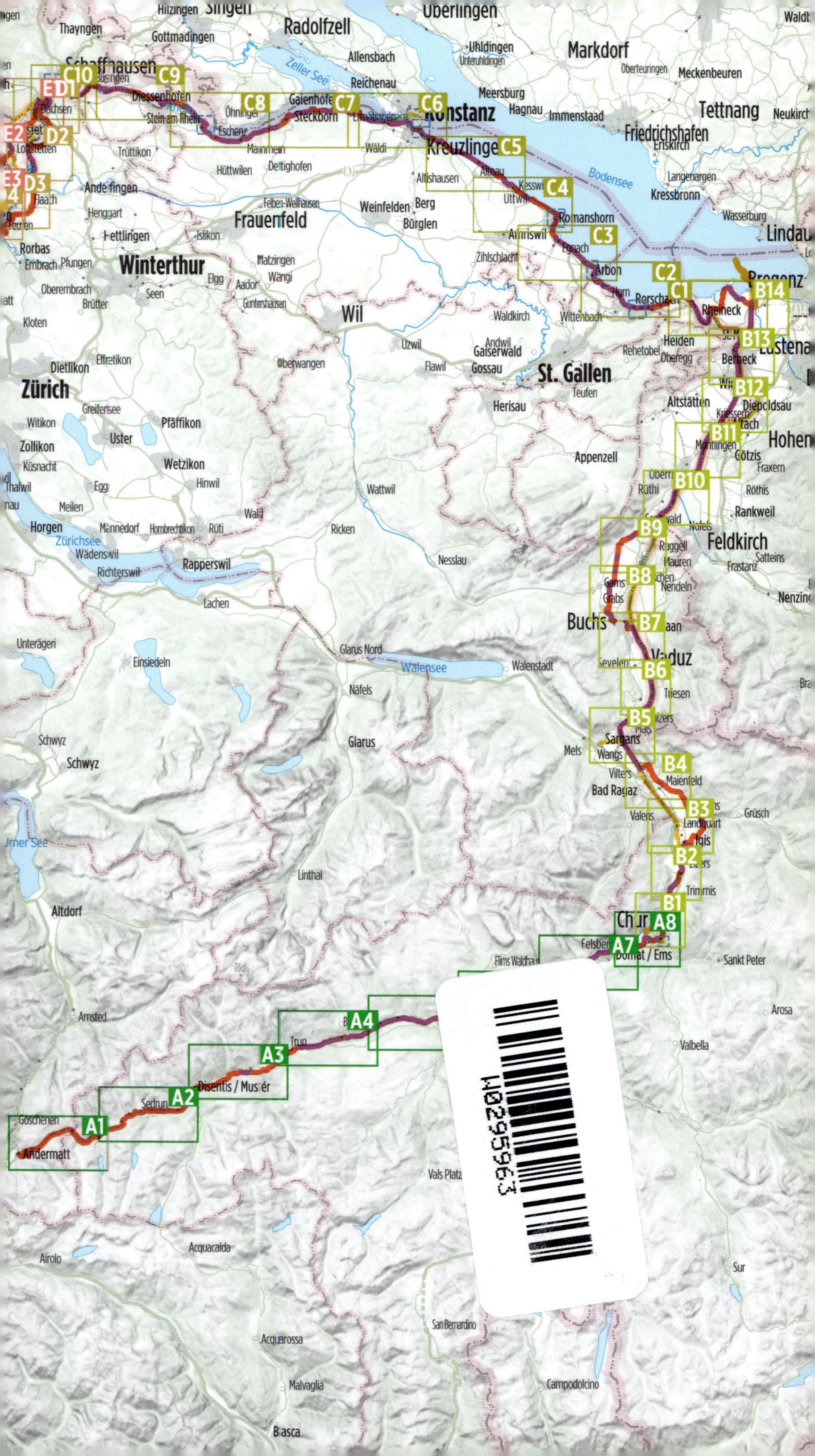

Bodensee
Lindau
Bregenz
Friedrichshafen
Tettnang
Markdorf
Überlingen
Radolfzell
Konstanz
Kreuzlinge
Romanshorn
Arbon
Rorschach
St. Gallen
Appenzell
Feldkirch
Vaduz
Buchs
Sargans
Bad Ragaz
Chur
Domat / Ems
Trun
Disentis / Mus ér
Sedrun
Andermatt
Schaffhausen
Diessenhofen
Stein am Rhein
Steckborn
Frauenfeld
Winterthur
Wil
Zürich
Zürichsee
Rapperswil
Walensee
Glarus
Schwyz
Altdorf
Wetzikon
Uster
Horgen
A1
A2
A3
A4
A7
A8
B1
B2
B3
B4
B5
B6
B7
B8
B9
B10
B11
B12
B13
B14
C1
C2
C3
C4
C5
C6
C7
C8
C9
C10
D1
D2
D3

bikeline®-Radtourenbuch
Rhein-Radweg 1

A-3751 Rodingersdorf, Hauptstr. 31
Tel.: +43/2983/28982-0, Fax: -500
E-Mail: bikeline@esterbauer.com
www.esterbauer.com
10. überarbeitete Auflage 2016
ISBN: 978-3-85000-485-5

Bitte geben Sie bei jeder Korrespondenz die Auflage und die ISBN an!

Dank an alle, die uns bei der Erstellung dieses Buches tatkräftig unterstützt haben, s. S. 139.

Das bikeline-Team: Birgit Albrecht-Walzer, Beatrix Bauer, Michael Bernhard, Michael Binder, Veronika Bock, Petra Bruckmüller, Roland Esterbauer, Dagmar Güldenpfennig, Martina Kreindl, Nora Ludolph, Gregor Münch, Karin Neichsner, Carmen Paradeiser, Sabrina Pusch, Claudia Retzer, Christian Schlechte, Elisabeth Sulz, Martin Trippmacher, Carina Windberger, Carina Winkelhofer, Martin Wischin, Wolfgang Zangerl

Umschlagbilder: Bild gr.: © Elenarts - Fotolia.com; Bildkl. oben: © Christian Bieri - Fotolia.com; Bild kl. unten: Markus Belz

Bildnachweis: Andermatt Swiss Alps: 16; Archiv: 120; Birgit Albrecht-Walzer: 98; Bad Zurzach Tourismus: 88; Bad Zurzach Tourismus AG, Dennis Savini: 88; Basel-Tourismus: 103; Basel Tourismus/ Römerstadt Augusta Raurica: 98; Basler Tourismus/Pino Musi: 100; © celeste clochard - Fotolia.com: 34; Chur Tourismus: 26, 32; Chur Tourismus, Badrutt Andrea: 28, 31; © Clemens Schüßler - Fotolia.com: 22; © Elenarts - Fotolia.com: 80; Gemeinde Jestetten, R. Wipf: 107; Heidiland Tourismus AG: 36; Markus Belz: 8, 50; © Manuel Schönfeld - Fotolia.com: 64; Micha Müller: 52; schweizmobil.ch: 8; Schwörstadt.de: 124; Sedrun Disentis Tourismus: 18, 20; © shorty25 - Fotolia.com: 68; Tourismus GmbH Bad Säckingen: 122; Tourismus-Marketing Baden Württemberg: 74, 76; Tourismus Neuhausen am Rheinfall: 106; Tourismus Rheinfelden: 94, 95; Tourismus- und Kulturamt Laufenburg: 90; Tourist Information Konstanz GmbH: 62, 65; Tourist-Information Waldshut-Tiengen, H. Wassmer: 114; Tourist Info Werdenberg, Christof Sonderegger: 40; Tourist Info Werdenberg, Golfclub Gams: 46; Tourist Service Stein am Rhein: 72; Verkehrs- und Kulturverein Hohentengen e. V.: 110; © Waldteufel - Fotolia.com: 108

Kartografie erstellt mit axpand
(www.axes-systems.com)

bikeline

Was ist bikeline?

Wir sind ein Team von Redakteuren, Kartografen, Geografen und anderen Mitarbeitern, die allesamt begeisterte Radfahrerinnen und Radfahrer sind. Ins „Rollen“ gebracht hat das Projekt 1987 eine Wiener Radinitiative, die begonnen hat, Radkarten zu produzieren. Heute tun wir dies als Verlag mit großem Erfolg. Mittlerweile gibt's bikeline® und cycline® Bücher in fünf Sprachen und in vielen Ländern Europas.

Um unsere Bücher immer auf dem letzten Stand zu halten, brauchen wir auch Ihre Hilfe. Schreiben Sie uns, wenn Sie Unstimmigkeiten oder Änderungen in einem unserer Bücher entdeckt haben.

Wir freuen uns auf Ihre Rückmeldung (redaktion@esterbauer.com),

Ihre bikeline-Redaktion

Vorwort

Von der Zentralschweiz durch die Alpen zum Bodensee und entlang des Hochrheins weiter nach Basel führt Sie Ihre Radreise entlang des ersten Rhein-Abschnitts. Unterwegs erwarten Sie nicht nur atemberaubende Alpenpanoramen oder herrlichste Badefreuden im milden Klima des Bodensees sondern auch das beeindruckende Naturereignis des Rheinfalls bei Schaffhausen. Auch kulturell hat diese Route einiges zu bieten: Sie durchradeln etwa die Graubündner Kantonshauptstadt Chur oder malerische Grenzstädtchen entlang des Hochrheins, wie Laufenburg, Bad Säckingen oder Rheinfelden und können auch einen Abstecher in das Zentrum der Bodensee-Stadt Konstanz machen. Am Ende Ihrer Radreise erreichen Sie schließlich den krönenden Abschluss dieser, die Kultur- und Industriestadt Basel.

Präzise Karten, genaue Streckenbeschreibungen, zahlreiche Stadt- und Ortspläne, Hinweise auf das kulturelle und touristische Angebot der Region und ein umfangreiches Übernachtungsverzeichnis – in diesem Buch finden Sie alles, was Sie zu einer Radtour entlang des Rheins von Andermatt nach Basel brauchen – außer gutem Radlwetter, das können wir Ihnen nur wünschen.

Kartenlegende

Radrouten (cycling routes)

Hauptroute, wenig KFZ-Verkehr (main cycle route, low motor traffic)

- asphaltiert (main cycle route, paved surface)
- nicht asphaltiert (main cycle route, unpaved surface)
- schlecht befahrbar (main cycle route, bad surface)

Hauptroute, autofrei / Radweg (main cycle route, without motor traffic / cycle path)

- asphaltiert (cycle path, paved surface)
- nicht asphaltiert (cycle path, unpaved surface)
- schlecht befahrbar (cycle path, bad surface)

Ausflug od. Variante, wenig KFZ-Verkehr (excursion or alternative cycle route, low motor traffic)

- asphaltiert (excursion or alternative route, paved surface)
- nicht asphaltiert (excursion, unpaved surface)
- schlecht befahrbar (excursion, bad surface)

Ausflug od. Variante, autofrei / Radweg (excursion or alternative route, without motor traffic / cycle path)

- asphaltiert (excursion or alternative route, paved surface)
- nicht asphaltiert (excursion, unpaved surface)
- schlecht befahrbar (excursion, bad surface)

Sonstiges (other cycle routes)

- sonstige Radroute (other cycle route)

- verkehrsreiche Radroute (cycle route with significant motor traffic)
- Kopfsteinpflaster (cobbled street)
- Einbahnführung (one-way connection)
- Fährverbindung (ferry connection)
- unbekannter Belag (road surface unknown)
- Tunnel (tunnel)
- Schiebestrecke (dismounting recommended)
- Zugverbindung (train connection)
- Radweg in Planung (planned cycle path)
- Radweg gesperrt (closed cycle path)
- Radfahrstreifen (cycle lane)
- straßenbegleitender Radweg (cycle path along road)
- Straße für Radfahrer gesperrt (road closed to cyclists)
- Beschriebene Fahrtrichtung (described direction)
- Wegpunkt (waypoint)

Steigungen / Entfernungen (gradient / distance)

- starke Steigung (steep gradient, uphill)
- leichte bis mittlere Steigung (light gradient, uphill)
- 2,4 — Entfernung in Kilometern, gerundet (distance in km, rounded)

Radinformationen (important cycling information)

- Fahrradwerkstatt* (bike workshop*)
- Fahrradvermietung* (bike rental*)
- überdachter Abstellplatz* (covered bike stands*)
- abschließbarer Abstellplatz* (lockable bike stands*)
- E-Bike Ladestation (E-bike charging station)
- Infotafel* (information board*)
- Gefahrenstelle (dangerous section)
- Text beachten (read text carefully)
- Treppe (stairs)
- Tragestrecke (bicycle must be carried!)
- Engstelle* (constriction, bottleneck*)
- Stadt- /Ortsplan (city map)

Nur in Ortsplänen (symbols only in the city maps)

- Parkhaus* (garage*)
- Theater* (theatre*)
- Post* (post office*)
- Apotheke* (pharmacy*)
- Krankenhaus* (hospital*)
- Feuerwehr* (fire-brigade*)
- Polizei* (police*)

* Auswahl (* selection)

Maßstab 1 : 50.000

1 cm ≙ 500 m   1 km ≙ 2 cm

0 1 2 3 4 5 6 7 8 9 10 km

Sehenswertes / Einrichtungen (sights of interest / facilities)

- Kirche; Kapelle (church; chapel)
- Kloster (monastery/convent)
- Synagoge; Moschee (synagogue; mosque)
- Schloss, Burg; Ruine (palace, castle; ruin)
- Turm; Leuchtturm (tower; lighthouse)
- Wassermühle; Windmühle (watermill; windmill)
- Kraftwerk (power station)
- Bergwerk; Höhle (mine; cave)
- Denkmal (monument)
- Flughafen (airport)
- sonstige Sehenswürdigkeit (other sight of interest)
- Museum (museum)
- Ausgrabungen; röm. Objekte (excavations; roman site)
- Tierpark; Naturpark-Information (zoo; nature info)
- Naturpark, -denkmal (nature reserve, monument)
- sonstige Natursehenswürdigkeit (natural sight of interest)
- Aussichtspunkt* (panoramic view*)
- Tourist-Information; Gasthaus (tourist information; restaurant)
- Hotel, Pension; Jugendherberge (hotel, guesthouse; youth hostel)
- Camping-; Naturlagerplatz* (camping site; simple tent site*)
- Einkaufsmöglichkeit*; Kiosk* (shopping facility*; kiosk*)
- Rastplatz*; Unterstand* (picnic tables*; covered stand*)
- Freibad; Hallenbad (outdoor pool; indoor pool)
- Brunnen*; Parkplatz* (drinking fountain*; parking lot*)
- Schönern sehenswertes Ortsbild (picturesque town)
- Einrichtung im Ort vorhanden (facilities available)

Topographische Informationen (topographic information)

- Kirche; Kapelle (church; chapel)
- Kloster (monastery)
- Synagoge; Moschee (synagogue; mosque)
- Schloss, Burg; Ruine (palace, castle; ruins)
- Turm; Leuchtturm (tower; lighthouse)
- Wassermühle; Windmühle (windmill; water mill)
- Kraftwerk; Solaranlage (power station; solar power station)
- Bergwerk; Höhle (mine; cave)
- Denkmal; Hügelgrab (monument; burial mound)
- Flughafen; Flugplatz (airport; airfield)
- Windkraftanlage (windturbine)
- Funk- und Fernsehanlage (TV/radio tower)
- Umspannwerk, Trafostation (transformer station)
- Wegkreuz; hist. Grenzstein (wayside cross; boundary stone)
- Sportplatz, Stadion (playing field, stadium)
- Golfplatz; Tennisplatz (golf course; tennis courts)
- Schiffsanleger; Schleuse (boat landing; sluice/lock)
- Quelle (natural spring)
- Kläranlage (wastewater treatment plant)
- Staatsgrenze mit Übergang (international border crossing)
- Landesgrenze (country border)
- Kreis-, Bezirksgrenze (district border)
- Naturschutzgebiet, Naturpark, Nationalpark (nature reserve, national park)
- Truppenübungsplatz, Sperrgebiet (prohibited zone)

- A13 B12 Autobahn; Schnellstraße (motorway/freeway; expressway)
- B236 Fernverkehrsstraße (highway)
- Hauptstraße (main roads)
- untergeordnete Hauptstraße (secondary main road)
- Nebenstraße; Fahrweg (secondary road; side street/access road)
- Weg; Fähre (track; ferry)
- Straße geplant/in Bau (road planned/under construction)
- Eisenbahn/Bahnhof; S-Bahnhof (railway/station; suburban station)
- Eisenbahn stillgelegt; geplant (railway disused; planned)
- Schmalspurbahn (narrow gage railway)
- Bergbahn; Seilbahn (mountain railway; cable car)
- Wald; Parkanlage (forest; park)
- Sumpf; Heide (marsh/bog; heath)
- Weinbau; Gartensiedlung* (vineyards; allotment gardens*)
- Friedhof; Düne, Strand (cemetery; dunes, beach)
- Watt; Gletscher (tidal flats; glacier)
- Felsen; Geröll (rock, cliff; scree)
- Steinbruch, Tagebau* (quarry, open cast mine*)
- Gewerbe-, Industriegebiet (commercial/industrial area)
- Siedlungsfläche; öffentl. Gebäude (built-up area)
- Stadtmauer, Mauer (defensive wall, wall)
- Damm, Deich (embankment, dike)
- Kanal (canal)
- Fluss/Staumauer/See (river/dam/lake)
- 100 Höhenlinie 100m/50m (contour line)
- 5310 UTM-Gitter (in km; 2 km-Gitter) (UTM-grid)

Inhalt

3	Vorwort	
4	Kartenlegende	
7	Der Rhein-Radweg	
12	Zu diesem Buch	
14	*Von Andermatt nach Chur*	*100,2 km*
30	*Von Chur zum Rheindelta*	*92,3 km*
45	Entlang des Alten Rheins nach Gaißau (5,2 km)	
48	*Vom Rheindelta nach Schaffhausen*	*105,2 km*
78	*Am Südufer von Schaffhausen nach Basel*	*127,3 km*
104	*Am Nordufer von Schaffhausen nach Basel (E)*	*110,2 km*
107	Ausflug nach Eglisau (12,5 km)	
114	Ausflug nach Tiengen (5,6 km)	
129	Übernachtungsverzeichnis	
139	Danke	
140	Ortsindex	

Stadtpläne

Arbon	*56*
Bad Säckingen	*121*
Basel	*101*
Chur	*28*
Konstanz	*63*
Kreuzlingen	*61*
Laufenburg	*92*
Rheinfelden	*94*
Romanshorn	*58*
Rorschach	*54*
Schaffhausen	*77*
Stein am Rhein	*71*
Tiengen	*115*
Waldshut	*116*

Wetterfest und robust!

Für die Innenseiten dieses Buches haben wir uns etwas Besonderes einfallen lassen. Die Seiten bestehen aus hochwertigem Landkartenpapier, welches mit einer robusten und wasserabweisenden Beschichtung versehen wurde. Somit übersteht es unbeschadet auch mal ein Regenwetter.
Bitte beachten Sie: wetterfest und wasserabweisend bedeutet nicht wasserfest! Die Seiten sind gut gegen Spritzwasser geschützt und kleben, wenn sie feucht werden, nicht aneinander. Dennoch darf das Buch nicht komplett durchnässt werden.
Bitte verwenden Sie bei Dauerregen zusätzlich einen Regenschutz.

Der Rhein-Radweg

Ausgehend von Andermatt mitten in den Schweizer Alpen erleben Sie hochalpine Natur und unterwegs bietet sich von den Straßen auch das ein oder andere fantastische Panorama in die Täler und auf den Vorderrhein. Unterwegs radeln Sie auch durch Heidis Heimatdorf - das Städtli Maienfeld im Graubündner Rheintal. Weiter geht's immer in der Nähe der Grenze zu Österreich und Liechtenstein bis an den Bodensee, der an heißen Tagen Erfrischung verspricht. Vorbei an der deutschen Bodenseestadt Konstanz erreichen Sie den Hochrhein. Der Hochrhein verbindet die traditionsreiche Urlaubslandschaft des Bodensees mit dem stillen Zürcher Weinland und die schmucken alten Grenzstädte an den Ausläufern des Südlichen Schwarzwaldes mit der Industrieballung um Basel. Ob Sie sich nun eher für Wein, Kultur oder Natur interessieren, auf diesem Abschnitt finden Sie bestimmt auch Sehenswürdigkeiten nach Ihrem Geschmack.

Aufgrund der Länge des Rheins und der zahlreichen Sehenswürdigkeiten an seinen Ufern wurde der Rhein-Radweg auf vier ***bikeline***-Bücher aufgesplittet. Dieses Buch wird Sie nun auf den ersten 167 Flusskilometern durch die Schweiz und Deutschland führen. Den weiteren Verlauf der Radwege entlang des Rheins finden Sie in den bikeline Radtourenbüchern Rhein-Radweg 2 bis Rhein-Radweg 4: Rhein-Radweg 2 beschreibt den Oberrhein von Basel bis nach Mainz. Rhein-Radweg 3 führt von Mainz durch das UNESCO-Kulturerbe Oberes Mittelrheintal und weiter über Köln bis nach Duisburg. Rhein-Radweg 4 schließlich begleitet den Niederrhein und den Deltarhein von Köln bis Hoek van Holland.

Streckencharakteristik

Länge

Die Länge des Rhein-Radweges von Andermatt bis Basel beträgt 425 oder 408 Kilometer, je nachdem, ob Sie sich ab Schaffhausen für das Südufer oder das Nordufer entscheiden.

Wegequalität und Verkehr

Die Wegequalität entlang des Rheins ist als gut einzuschätzen. Meist verläuft die Route auf ruhigen Landstraßen, unbefestigten, aber meist gut befahrbaren Forstwegen oder eigenen Radwegen wie dem Dammweg entlang des Rheins. Probleme könnte es eventuell im Frühjahr im alpinen Bereich geben. Hier können manche der unbefestigten Wege von Schnee oder Hochwasser noch schlecht befahrbar sein.

LIVE-UPDATES

Als Online-Angebot finden Sie auf unserer Webseite eine Sammlung aktueller Änderungen und Korrekturen zu diesem Radtourenbuch. Diese Informationen sind immer auf dem neuesten Stand und ermöglichen Ihnen in Kombination mit der bestehenden Auflage dieses Buches die beste Reiseplanung. Das LiveUpdate zu diesem Titel ist frei verfügbar unter:

www.esterbauer.com/db_detail.php?buecher_code=RHE1

Sind Ihnen auf Ihrer Radreise Fehler und Änderungen zur Route, zum Übernachtungsverzeichnis oder den touristischen Daten aufgefallen? Über die Updateseite können Sie diese brandneuen Infos direkt an das bikeline-LiveUpdate-Team übermitteln. Wir freuen uns auf Ihr Update und bedanken uns im Namen aller Radler!

Den aktuellen bikeline-Track zu diesem Titel finden Sie unter:

tracks.world/?dir=ch/trk79ft438

Beschilderung in der Schweiz

Verkehrsreiche Streckenabschnitte gibt es ab und zu, wenn Sie aus Platzmangel auf die Hauptstraße ausweichen müssen. Diese Wegstücke kommen aber nicht häufig vor.

Die Strecke zwischen Andermatt und Chur ist in weiten Teilen eher etwas für Sportlichere. Der Wechsel zwischen Tal und Hanglagen bringt immer wieder kräftige Steigungs- und Gefällestrecken mit sich.

Beschilderung

Die Radroute auf Schweizer Seite ist durchgehend als Radroute Nummer 2, die Rheinroute, und auch als EuroVelo-Route Nummer 15 beschildert. Diese Beschilderung ist durchgehend zuverlässig und auch sinnvoll an wichtigen Stellen befestigt.

Zwischen Schaffhausen und Basel folgen Sie am nördlichen Rheinufer der Beschilderung des Rheintalweges.

Konzept

Von Andermatt bis Schaffhausen verläuft die Route immer auf einer Seite des Rheins bzw. des Bodensees. Für die Strecke von Schaffhausen bis Basel gibt es in diesem Buch zwei Abschnitte, einmal überwiegend in der Schweiz und einmal überwiegend in Deutschland, da hier auf beiden Seiten des Rheins schöne Radwege verlaufen.

Tourenplanung

Wichtige Telefonnummern:

Internationale Vorwahlen: In die Schweiz: 0041; nach Deutschland: 0049; nach Österreich: 0043

Nach den internationalen Vorwahlen folgt die Ortsvorwahl ohne Null. In der Schweiz gehören alle Vorwahlnummern zur Telefonnummer, diese müssen also immer mitgewählt werden.

Zentrale Infostellen

Stiftung SchweizMobil, Geschäftsstelle, Spitalgasse 34, CH-3001 Bern, ✆ 004131/3180128, www.schweizmobil.ch, www.veloland.ch, info@schweizmobil.ch

Thurgau Tourismus, Egelmoosstr. 1, CH-Amriswil, ✆ 0041071/4141144, www.thurgau-bodensee.ch, info@thurgau-bodensee.ch

Graubünden Ferien, Alexanderstr. 24, CH-7001 Chur, ✆ 004181/2542424, www.graubuenden.ch, contact@graubuenden.ch

Ostschweiz Tourismus, Fürstenlandstr. 53, CH-9000 St. Gallen, ✆ 004171/2749900, www.ostschweiz.ch, info@ostschweiz.ch

Schweiz Tourismus, Schwindgasse 20, A-1040 Wien, ✆ 00800/10020030 (gratis), www.myswitzerland.com, info@myswitzerland.com,

Beschilderung in Deutschland

Fremdenverkehrsverband Bodensee-Oberschwaben, Schützenstr. 8, D-78462 Konstanz, ✆ 00497531/909490
Tourismus Südlicher Schwarzwald, Ludwigstr. 23, D-79104 Freiburg, ✆ 0049761/896460, www.schwarzwald-sued.de, mail@schwarzwald-tourismus.info
Tourismus Marketing GmbH BadenWürttemberg, Esslinger Str. 8, D-70182 Stuttgart, ✆ 0049711/238580, www.familien-ferien.de, info@tourismus-bw.de
Bodensee Vorarlberg Tourismus GmbH, , Postfach 16, A-6900 Bregenz, ✆ 00435574/434430, www.bodensee-vorarlberg.com, office@bodensee-vorarlberg.com
Vorarlberg Tourismus GmbH, Poststr. 11, A-6850 Dornbirn, ✆ 00435572/3770330, www.vorarlberg.travel, info@vorarlberg.travel
Eurovelo, www.rheinradweg.eu, www.eurovelo.com
Die Website www.rheinradweg.eu bietet länderübergreifend Informationen zu allen Etappen des Rhein Radwegs und auch zu aktuellen Veranstaltungen entlang der Strecke.

Umrechnungskurs

1 € = ca. 1,101 CHF (Schweizer Franken)
1 CHF = ca. 0,908 €
(Bitte die aktuellen Tageskurse beachten!)

An- und Abreise mit der Bahn

Aufgrund der sich ständig ändernden Preise und Bedingungen für Fahrradtransport bzw. -mitnahme empfehlen wir Ihnen, sich bei nachfolgenden Infostellen über Ihre ganz persönliche Anreise mit der Bahn zu informieren.
Informationsstellen
Deutsche Bahn AG Radfahrer Hotline: ✆ 0180/6996633 (€ 0,20 pro Anruf aus dem Festnetz, Tarif bei Mobilfunk max. € 0,60 pro Anruf), Mo-So 8-20 Uhr, Auskünfte über Zugverbindungen, zur Fahrradmitnahme, Fahrpreise im In- und Ausland, Buchung von Tickets und Reservierungen, www.bahn.de, www.bahn.de/bahnundbike
Automatische DB-Fahrplanauskunft:
✆ 0800/1507090 (gebührenfrei aus dem Festnetz) od. ✆ 0180/6996633 (rund um die Uhr, in Deutschland: € 0,20 aus dem Festnetz u. max € 0,60 aus dem Mobilfunknetz)
ADFC, Allgemeiner Deutscher Fahrrad-Club e.V.: weitere Infos und aufgeschlüsselte Einzelverbindungen unter www.adfc.de/bahn
Österreichische Bundesbahnen:
CallCenter ✆ 05/1717 (österreichweit zum Ortstarif), www.oebb.at
Schweizer Bundesbahnen:
Rail-Service ✆ 0041/900300300 (CHF 1,19/Min.), www.sbb.ch

Radverleih am Bahnhof

In der **Schweiz** gibt es ca. 80 Bahnhöfe mit Vermietstationen. Die Preise der hochwertigen Fahrräder betragen halbtags CHF 27,– und ganztags CHF 35, E-Bikes kosten ab CHF 54 pro Tag. Gegen Aufpreis von CHF 10,- können die Räder auch an einem anderen Bahnhof wieder zurückgegeben werden. Mehr Infos unter www.rentabike.ch

Rad und Bahn

Entlang des Rheins verläuft fast immer eine Bahnlinie parallel, auf die Sie im Zweifelsfall umsteigen können. Die anstrengende Passstrecke von Andermatt zum Oberalppass können Sie auch mit der Bahn zurücklegen. Die Züge verkehren in einem Intervall von zirka einer Stunde.

Schiff und Rad

Schifffahrten stellen stets eine reizvolle Ergänzung der Reise dar, in manchen Bereichen der Tour sind sie zudem die beste Möglichkeit, um einem weniger attraktiven Abschnitt auszuweichen. Am Untersee und am Hochrhein bis Schaffhausen haben Sie das größte Angebot an Linienfahrten, die besonders von Stein am Rhein flussabwärts eine gute Alternative bedeuten.
Hinter Schaffhausen sorgt der Rheinfall für eine naturbedingte Unterbrechung der Schifffahrt. Ab

Rheinfelden ist die Reise mit dem Schiff bis Basel wieder leichter und auch zu empfehlen. Nähere Informationen über die Beförderungsbedingungen der Schiffe finden Sie im Datenblock des jeweiligen Ortes.

Der Schiffsverkehr auf dem Bodensee ermöglicht Ihnen in den meisten größeren Orten, die Radwanderung auf dem Wasserweg fortzusetzen. Auf dem Überlinger- und Obersee sowie allgemein im Querverkehr über den See ist der Fahrradtransport bereits zur Selbstverständlichkeit geworden. Über die Beförderung der Fahrräder auf dem Untersee entscheidet aufgrund der etwas anderen Bauweise der Schiffe im Einzelnen der Kapitän.

Für Radfahrer am angenehmsten und billigsten sind folgende zwei Fährlinien: Die **Fähre Romanshorn – Friedrichshafen** verkehrt Mo-Fr stündlich von 5.36-20.36 Uhr. Die Überfahrt dauert rund 40 Minuten. Die Verbindung **Konstanz** (Ortsteil Staad) – **Meersburg** wird das ganze Jahr über Tag und Nacht befahren. Die Schiffe fahren von 6-21 Uhr viertelstündlich (Sa,So/Fei ab 8 Uhr), von 21-23 Uhr jede halbe Stunde und von 0-5 Uhr stündlich. Die Überfahrt dauert 15 Minuten.

Die meisten Linienschiffe unterstehen der „Weißen Flotte", die von einem Verkehrsverbund aller angrenzenden Staaten betrieben wird und alle größeren Orte anfährt. Fahrräder werden auf allen Routen befördert.

Informationen zu weiteren Schifffahrten, den Tarifen und eventuellen Tageskarten und Ermäßigungen erhalten Sie bei:

Schweizerische Schifffahrtsgesellschaft Untersee und Rhein, Freier Pl. 8, CH-8207 Schaffhausen, ✆ 004152/6340888, www.urh.ch, info@urh.ch

Bodensee-Schiffsbetriebe GmbH, Hafenstr. 6, D-78462 Konstanz, ✆ 00497531/36400, www.bsb-online.com, info@bsb.de

Schweizerische Bodensee-Schiffahrtsgesellschaft (SBS) AG, Friedrichshafener Str. 55a, CH-8590 Romanshorn, ✆ 004171/4667888, www.sbsag.ch, info@sbsag.ch

Bodenseeschifffahrt, Vorarlberg Lines, Seestr. 4, A-6900 Bregenz, ✆ 00435574/42868, www.bodenseeschifffahrt.at, info@vorarlberg-lines.at

Ernst Mändli AG, Dorfstr. 8, CH-8212 Nohl, ✆ 004152/6596900, www.schiffmaendli.ch, info@schiffmaendli.ch

Übernachtung

Im alpinen Bereich zwischen Andermatt und Chur werden Sie in den Sommermonaten wenig Probleme haben, ein Zimmer zu bekommen. Hier ist das Angebot aufgrund des Wintertourismus äußerst zahlreich und im Sommer selten bis zum letzten Bett ausgebucht. Nur in der Übergangszeit zwischen Winter- und Sommertourismus, z. B. im Mai, haben viele Betriebe Urlaub. Zu diesen Zeiten ist eine Reservierung empfehlenswert.

In der Rhein-Region zwischen Chur und dem Bodensee sind Übernachtungsmöglichkeiten teilweise spärlicher gesät. Vor allem außerhalb der Zentren finden Sie kaum Zimmervermieter.

Im traditionell touristischen Bereich des Bodensees bis nach Schaffhausen werden Sie genügend Unterkunftsmöglichkeiten finden. Die darauffolgende Route durch das Zürcher Weinland bis Hohentengen führt hingegen durch kleine Orte mit weniger Beherbergungsbetrieben, die an Wochenenden von Nahausflüglern ausgebucht sein könnten. In diesem Bereich sollten Sie sich daher am besten schon zu Mittag telefonisch eine Unterkunft reservieren. Keine Engpässe sind dann wiederum in den Grenzstädten entlang des südlichen Schwarzwaldes zu erwarten.

Bei unseren Recherchen haben wir eine größtmögliche Auswahl für Sie zusammengestellt. Für alle, die Alternativen oder einfach noch mehr Anbieter suchen, gibt es nachfolgende Internet-Adressen, die auch Beherbergungen der etwas anderen Art anbieten:

Der ADFC-Dachgeber funktioniert nach dem Gegenseitigkeitsprinzip: Hier bieten Radfreunde anderen Tourenradlern private Schlafplätze an. Mehr darüber unter www.dachgeber.de.
Das **Deutsche Jugendherbergswerk** stellt sich unter www.djh.de mit seinen vierzehn Landesverbänden vor. Auch die **Naturfreunde** bieten mit ihren **Naturfreundehäusern** eine Alternative zu anderen Beherbergungsarten an, mehr unter www.naturfreunde.de.
Unter www.camping-in.de oder www.campingplatz.de finden Sie flächendeckend den **Campingplatz** nach Ihrem Geschmack.
Weiters bietet **Bett+Bike** unter www.bettundbike.de zusätzliche Informationen zu den beim ADFC gelisteten Beherbergungsbetrieben in ganz Deutschland. In der Schweiz finden Sie unter www.veloland.ch Unterkünfte, die als Beherbergungspartner von **SchweizMobil** ähnliche Kriterien erfüllen wie die Bett+Bike-Betriebe.

Reisezeit

Die Reisezeit am Rhein ist je nach Streckenabschnitt unterschiedlich einzuordnen. Der Oberalppass ist zum Beispiel im Frühjahr erst ab Anfang Mai wieder geöffnet. Die durch die Wintersperre geschlossene Straße können Sie zwar mit der Bahn von Andermatt aus umfahren, aber auch die weitere Route bis Chur ist erst ab Mai einigermaßen problemlos befahrbar, vorher ist die Schneegefahr noch zu groß. Am besten informieren Sie sich unmittelbar vor Reiseantritt bei den jeweiligen Tourismusverbänden.
Die restliche Wegstrecke verläuft durch klimatisch eher mildere Zonen. Vor allem am Bodensee und weiter Richtung Basel ist das Klima mild, die Reisezeit können Sie also zwischen März und Oktober ansetzen.
Informieren Sie sich vor allem im Mai und Juni auch über den Wasserstand des Rheins und des Bodensees. Nach länger anhaltenden Regenfällen und gleichzeitiger Schneeschmelze können die ufernahen Radwege bald überschwemmt sein.

Radreiseveranstalter

Eurobike, Mühlstr. 20, A-5162 Obertrum am See, ✆ 0800/5889718 (gratis aus D) od. ✆ 0043/6219/7444, Fax: 8272, www.eurobike.at, eurobike@eurobike.at
SwissTrails GmbH, Vulkanstr. 116, CH-8048 Zürich, ✆ 0041/43/4226022, Fax 4226011, www.swisstrails.ch, info@swisstrails.ch
Velotours, Bücklestr. 13, D-78467 Konstanz, ✆ 0049/7531/98280, Fax: 982898, www.velotours.de, info@velotours.de

Austria Radreisen, J.-Haydn-Str. 8, A-4780 Schärding, ✆ 0043/7712/55110, Fax: 4811, www.austria-radreisen.at, office@ausria-radreisen.at

Rückenwind Reisen GmbH, Am Patentbusch 14, D-26125 Oldenburg, ✆ 0049/441/485970, Fax 4859723, www.rueckenwind.de; info@rueckenwind.de

velociped, Alte Kasseler Str. 43, D-35039 Marburg, ✆ 0049/6421/886890, Fax: 8868911, www.velociped.de; info@velociped.de

Pedalo, Kickendorf 1a, A-4710 Grieskirchen, ✆ 0800/2400999 (gebührenfrei aus A, D u. CH), ansonsten ✆ 0043/7248/635840, www.pedalo.com, info@pedalo.com

Zu diesem Buch

Dieser Radreiseführer enthält alle Informationen, die Sie für den Radurlaub entlang des Rheins zwischen Andermatt und Basel benötigen: Exakte Karten, eine detaillierte Streckenbeschreibung, ein ausführliches Übernachtungsverzeichnis, Stadt- und Ortspläne und die wichtigsten Informationen zu touristischen Attraktionen und Sehenswürdigkeiten.

Und das alles mit der ***bikeline*-Garantie**: die Routen in unseren Büchern sind von unserem professionellen Redaktionsteam vor Ort auf ihre Fahrradtauglichkeit geprüft worden. Um höchste Aktualität zu gewährleisten, nehmen wir nach der Befahrung Korrekturen von Lesern bzw. offiziellen Stellen bis Redaktionsschluss entgegen, die dann jedoch teilweise nicht mehr an Ort und Stelle verifiziert werden können.

Die Radtour ist nicht in Tagesetappen sondern in logische Abschnitte aufgeteilt, weil die Tagesleistung zu sehr davon abhängt, wie sportlich oder genussvoll Sie die Strecke in Angriff nehmen möchten.

Die Karten

Die Detailkarten sind im Maßstab 1 : 50.000 erstellt. Dies bedeutet, dass 1 Zentimeter auf der Karte einer Strecke von 500 Metern in der Natur entspricht. Zusätzlich zum genauen Routenverlauf informieren die Karten auch über die Beschaffenheit des Bodenbelages (befestigt oder unbefestigt), Steigungen (leicht oder stark), Entfernungen sowie über kulturelle, touristische und gastronomische Einrichtungen entlang der Strecke.

Allerdings können selbst die genauesten Karten den Blick auf die Wegbeschreibung nicht ersetzen. Komplizierte Stellen werden in der Karte mit diesem Symbol ⚠ gekennzeichnet, im Text finden Sie das gleiche Zeichen zur Markierung der betreffenden Stelle wieder. Beachten Sie, dass die empfohlene Hauptroute immer in Rot und Violett, Varianten und Ausflüge hingegen in Orange dargestellt sind. Die genaue Bedeutung der einzelnen Symbole wird in der Legende auf den Seiten 4 und 5 erläutert.

Höhen- und Streckenprofil

Das Höhen- und Streckenprofil gibt Ihnen einen grafischen Überblick über die Steigungsverhältnisse, die Länge und die wichtigsten Orte entlang der Radroute. Es können in diesem Überblick nur die markantesten Höhenunterschiede dargestellt werden, jede einzelne kleinere Steigung wird in dieser grafischen Darstellung nicht berücksichtigt. Die Steigungs- und Gefälleverhältnisse entlang der Route finden Sie im Detail mit Hilfe der Steigungspfeile in den genauen Karten.

Der Text

Der Textteil besteht im Wesentlichen aus der genauen Streckenbeschreibung, welche die empfohlene Hauptroute enthält. Stichwortartige Streckeninformationen werden von dem Zeichen ~ begleitet. Manche besonders markante oder wichtige Punkte auf der Strecke sind als Wegpunkte **1**, **2**, **3**, ... durchnummeriert und – zur besseren Orientierung – mit dem selben Symbol in den Karten wieder zu finden.

Unterbrochen wird dieser Text gegebenenfalls durch orangefarbige Absätze, die Varianten und Ausflüge behandeln.

Ferner sind alle wichtigen **Orte** zur besseren Orientierung aus dem Text hervorgehoben. Gibt es interessante Sehenswürdigkeiten in einem Ort, so finden Sie unter dem Ortsbalken die jeweiligen Adressen, Telefonnummern und Öffnungszeiten.

Die Beschreibung der einzelnen Orte sowie historisch, kulturell oder naturkundlich interessanter Gegebenheiten entlang der Route tragen zu einem abgerundeten Reiseerlebnis bei. Diese Textblöcke sind kursiv gesetzt und unterscheiden sich dadurch auch optisch von der Streckenbeschreibung.

TIPP Textabschnitte in Violett heben Stellen hervor, an denen Sie Entscheidungen über Ihre weitere Fahrstrecke treffen müssen, z. B. wenn die Streckenführung von der Wegweisung abweicht oder mehrere Varianten zur Auswahl stehen u. ä.

AUSFLUG Sie weisen auch auf Ausflugstipps, interessante Sehenswürdigkeiten oder Freizeitaktivitäten etwas abseits der Route hin.

Übernachtungsverzeichnis

Auf den letzten Seiten dieses Radtourenbuches finden Sie zu fast allen Orten entlang der Strecke eine Vielzahl von Übernachtungsmöglichkeiten vom einfachen Zeltplatz bis zum 5-Sterne-Hotel.

Von Andermatt nach Chur

100,2 km

Inmitten der Zentralschweiz im Kanton Uri beginnt die Radroute entlang des Rheins. Ein gewaltiges Alpenpanorama begleitet Sie über den Oberalppass – ob per Bahn oder mit eigenen Kräften. Von 2.000 Metern Höhe sausen Sie dann entlang des Vorderrheins Richtung Bodensee. Schmucke Gebirgsdörfer säumen Ihren Weg, der Rhein durchschneidet im Schweizer „Grand Canyon" die alpinen Höhen und schluchtartige Nebenflüsse des Rheins werden in schwindelerregender Höhe überquert. Endstation dieser ersten Etappe ist Chur, die Hauptstadt des Kantons Graubünden und älteste Stadt der Schweiz.

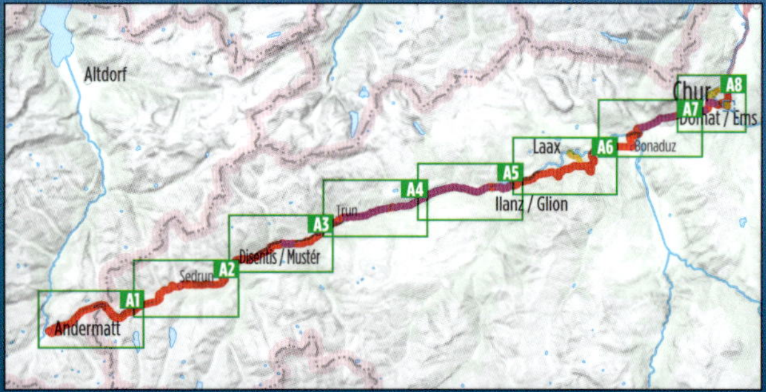

Die Route verläuft bis Disentis auf der mäßig stark befahrenen Hauptstraße 19, zwischen Disentis und Ilanz überwiegend auf geschotterten Wald- und Wirtschaftswegen, im letzten Teilabschnitt bis Chur dann meist auf kleinen, verkehrsfreien Nebenstraßen und Radwegen. Empfehlenswert für diese erste Etappe sind eine gute Kondition und ein Mountainbike für die Steigungs- und Gefällestrecken sowie die unbefestigten Wegstücke.

A1
N
Göschenen
Oberalppass
Oberalpsee
Oberalppass (2045 m)
Calmut
2317
Tschamut
A2
Alte Teufelsbrücke
Nätschen
11
19
5,7
Pazzolastock
2740
Rossbodenstock
2835
Badushütte
Lai da Tuma
Rheinquelle
Piz Cavradi
2612
Andermatt
Suworow-Haus
1435
Piz Badus
2930

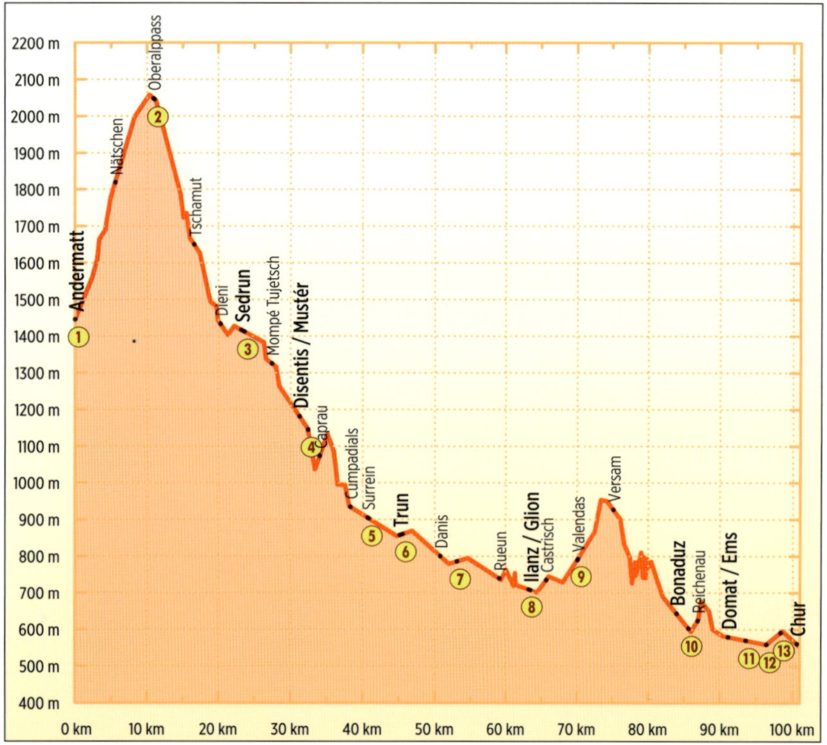

Andermatt

PLZ: CH-6490; Vorwahl: 041

- **Tourismusbüro,** Gotthardstr. 2, ✆ 8887100, www.andermatt.ch
- **Talmuseum Ursern,** Gotthardstr. 113, ✆ 8870624, ÖZ: Mitte Juni-Anf. Okt., Mi-Sa 16-18 Uhr od. n. V. Geschichte, Wohnkultur und Brauchtum des Urserentales in einem der schönsten Wohnbauten des Urserentales.
- **Suworow-Haus,** Gotthardstr. 113. In diesem Haus ist heute das Talmuseum untergebracht. Hier übernachtete 1799 General Alexander Wassiljewitsch Suworow auf seinem Rückzug vom Zweiten Koalitionskrieg gegen Napoleon. Es ist das älteste und zugleich kunst- und kulturhistorisch wertvollste Bürgerhaus in Uri.
- **Alte Teufelsbrücke,** zwischen Andermatt und Göschenen. Anstelle der sagenumwobenen Teufelsbrücke aus dem 14. Jh. errichtete der Urner Ingenieur Karl Emanuel Müller in der Schöllenenschlucht zu Beginn des 19. Jhs. eine neue Brücke

Andermatt liegt am Gotthard im Tal Urseren auf 1.444 m ü. M. Erste Spuren einer Ansiedlung stammen von 800 nach Christus, im 13. Jahrhundert ließen sich die Walser hier nieder, ihnen wird auch der Bau der Teufelsbrücke zugeschrieben und somit die Bezwingung der Schöllenenschlucht. Diese Brücke ermöglichte den Kaufleuten und

Andermatt

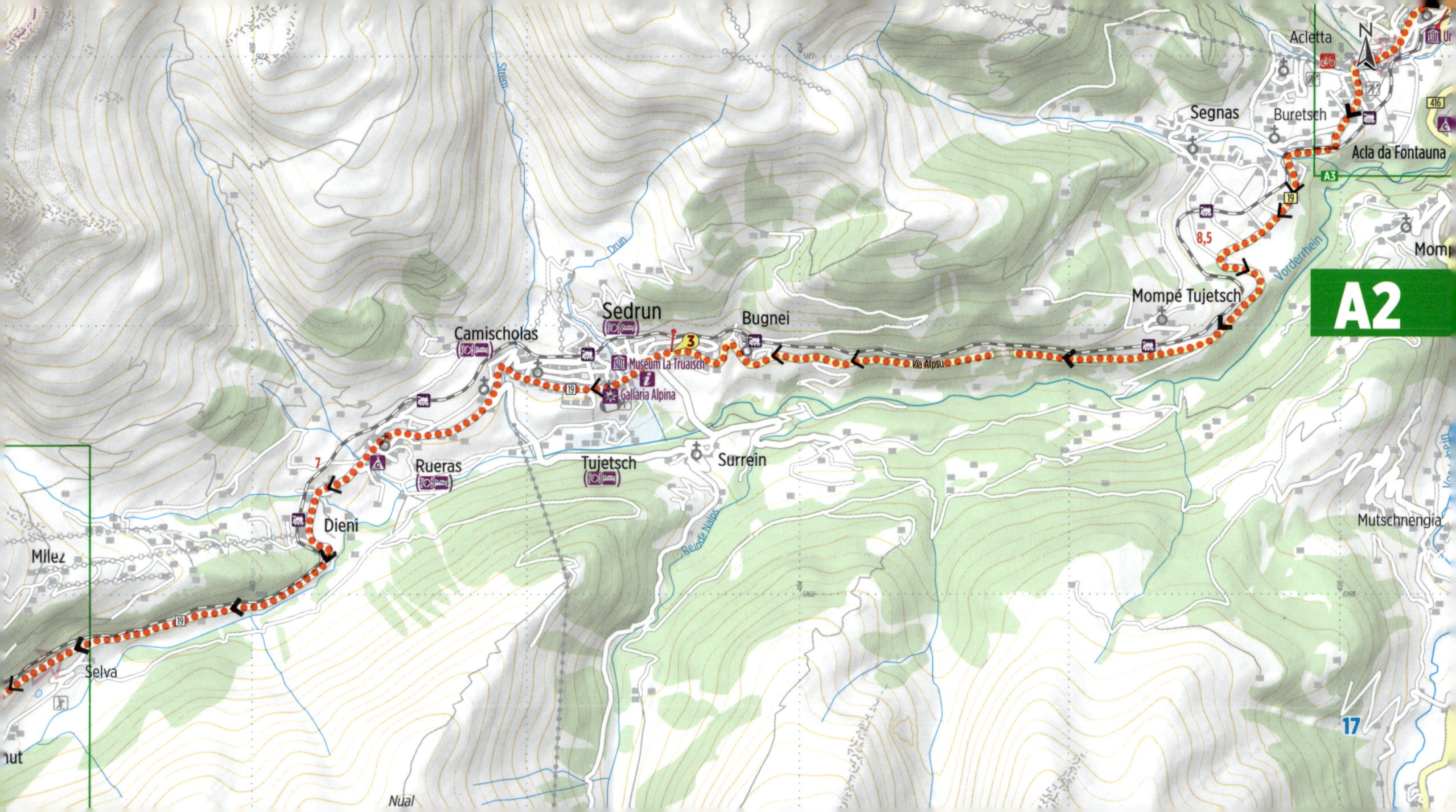

Acletta
Segnas
Buretsch
Acla da Fontauna
A3
416
19
8,5
Vorderhein
Momp
A2
Mompé Tujetsch
Sedrun
Bugnei
Camischolas
3
Museum La Truaisch
Via Alpsu
19
Gallaria Alpina
Drun
Strem
7
Rueras
Tujetsch
Surrein
Dieni
Milez
19
Selva
Reina de Nalps
Mutschnengia
17
Nual

Pilgern aus dem Süden ein leichtes Überqueren des Gotthardpasses. In Andermatt war es ihnen möglich zu übernachten, diese Gastfreundlichkeit hat sich das heimelige Dörfchen bis heute bewahrt.
Andermatt hat sich zu einem beliebten Sommer- und Wintersportort, und somit zu einem touristischen Zentrum entwickelt.

Von Andermatt nach Disentis 32,2 km

TIPP Wenn Sie die Rhein-Tour in Andermatt beginnen, so können Sie entweder ganz sportlich mit dem Rad den Oberalppass hinauftreten oder das beschwerliche Wegstück bis zum Pass mit der Bahn zurücklegen.

1 Am Bahnhof Andermatt links auf die Straße ~ an der T-Kreuzung rechts auf die **Gotthardstraße** ~ am Kreisverkehr links

Tomasee – Rheinquelle

Richtung Oberalppass ~ es gilt nun auf rund 10 km einen Höhenunterschied von 610 m zu überwinden.

Oberalppass

Infocenter Rheinquelle, direkt an der Passhöhe, ✆ 081/9365159, www.vier-quellen-weg.ch

Der Leuchtturm an der Passhöhe soll die Verbindung zur Nordsee symbolisieren, die durch den in der Nähe entspringenden Rhein hergestellt wird.

2 Vom Pass wieder bergab.

AUSFLUG Am kleinen Parkplatz unterhalb der Passhöhe können Sie eine Wanderung zum Lai da Tuma (2345 m ü. M.), wo sich das Quellwasser des Vorderrheins sammelt, starten. Der kleine, teils felsige Pfad zur „Rheinquelle" sollte allerdings nur mit festem Schuhwerk begangen werden.

Auf der normalen Passstraße geht es über **Tschamut** und **Rueras** stetig bergab nach Sedrun.

Sedrun

PLZ: CH-7188, Vorwahl: 081

Sedrun Disentis Tourismus, Via Alpsu 64a, ✆ 9204030, www.disentis-sedrun.ch

Museum La Truaisch, Via dil Bogn 11, ✆ 9491343, ÖZ: Juli-Okt. u. Ende Dez.-Ostern, Di, Fr u. 1. So im Monat 15-18 Uhr. Landwirtschaftliche Wohnräume, Werkzeuge, Gegenstände zur Flachs-

Sedrun

verarbeitung sowie Gewerbe-, Sport- und Trachtengegenstände, Mineralienausstellung aus der Region.

Gallaria Alpina, Via Ischi 2, ✆ 9204030. Thema: Alles über den Gotthard-Basistunnel, der mit 57 km der längste Bahntunnel der Welt ist.

Matterhorn Gotthard Bahn, ✆ 0848/642442. Die Schmalspurbahn verkehrt zwischen Disentis und Zermatt und zwischen Göschenen und Andermatt.

3 Von Sedrun aus weiterhin bergab, die Straße wird zunehmend breiter ~ nächstes Ziel ist Disentis, dessen Kloster schon von Weitem zu sehen ist.

Disentis/Mustér

PLZ: CH-7180, Vorwahl: 081

Sedrun Disentis Tourismus, Via Sontga Catrina, ✆ 9203020, www.disentis-sedrun.ch

Klostermuseum Disentis, Via Claustra 1, ✆ 9296900, ÖZ: tägl., 8.30-17 Uhr. Kulturhistorische Ausstellung mit der Geschichte des Klosters, sakrale Kunst, christliches Brauchtum und Textili-

Museum
Campliun
Rabius
A4
Vorderrhein
4
A3
Sumvitg
19
Cumpadials
Vorderrhein
5
Reits
Surrein
Falens
4,2
19
Pardomat
Laus
Disla
Cavardiras
Kloster St. Martin
4,5
4
Caprau
Uniun Cristallina
Disentis / Mustér
A2
416
la da Fontauna
19

en; naturgeschichtliche Ausstellung mit Kristallen und Mineralien sowie einheimische Tierwelt.

Uniun Cristallina, Via s. Gions 9A, ✆ 9475944 od. ✆ 9474462, ÖZ: Juni-Okt. u. Weihnachten-Ostern, Di u. 1. So im Monat 13-16 Uhr. Im Museum sind Kristalle aus der Region ausgestellt.

Benediktinerkloster St. Martin, Via Claustra 1, ✆ 9296900. Im 8. Jh. wurde über den Gräbern zweier Eremiten vom Churer Bischof eine Kapelle errichtet und gleichzeitig ein Kloster gegründet. Die Klosterkirche gilt als eine der schönsten Barockkirchen Graubündens.

Gleitschirmfliegen, Alpventura, Via Alpsu 37, ✆ 079/2624172

Goldwaschen: Gold Gusti, Via Sursilvana 31, ✆ 079/6143040. Geführte Halbtages- und Tagesexkursionen; **Aurira**, Via Spinatscha 6, ✆ 078/880724.

Sport- & Bikeshop S. Catrina, Via Acletta 2, ✆ 9203048. Die Rent-a-bike Räder können Sie in auch an anderen Standorten zurückgeben.

Sedrun und Disentis sind kleine, familiäre Ferienorte in der Surselva. Vom Benediktinerkloster Disentis ging sozusagen die Christianisierung des Tals aus. Unter Kaiser Friedrich Barbarossa besaßen die Äbte des Klosters großen Einfluss und Macht. Heute sind sie maßgeblich an der Surselva-Erforschung beteiligt. In dieser Gegend sind aber Kirche und Politik noch immer untrennbar miteinander verbunden.

Die Surselva ist natürlich reich an kulturellen Höhepunkten, aber auch an sportlichen. Es gibt hier verschiedene

Blick auf Disentis

Themenwanderungen wie zum Beispiel den Planetenweg oder die Route zum Tomasee (Lai da Tuma). Natürlich gibt es auch reichhaltige Angebote für sämtliche Sommer- und Wintersportarten.

Von Disentis nach Ilanz — 30,7 km

An der T-Kreuzung mit der größeren Straße rechts ⁓ in die erste Straße nach der Linkskurve links ⁓ am **Bahnhof** vorbei und unter der Bahn hindurch ⁓ **4** weiter auf der **Via Cavardiras** ins Rheintal hinunter ⁓ über die Rheinbrücke ⁓ links Richtung Cavadiras abbiegen ⁓ Sie radeln den Berghang hinauf ins Dorf ⁓ an der Weggabelung bei der Bushaltestelle links in die Via Sogn Antoni ⁓ an der Kirche vorbei aus dem Ort hinaus ⁓ dem Wegverlauf durch den Wald folgen ⁓ an der T-Kreuzung bei Pardomat rechts abbiegen.

Pardomat

Bei der Gabelung links Richtung Cumpadials und Sumvitg abbiegen ⁓ dem Verlauf der unbefestigten Straße folgen ⁓ in **Falens** links auf die Querstraße ⁓ an der Kreuzung rechts Richtung Ilanz ⁓ nach dem Fahrverbotsschild steil bergauf, anschließend auf einem schmalen Weg wieder hinab ans Rheinufer ⁓ an der asphaltierten Querstraße rechts Richtung Surrein und Rabius ⁓ weiter nach Surrein ⁓ **5** an der Kreuzung rechts Richtung Chur und Ilanz.

Surrein

Vorbei an der Kirche ⁓ an der Gabelung rechts ⁓ nach dem Anstieg geradeaus Richtung Trun ⁓ an der nächsten Abzweigung geradeaus ⁓ an der Verzweigung nach der Materialseilbahn rechts und auf der Brücke über den **Rein da Sumvitg** ⁓ gleich nach der Brücke links ⁓ an der Gabelung rechts ⁓ dem Schotterweg folgen ⁓ nach 1,5 km links in den kleinen Pfad ⁓ an der asphaltierten Querstraße links und den Rhein überqueren ⁓ der Rechtskurve und danach dem Straßenverlauf folgen ⁓ am Bauernhof rechts, auf der **Via Pendas** bleiben ⁓ am Sportplatz der Rechts-links-Kombination folgen ⁓ vor dem Campingplatz links über die Brücke.

A4
Breil/Brigels
Danis
Tavanasa
Schlans
Trun
Darvella
Museum Sursilvan
Zignau
St. Martin
Meierhof
Miraniga
Wasmen
Tscharbach
pliun
19
6
7
7,5
A3
A5
21

Vorderrheinschlucht

Trun

PLZ: CH-7166; Vorwahl: 081

Trun Tourismus, in der Raiffeisenkasse, Via Principala 56, ✆ 9433149, www.trun.ch

Museum Sursilvan, Via Principala 90, ✆ 9431139 od. ✆ 9433388, ÖZ: Ende April-Okt., Mo, Mi, Sa, 2. u. 4. So des Monats 14-17 Uhr. Austellungsgegenstände sind alte Waffen, bunte Wappenscheiben und Bilder von Alois Carigiet.

6 An der Hauptstraße rechts und gleich nach der Tankstelle links den Hang hinauf ~ durch das hübsche Örtchen **Darvella** hindurch ~ an der T-Kreuzung rechts ~ links auf die Querstraße ~ bei den letzten Häusern wird die Straße zu einem schmalen Weg und führt als Radweg zur Hauptstraße zurück ~ noch vor der Brücke links in die steil ansteigende **Via Mangur** ~ am Brunnen geradeaus ~ auf dem unbefestigten, teils steinigen Weg immer parallel zur Bahnstrecke ~ beim **Wasserkraftwerk** geradeaus zwischen dem großen Becken und dem Rhein weiter ~ der Weg gabelt sich, rechts halten ~ nach dem Kraftwerksbereich auf einem unbefestigten Waldweg weiter ~ unter der Bahn- und zwei Straßenbrücken hindurch ~ bei der Kapelle an der Querstraße links ~ an der Hauptstraße rechts ~ über die Brücke ~ an der T-Kreuzung den Schildern links Richtung Tavanasa folgen.

Tavanasa

Aus dem Ort hinaus und nach der Bahn, aber noch vor der Brücke, rechts einbiegen ~ weiter zwischen Gleisen und Fluss auf einer unbefestigten Straße ~ **7** der Weg führt unter der Bahnlinie hindurch ~ Sie radeln durch den Wald immer geradeaus bis Ilanz ~ gleich nach dem Beginn des Asphalts links abbiegen ~ zwischen Rhein auf der linken und Industriegebiet auf der rechten Seite entlang ~ unter der Bahnbrücke hindurch, später ist der Weg wieder befestigt ~ **8** nach rechts die Gleise überqueren und an der Querstraße links ~ bei der T-Kreuzung rechts Richtung Safien, Bonaduz und Versam.

Ilanz

PLZ: CH-7130, Vorwahl: 081

Regionalmuseum Surselva „Casa Carniec“, Städtlistr. 10, ✆ 9254323, ÖZ: Di, Do, Sa u. 1. So des Monats, 14-17 Uhr. Thema: Exponate aus Handwerk und Landwirtschaft als Zeugen der Arbeits- und Lebensweise der Region.

Altstadt mit vielen historischen Bauten

Ilanz, das seit 1289 das Stadtrecht besitzt, hat eine bemerkenswerte Altstadt mit folgenden Sehenswürdigkeiten: St. Margarethenkirche, zwei Stadttore (Obertor und Rotes Tor), verschiedene prächtige Bürgerhäuser und das Kloster und Institut der Dominikanerinnen. Auch Ilanz ist ein wichtiger Winter- und Sommersportort und ein besonders beliebter Ausgangspunkt für Wanderungen.

Von Ilanz nach Chur *37,3 km*

Der **Glennerstraße** im Linksbogen folgen ~ auf der Landstraße weiter nach Castrisch.

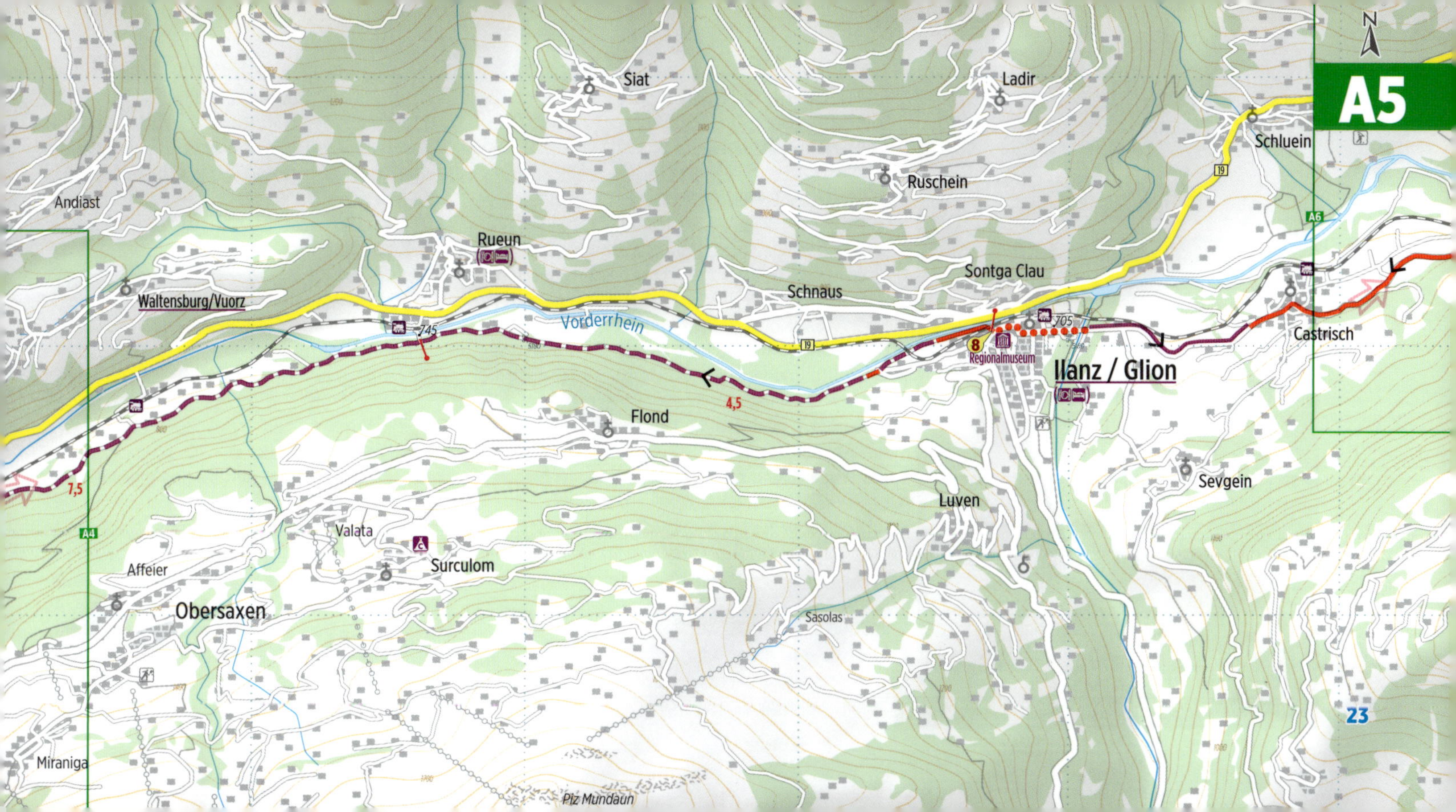

A5
Siat
Ladir
Schluein
Ruschein
Andiast
Rueun
Sontga Clau
Schnaus
Waltensburg/Vuorz
Vorderrhein
745
705
19
A6
8
Regionalmuseum
Ilanz / Glion
Castrisch
4,5
Flond
7,5
Sevgein
Luven
A4
Valata
Surculom
Affeier
Obersaxen
Sasolas
Miraniga
Piz Mundaun

Castrisch

Im Ort der **Hauptstraße** rechts Richtung Chur folgen → über eine längere und kräftige Steigung nach Valendas.

Valendas

Der **hölzerne Dorfbrunnen** (an der Hauptstraße) gilt als einer der größten Europas und stammt aus der Mitte des 18. Jhs.

9 Auf der Ortsdurchfahrtsstraße mit einem Links- und Rechtsbogen hindurch → steil bergauf nach **Carrera** → auch hinter dieser Ortschaft noch weiter bergauf bis zum Steinbruch → auf der Landstraße wieder bergab nach Versam.

AUSFLUG **Am Ortsrand von Versam scharf links gelangen Sie bergab zur Rheinschlucht. Am Wanderparkplatz nach etwa 1 km genießen Sie nahe der Straße von der Aussichtskanzel einen tollen Blick hinab in die Schlucht, anschließend führt die Straße deutlich steiler bergab.**

Rheinschlucht. Vor rund 10.000 Jahren wurde der Vorderrhein durch einen gigantischen Bergsturz zu einem 25 km langen See aufgestaut. Im Laufe der Zeit grub sich der Fluss tief in die Bergsturzmassen ein, der See verschwand und hinterließ steile Kalksteinklippen.

Versam

PLZ: CH-7104; Vorwahl: 081

Versamer Tobel, auch Versamer Schlucht. Etwa einen halben Kilometer östlich von Versam hat sich der Fluss Rabiusa tief in die Felsen gegraben.

Am Ortsende links nach Chur → in Kehren bergab → auf der neuen Brücke über den Versamer Tobel → in Kurven wieder bergauf → ⚠ durch einen unbeleuchteten Tunnel → die kleine Straße windet sich mit tollen Blicken in die Rheinschlucht an der Steilwand entlang → ab der Aussichtskanzel wird die Straße breiter und führt im Wald bergab nach Bonaduz.

Bonaduz

PLZ: CH-7402; Vorwahl: 081

Bieler Sport, Versamerstr. 7, ✆ 6502050

Die Bahn überqueren → links in die Straße **Via Campagna** → dem Wirtschaftsweg folgen → an der T-Kreuzung rechts und gleich darauf der Linkskurve folgen → die Gleise überqueren → der Rechtskurve folgen → **10** die Bahnbrücke unterqueren und dem Verlauf des asphaltierten Weges folgen → an der T-Kreuzung links, die Route führt nach Reichenau → den Vorderrhein überqueren und links Richtung Tamins.

TIPP **Von der Brücke blicken Sie nach rechts auf den Zusammenfluss von Vorderrhein und Hinterrhein. Ab dieser Stelle trägt der Fluss nun den Namen Rhein.**

Reichenau

Steil bergauf → dem Rechtsbogen der **Reichenauer Straße** folgen → noch vor der

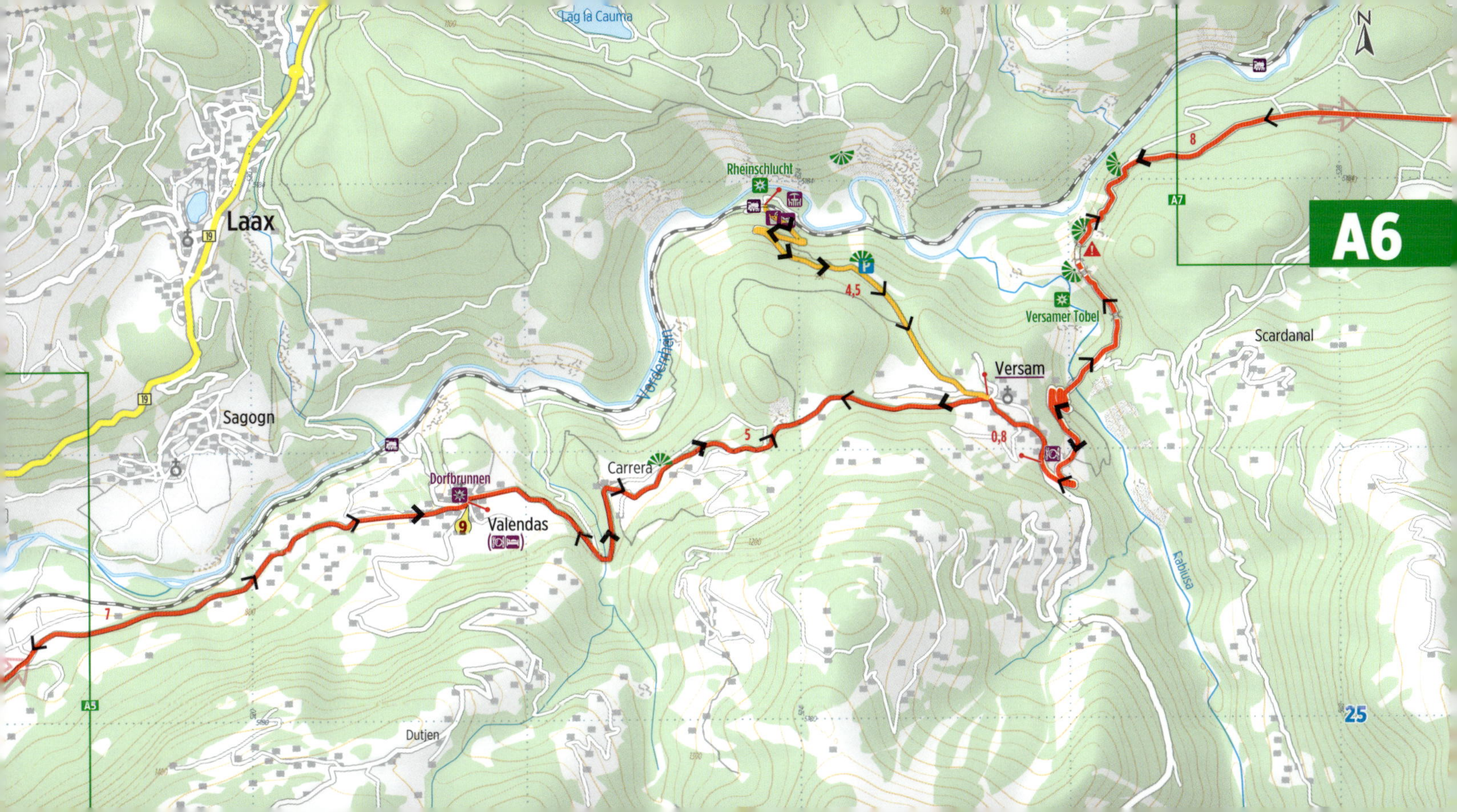

Lag la Cauma
Rheinschlucht
Laax
19
Sagogn
Vorderrhein
Versamer Tobel
Versam
Scardanal
A6
A7
A5
8
4,5
5
0,8
7
Carrera
Dorfbrunnen
Valendas
9
Rabiusa
Dutjen
25

Bonaduz im Churer Rheintal

Hauptstraße links unter dieser hindurch ~ auf der anderen Seite erneut links ~ am Abzweig rechts in die Ortschaft Tamins.

Tamins

Am Hauptplatz rechts ~ rechts in die **Pradamaler Straße** ~ die verkehrsfreie Straße führt zum Rhein hinunter ~ es geht nun in Rheinnähe dahin.

Felsberg

An der Kreuzung in Felsberg rechts Richtung Chur und Domat/Ems und den Rhein überqueren ~ **11** am höchsten Punkt der Brücke links abbiegen, die Route führt nun zwischen Autobahn und Gleisen dahin ~ die **A 13** nach links unterqueren und gleich danach rechts halten ~ dem Verlauf des Weges folgen ~ an der T-Kreuzung am Ende der **Spundisstraße** rechts ~ links in die **Rossbodenstraße** ~ vorbei an einigen Autohändlern zur Kreuzung **12**

VARIANTE: Falls Sie Chur nicht besichtigen wollen, können Sie die Stadt umrunden und direkt nach Landquart weiterfahren.

12 Radeln Sie an der Kreuzung geradeaus weiter auf den Parkplatz und überqueren Sie diesen ~ bei den Sportanlagen in den **Tennisplatzweg** ~ links in die **Felsenaustraße** und auf der Aubrücke über den Fluss **Plessur** ~ gleich nach der Brücke rechts in die **Untere Plessurstraße** abbiegen ~ die **A 13** unterqueren und links in die Austraße ~ links in die **Rheinstraße** ~ vor der Autobahnunterführung rechts abbiegen ~ dem Weg durch die Felder folgen ~ die Route führt in den **Rheinmühleweg** ~ am **Reitnauerweg** treffen Sie wieder auf die Hauptroute.

12 Um nach Chur hineinzufahren, bei der Kreuzung rechts in die **Pulvermühlstraße**, rechter Hand befindet sich ein Radweg ~ am Kreisverkehr geradeaus ~ links in die **Segantinistraße** ~ rechts in die **Rheinstraße** ~ links in die **Gartenstraße** ~ weiter bis zur Kreuzung mit der **Oberalpstraße/Gürtelstraße 13**.

INS ZENTRUM: Wenn Sie direkt ins Zentrum von Chur radeln wollen, biegen Sie an der Kreuzung Oberalpstraße/Gürtelstraße (Wegpunkt **13**) rechts in die Gürtelstraße ab. An der zweiten Straße links in die Gäuggelistraße, von hier aus gelangen Sie zum Postplatz, wo die Fußgängerzone Richtung Rathaus beginnt.

13 Um aus Chur hinauszugelangen, geradeaus weiter in die **Gürtelstraße**, vorbei am Hintereingang des Bahnhofs ~ unter der Bahn hindurch und gleich links abbiegen in die **Stampastraße** ~ am Ende der Straße dem Radweg entlang der Bahn folgen ~ wieder unter der Bahn hindurch und danach rechts in den Wiesentalweg einbiegen ~ geradeaus weiter in den **Reitenauerweg**.

Chur

PLZ: CH-7000, Vorwahl: 081

i **Chur Tourismus,** Bahnhofpl. 3, ✆ 2521818, www.churtourismus.ch

Tamins mit Rheinzusammenfluss

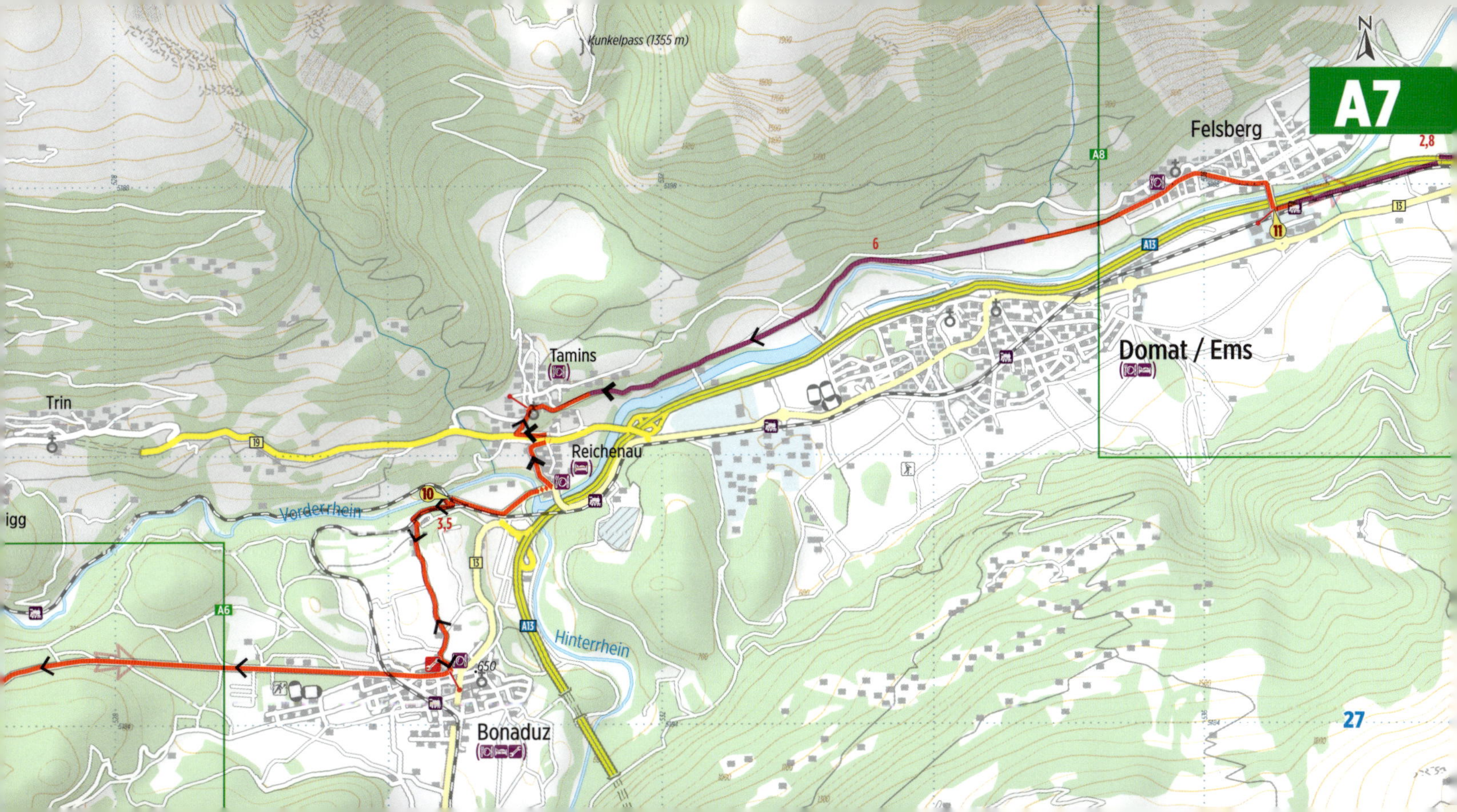

Kunkelpass (1355 m)
A7
Felsberg
2,8
A8
6
11
A13
13
Tamins
Domat / Ems
Trin
19
Reichenau
10
Vorderrhein
3,5
igg
13
A6
A13
Hinterrhein
650
Bonaduz
27

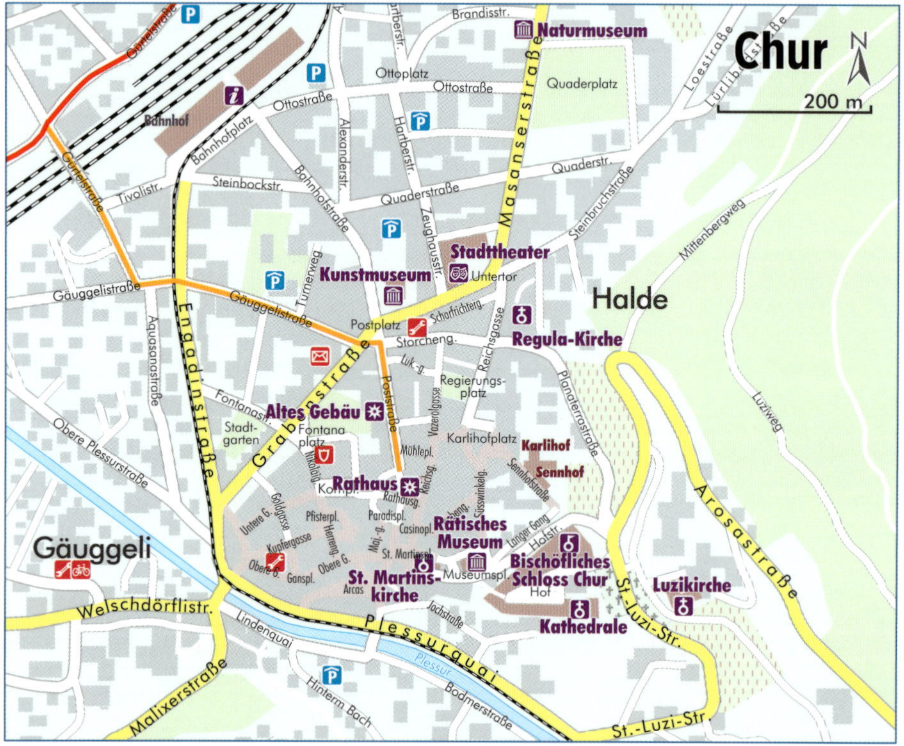

Chur

🏛 **Rätisches Museum,** Hofstr. 1, ✆ 2574840, ÖZ: Di-So 10-17 Uhr. Archäologische, kulturgeschichtliche, historische und volkskundliche Sammlung Graubündens.

🏛 **Bündner Kunstmuseum,** Postplatz, ✆ 2572868, ÖZ: Di-So 10-17 Uhr. Malerei, Plastik und Grafik vom 16. Jh. bis heute, mit Schwerpunkt auf Schweizer und Bündner Künstler und Künstlerinnen.

🏛 **Bündner Naturmuseum,** Masanserstr. 31, ✆ 2572841, ÖZ: Di-So 10-17 Uhr. Naturkunde, Geografie, Geologie, Mineralogie, Botanik und Zoologie des Kantons Graubünden.

⛪ **Kathedrale**, Hofstraße, ✆ 2586000, ÖZ: Mo, Mi-Sa 6-19 Uhr, Di 8-19 Uhr u. So 7-19 Uhr. Eine erste Basilika an dieser Stelle stammt aus dem 5. Jh. Die heutige Kathedrale hingegen stammt aus dem 12.-13. Jh., romanische und gotische Stilelemente.

⛪ **Bischöfliches Schloss.** Neugestaltung einer älteren Residenz im 18. Jh., Innenausbau in österreichischem Barock, einzigartig für die Fassade eines Graubündner Profan-Baus sind die Stuckverzierungen.

- **Altes Gebäu,** Poststraße. Errichtet zu Beginn des 18. Jhs., eines der bedeutendsten Herrschaftshäuser Graubündens.
- **Rathaus,** Poststr. 33. Im 15 Jh. errichtet.
- **Churer Wochenmarkt,** in der Oberen und Unteren Gasse, Mai-Okt., jeden Samstagmorgen
- **Bergbahnen Chur**, Kasernenstr. 15, ✆ 2505599, ÖZ: Mitte Mai-Anfang Juni, Sa, So 8.30-17 Uhr, Mitte Juni-Ende Okt., tägl. 8.30-17 Uhr.
- **Stadtführungen**, April-Okt., Mi 14.30 Uhr, Treffpunkt vor der Tourist-Info, Bahnhofunterführung Chur oder **individuelle Stadtführung mit Audio Guide**. Mit Handy oder mp3-Player erfahren Sie in 32 Kapiteln viel Wissenwertes über die Stadt.
- **Fritz Imholz AG**, Wiesentalstr. 135, ✆ 3536200
- **Gate Sport GmbH**, Sägenstr. 32, ✆ 2520000
- **Ralph Joos Top Sport**, Tittwiesenstr. 55, ✆ 2506100
- **Steffi Velosport**, Richtstr. 4, ✆ 2842288
- **Vasella**, Grabenstr. 15, ✆ 2521729
- **Exclusive Bikes**, Deutsche Str. 36, ✆ 3531942
- **Exodus Reina Outdoor**, Obere Gasse 48, ✆ 2524794

Die bedeutende Bischofsstadt ist zugleich Zentrum der rätoromanischen Schweiz und gilt als älteste Stadt der Eidgenossenschaft. Besonders sehenswert sind das bischöfliche Schloss und die dreischiffige Kathedrale Sankt Maria Himmelfahrt. Ob Drei Bünde, Giacometti, Biodiversität oder Souvenir, der Hauptort Graubündens bietet mit den drei kantonalen Museen und über 500 Geschäften Programm für jedes Wetter.

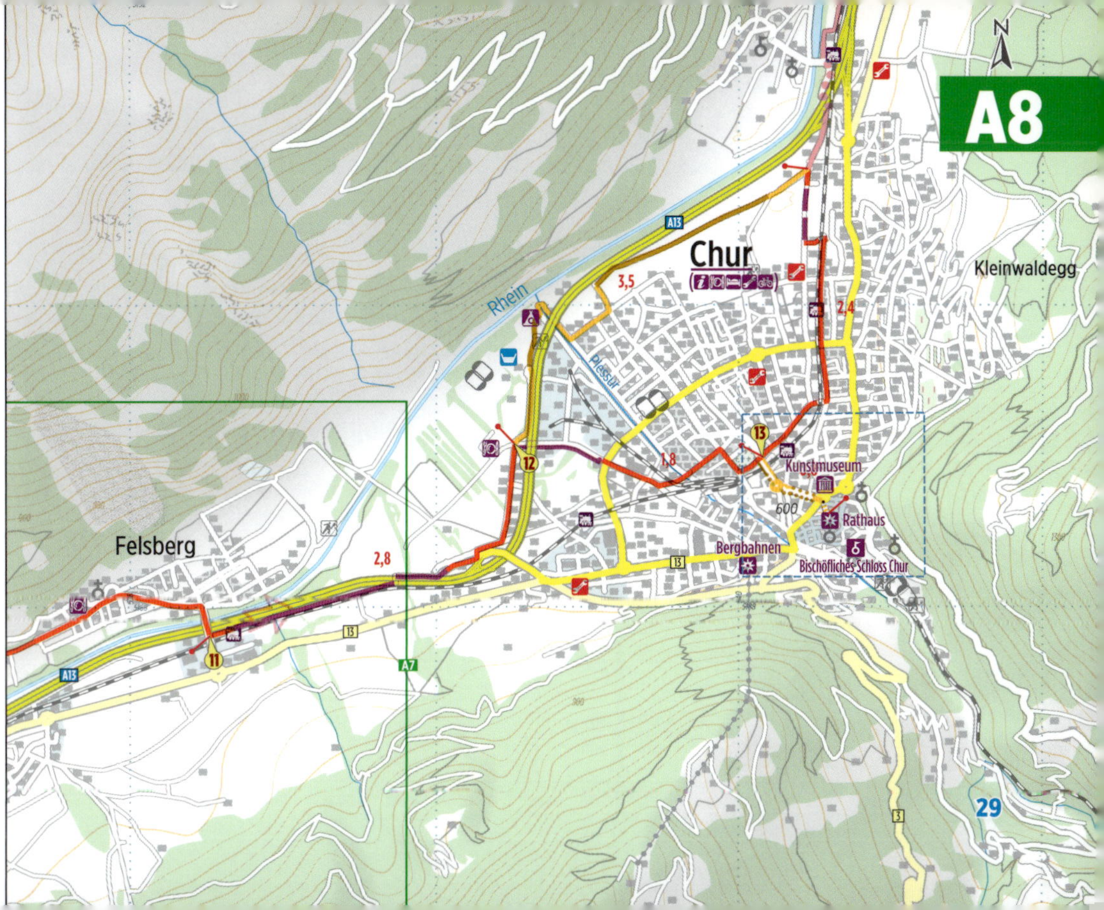

Von Chur zum Rheindelta

92,3 km

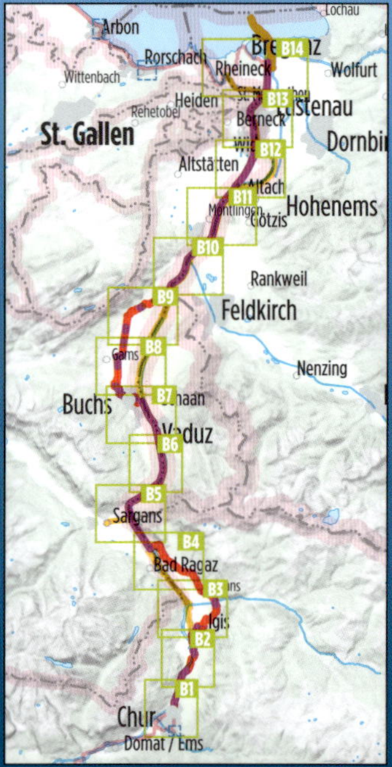

Immer mehr verändert sich die Landschaft, die den Rhein auf seinem Weg zum Bodensee begleitet. Anfangs erheben sich rechts und links noch hohe Berge, aber bald weitet sich das Tal und die Hügel rundherum werden sanfter. Die ersten Weinreben begrüßen Sie und künden vom milden Klima des Bodensees. Der Rhein bewegt sich nun zwischen dem Fürstentum Liechtenstein, Österreich und der Schweiz dahin. Nahe dem österreichischen Bregenz verzweigt sich der Fluss dann und bildet das Vogelparadies Rheindelta.

Die Routenführung von Chur zum Bodensee verläuft teilweise direkt am Rheindamm auf einem eigenen Radweg. Sie können die gesamte Strecke auf diesem Radweg am Damm zurücklegen, die beschilderte Route führt jedoch abwechslungsreicher und etwas hügelig durch die Weingärten am Hang – und das meist auf ruhigen Nebenstraßen oder Radwegen. Je näher Sie dem Bodensee kommen, um so seltener haben Sie Steigungen zu bewältigen.

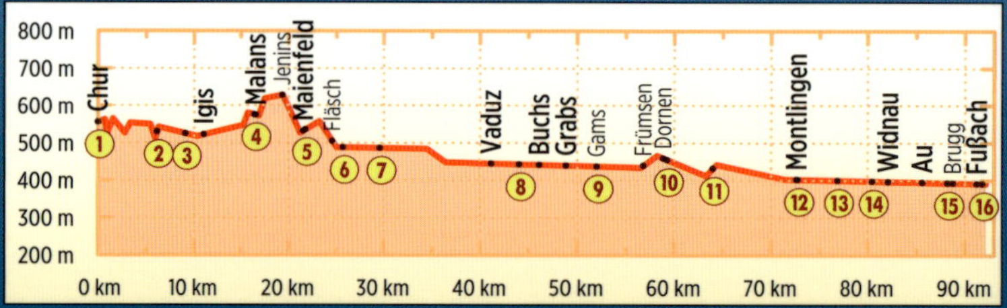

Von Chur nach Maienfeld ***22 km***

1 Dem **Reitnauerweg** bis zum Kreisverkehr folgen ~ hier links und über die Autobahn radeln ~ vor der Rheinbrücke rechts in den **Dornenäuliweg** ~ dem Weg in Rheinnähe folgen und durch ein Wäldchen ~ durch das Gelände eines Baumaterialienwerks ~ unter der Brücke hindurch und gleich links ~ dem Straßenverlauf am Firmengelände vorbei folgen und weiter entlang des Gewerbegebiets.

2 Die Straße unterqueren ~ beim Hotel links auf den Parkplatz hinauf ~ am Ende des Parkplatzes geradeaus weiter an einem Kieswerk vorbei ~ mit einem Linksknick wieder zum Rhein hin ~ nach dem kleinen Holzsteg geradeaus weiter ~ unter der Autobahnbrücke und einer weiteren Brücke hindurch ~ links Richtung Sargans und Landquart ~ an der Querstraße wieder rechts ~ Sie befinden sich im Gewerbegebiet von Zizers.

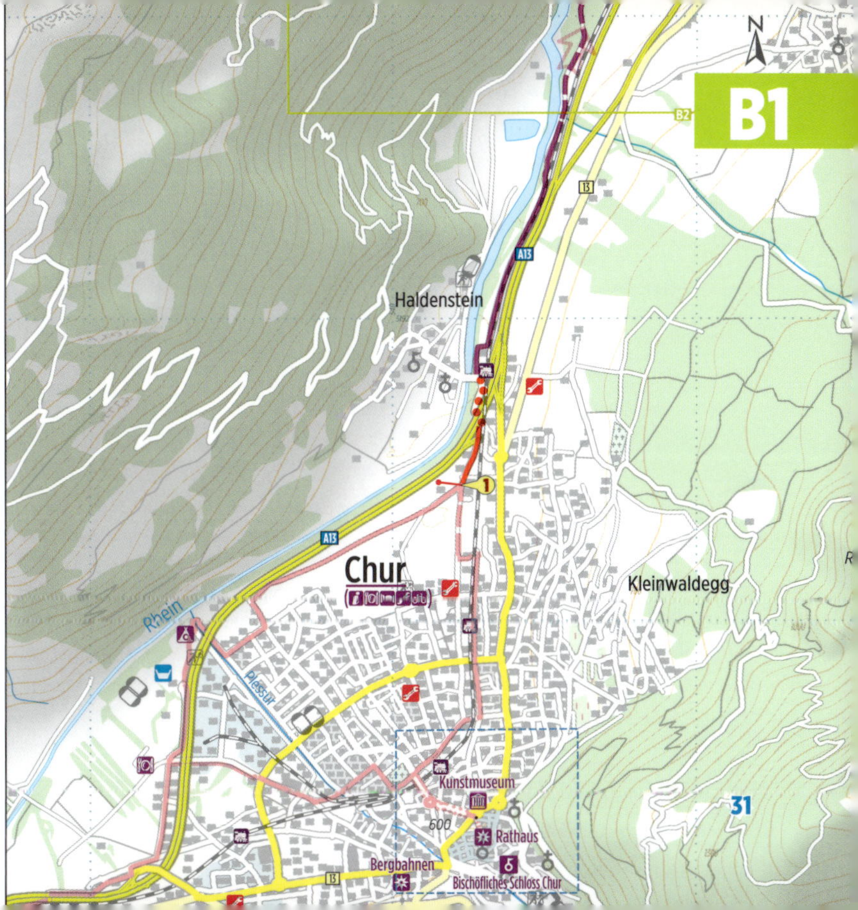

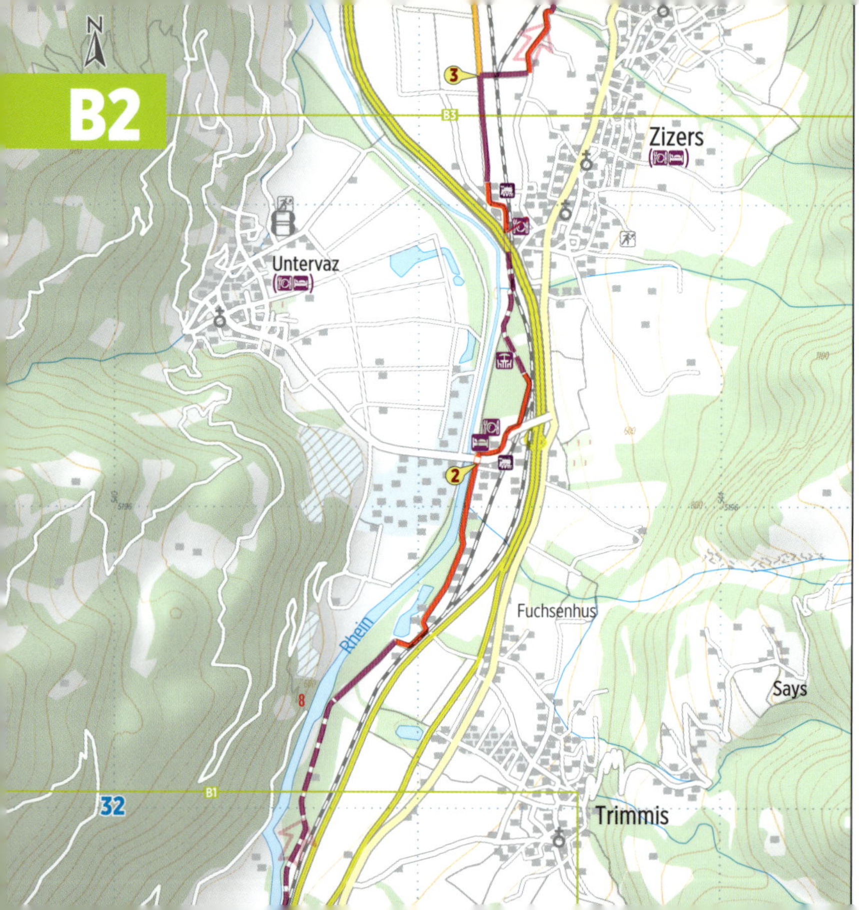

Zizers

Aus Zizers hinaus und schnurgerade auf Landquart zu.

VARIANTE Nicht ganz 1 km nach Zizers weisen die Schilder der Rheinroute rechts weg. Die Hauptroute führt nun etwas vom Rhein entfernt über Igis und Schloss Marschlins durch die Weinberge nach Malans. Als Alternativroute haben Sie aber auch die Möglichkeit weiter nach Landquart zu fahren und von hier aus direkt am Rhein nach Bad Ragaz. Die 12 km lange Route finden Sie in den Karten B2 bis B4 in orange dargestellt.

3 Auf der Hauptroute bei der ersten Brücke hinter Zizers rechts über die Bahngleise ~ an der Querstraße links ~ in der Rechtskurve links auf einen unbefestigten Weg ~ über ein Bächlein ~ an der Weggabelung links halten ~ kurz vor den Gleisen rechts auf den Kiespfad bis **zum Bahnhof Igis** ~ hier rechts in die **Stationsstraße**.

Igis

Die Hauptstraße geradeaus queren ~ am Rand der Siedlung

Chur, Arcasplatz

weiter ~ links in die **Luxgasse** ~ an der Straßengabelung rechts halten ~ an der nächsten Kreuzung rechts zum Schloss ~ vor dem Schloss Marschlins links auf den Wirtschaftsweg.

Schloss Marschlins

Schloss Marschlins ist ein romantisches, rechteckiges Wasserschloss aus dem 13. Jh. Das Schloss befindet sich in Privatbesitz und kann nicht besichtigt werden.

Nach rund 1,8 km links auf eine kleine Landstraße einbiegen ~ nach der kleinen Brücke rechts Richtung Malans ~ unter der Hauptstraße hindurch ~ danach links ~ kurz hinauf und dann rechts auf einen unbefestigten Weg ~ die Landquart überqueren ~ nach dem Bahnübergang links abbiegen ~ auf der **Prättigauer Straße**, später **Tobelgasse** und danach **Sternengasse** in den Ort **4**.

Malans

PLZ: CH-7208; Vorwahl: 081

Älplibahn, Buchwaldweg, ✆ 3224764, ÖZ: Mitte Mai bis Anf. Nov., Mo-Fr 8-17 Uhr, Sa, So, 7-18 Uhr.

4 Links zum **Dorfplatz** einbiegen ~ am Dorfbrunnen vorbei geradeaus in die **Herrengasse** ~ die Herrengasse wird zur **Jeninserstraße**,

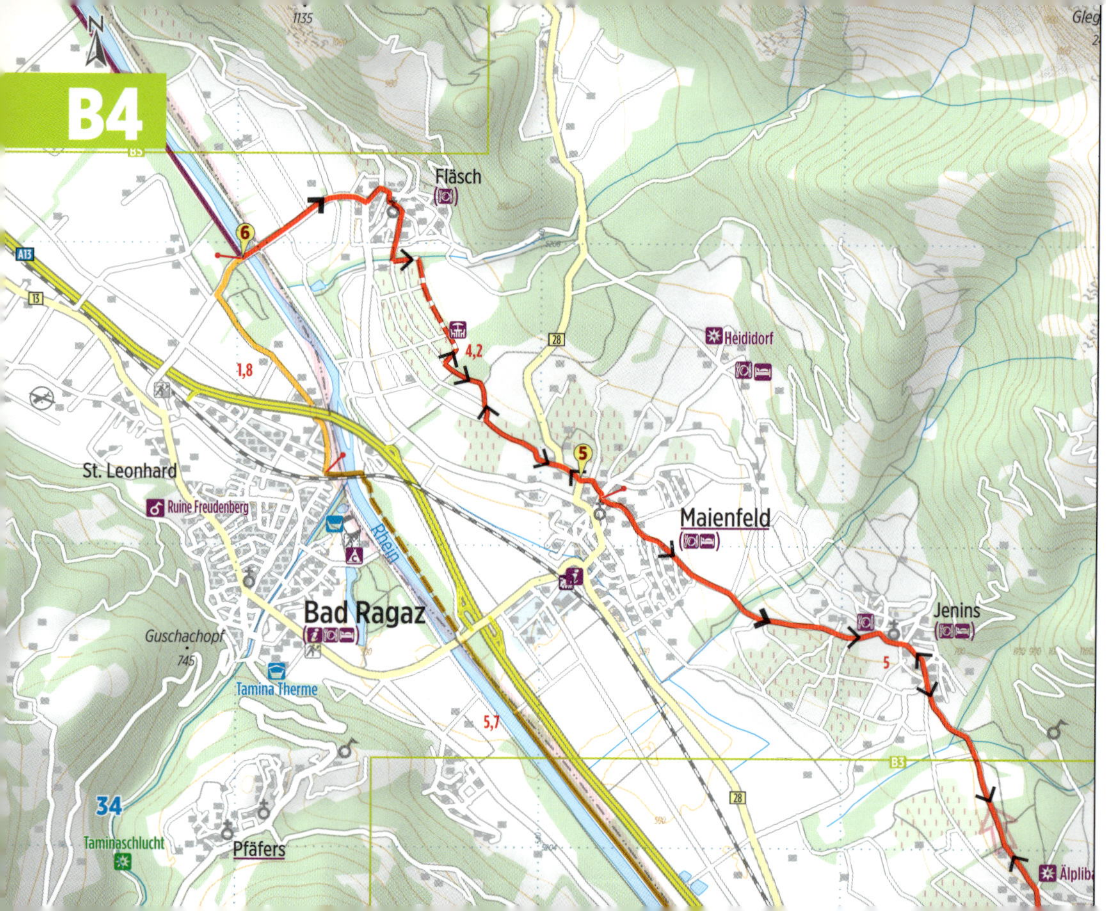

auf dieser geht es vorbei an der Kirche wieder aus dem Ort hinaus ~ steil bergauf ~ an der Straßengabelung rechts weiterhin bergauf ~ rechts geht es zur Älplibahn, die Route bleibt jedoch weiterhin auf der Straße ~ stetig bergab nach Jenins hinein.

Jenins

In Jenins den Wegweisern nach Maienfeld folgen ~ im Ort noch einmal links.

AUSFLUG: **Kurz hinter Jenins zweigt ein Fußweg zum Heidihof ab, den Sie zu Fuß von hier aus oder aber auch von Maienfeld erreichen können.**

Es geht erneut bergab bis nach Maienfeld.

Maienfeld

PLZ: CH-7304; Vorwahl: 081

Bei Maienfeld

Heidiland Infostelle, Bahnhofstr. 1, ✆ 3301800, www.heidiland.com

Heididorf, Oberdörfligasse, ✆ 3301912, ÖZ: 15. März- 15. Nov., tägl. 10-17 Uhr. Eine Wanderung zum Original-Heidihaus und zur Heidialp in die Berge oberhalb des Rheins.

Heidi

„Vom freundlichen Dorfe Maienfeld führt ein Fußweg durch grüne, baumreiche Fluren bis zum Fuße der Höhen, die von dieser Seite groß und ernst auf das Tal herniederschauen", mit diesem Satz beginnt Johanna Spyris Werk „Heidis Lehr- und Wanderjahre", das 1880 erstmals erschien. Seit dem Erscheinen der beiden Bücher wurde das Werk der Schweizer Autorin weltweit bekannt. Seitdem sind zwölf Spielfilme, acht Zeichentrickfilme, sechs Serien und einige Opern, Theaterstücke und Musicals aus dem Material entstanden. Wer hat denn nicht die Titelmusik der japanischen Zeichentrickserie im Ohr? „Heidi, Heidi, deine Welt sind die Berge..." begann jede Folge der Serie, die im japanischen, deutschen, Schweizer und österreichischen Fernsehen ausgestrahlt wurde. Nicht nur in Japan ist Heidi Teil der Kinderliteratur. In der Türkei legte das türkische Bildungsministerium eine Liste mit 100 grundlegenden Kinderbüchern auf, die Eltern und Schulen als Leitfaden dienen soll. Mit dabei: Heidi von Johanna Spyri.

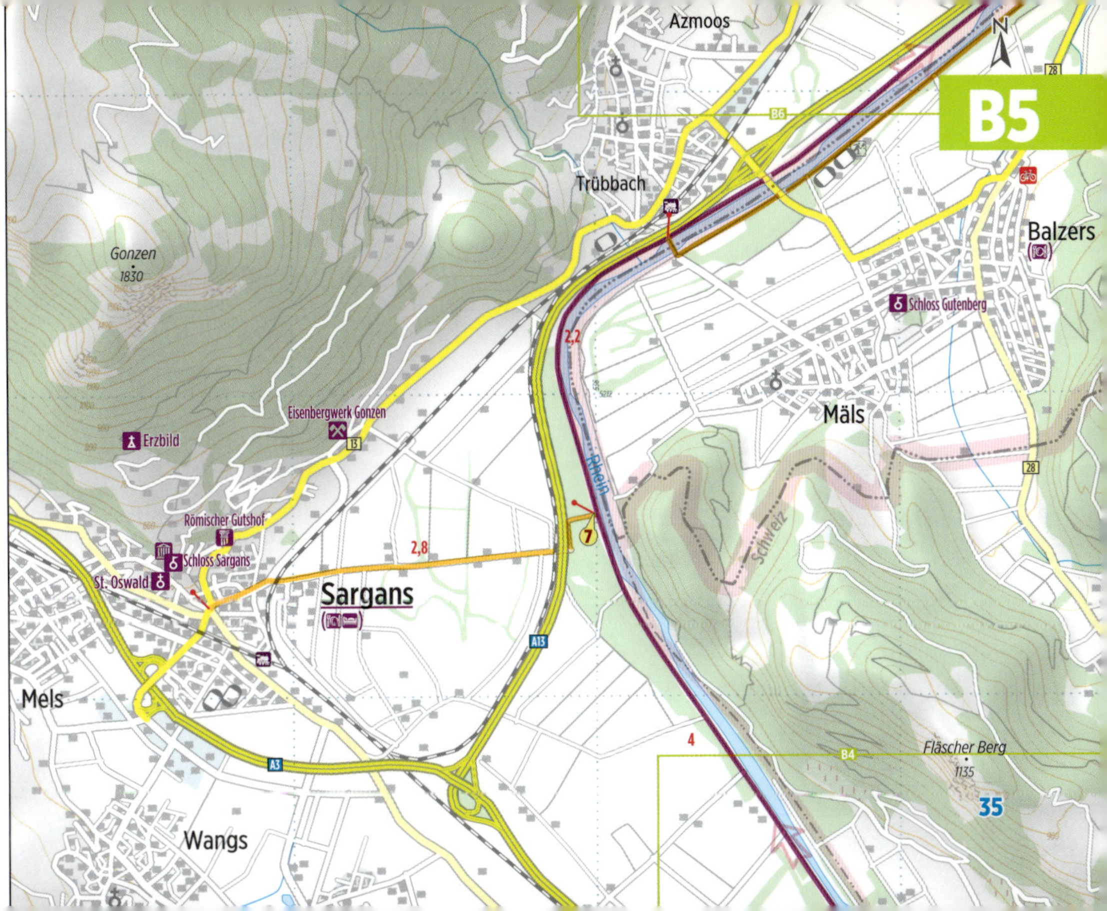

Taminaschlucht

Dabei machte Johanna Spyri nie großes Aufsehen um ihre literarische Gabe. Anfangs soll sie sogar ihre Notizen versteckt haben, wenn jemand zu Besuch kam, ihre erste Geschichte über Heidi veröffentliche sie anonym. Erst der große Erfolg überzeugte sie, ihren Namen auf die Werke setzen zu lassen.

Zwischen Spyri und Heidis Figur gibt es einige Parallelen: Sie wuchs als Tochter eines Arztes und einer Dichterin in einer 1.500 Seelen zählenden Ortschaft im Kanton Zürich auf und konnte sich nie so ganz mit der Stadt Zürich anfreunden, in die sie nach ihrer Heirat gezogen war. Wie Heidi mochte die naturverbundene Johanna Spyri das Landleben lieber. Mehrmals besuchte sie eine befreundete Familie in Jenins, wo sie auch Ausflüge in die Umgebung unternahm. Nach einem Spaziergang soll sie gesagt haben, dass sie nun die Grundlage für eine neue Geschichte habe. Auch von Spyris Lebensfreude wird berichtet. Wie Heidi war auch sie stets bedacht, anderen zu helfen.

Von Maienfeld nach Buchs 24,1 km

An der Querstraße in Maienfeld rechts ~ gleich darauf links in die **Spitalgasse** ~ **5** rechts auf die Vorfahrtsstraße ~ nach dem schlossähnlichen Weingut links in die **Bremstallgasse** ~ an der Weggabelung in den Weingärten rechts.

Nach der kurzen Gefällestrecke rechts in den Schotterweg mit Grasmittelnarbe ~ dem Linksbogen folgen ~ an mehreren Abzweigungen geradeaus weiter ~ vor dem Wildbach links ~ rechts über die Brücke ~ auf der Straße **Ob der Kirche** geradeaus in den Ort.

Fläsch

Im Ort zweimal hintereinander links halten ~ an der **Krüzgass** rechts ~ an der Straße **Unterdorf** links ~ nach dem Linksbogen an der **Augass** rechts ~ zum Rhein hinunter und auf das linke Ufer wechseln **6**.

AUSFLUG Hier können Sie einen Abstecher nach Bad Ragaz machen. Die Route ist in orange auf der Karte eingezeichnet.

Bad Ragaz

PLZ: CH-7310; Vorwahl: 081

- **Heidiland Infostelle Bad Ragaz,** Am Platz 1, ✆ 3004020, www.spavillage.com od. www.heidiland.com
- **Burgruine Freudenberg,** restaurierte Wehranlage mit Schlachtkapelle St. Leonhard am Eingang von Bad Ragaz.
- **Taminaschlucht,** südlich von Pfäfers. In der Taminaschlucht sprudelt die wasserreichste Akrotherme Europas. Die Schlucht ist nur zu Fuß oder per Schluchtenbus erreichbar.
- **Tamina Therme**, Hans Albrecht-Straße, ✆ 3032740, ÖZ: Fr 8-23 Uhr, Sa-Do 8-22 Uhr.
- **Radsport Bislin,** Sarganserstr. 19, ✆ 3025553
- **Bigger & Co.**, Sarganserstr. 11, ✆ 3021572

Die Akrotherme in der Taminaschlucht wurde bereits im frühen Mittelalter entdeckt. Anfang des 16. Jahrhunderts wirkte Paracelsus in der Schlucht als Arzt und verfasste die erste Badeschrift über das Bad Pfäfers.
Seit 1840 wird das 37° C warme Thermalwasser nach Bad Ragaz geleitet. Dies war für die Gemeinde der Aufstieg zu einem weltbekannten Kurort. Persönlichkeiten aus aller Welt gehörten und gehören zu seinen Gästen. Rainer Maria Rilke, Angehörige europäischer Adelsgeschlechter, berühmte Schriftsteller wie Victor Hugo oder Max Frisch, aber auch Schauspieler wie Douglas Fairbanks kamen nach Bad Ragaz, um sich vom quellreinen Thermalwasser verwöhnen zu lassen.

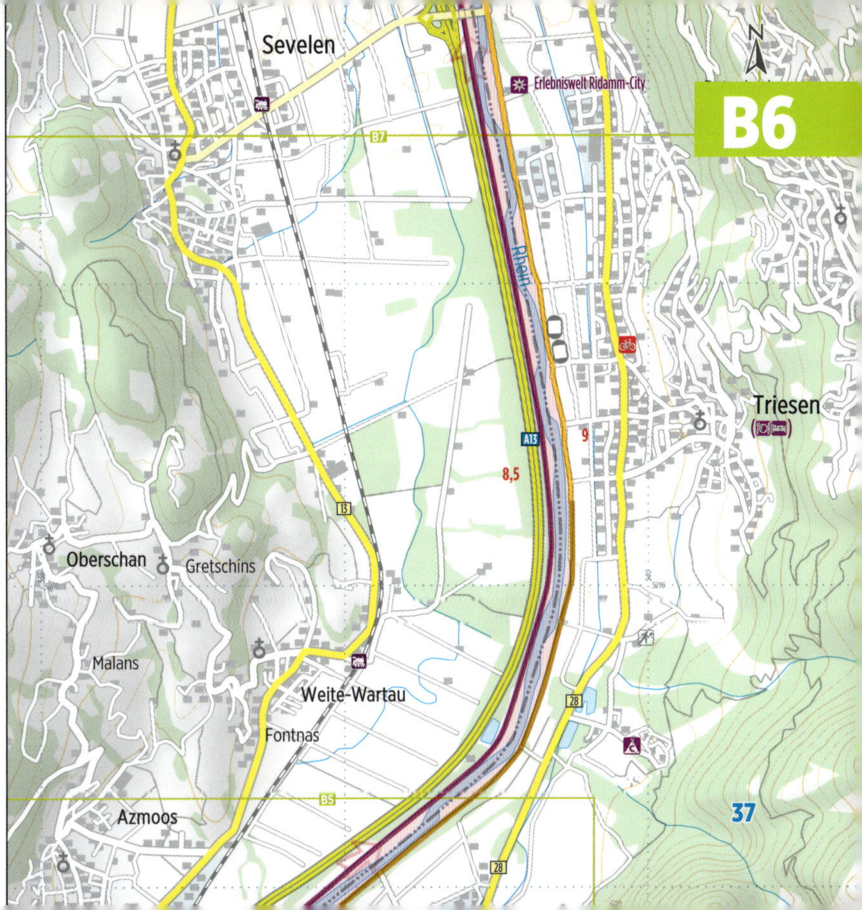

Nach rund 6 km erreichen Sie Trübbach.

AUSFLUG **7** Nach ungefähr 4 km können Sie einen Abstecher nach Sargans unternehmen, das ca. 3 km vom Rhein-Radweg entfernt liegt.

Sargans

PLZ: CH-7320; Vorwahl: 081

- **Heidiland Tourismus,** ✆ 720820, www.heidiland.com
- **Museum Sarganserland,** im Schloss Sargans, Schlossstraße, ✆ 7236569, ÖZ: April-Okt., tägl. 10-12 Uhr und 13.30-17.30 Uhr. Dieses Regionalmuseum mit historischen und volkskundlichen Schwerpunkten ist eines der bedeutendsten Heimatmuseen Europas.
- **Kapelle Erzbild,** im Gonzenwald. Die Kapelle ist der Heiligen Barbara, der Schutzpatronin der Knappen und Bergleute, geweiht.
- **Pfarrkirche St. Oswald.** Die katholische Pfarrkirche wurde 1708-10 im Barockstil erbaut.
- **Schloss Sargans,** Schlossstraße. Die Burg wurde im 13. Jh. von den Grafen von Werdenberg-Sargans erbaut. Spuren aus dieser Epoche sind wertvolle mittelalterliche Fresken. Neben dem Heimatmuseum befindet sich hier auch ein Restaurant und Torkelkeller.
- **Römischer Gutshof,** St. Gallerstraße, ✆ 079/2365430, www.sargans-tourismus.ch. Die ältesten Bauteile der Überreste stammen aus dem 2. Jh. n. Chr. Erhalten geblieben sind Fragmente des Nordostflügels und der dazugehörigen Heizanlage.

Schloss Vaduz

- **Eisenbergwerk Gonzen,** ✆ 7231217, ÖZ: Mo-Fr 9-11 Uhr od. n. V., Anmeldung erforderlich. Führungen, Stollenexpress, Restaurant Bergwerk.

VARIANTE **Ab Trübbach stehen Ihnen beiderseits des Rheins asphaltierte Dammwege bis zum Rheindelta zur Verfügung. Auf österreichischer Seite verläuft die Route ab Mäder in einer Schleife entlang des Alten Rheins und kehrt beim Zollamt Widnau wieder auf den Rheindamm zurück.**

Trübbach

Auf der **Hauptroute** auf der **Schweizer Seite** geht es am linken Rheinufer weiter nach ca. 8,5 km befinden Sie sich auf der Höhe von Vaduz.

TIPP **Hier haben Sie die Möglichkeit ans andere Ufer zu wechseln und die liechtensteinische Hauptstadt zu besuchen.**

Vaduz

PLZ: FL-9490; Vorwahl: 00423

- **Liechtenstein Center,** Städtle 39, ✆ 2396363, www.tourismus.li
- **Postmuseum,** Städtle 37, ✆ 2396846, ÖZ: tägl. 10-12 Uhr und 13-17 Uhr. Zu sehen sind liechtensteinische Briefmarkenraritäten.
- **Liechtensteinisches Kunstmuseum,** Städtle 32, ✆ 2350300, ÖZ: Di-So 10-17 Uhr, Do 10-20 Uhr. Die Sammlung des staatlichen Ausstellungshauses konzentriert sich auf die internationale moderne und zeitgenössische Kunst. Auch die Sammlungen des Fürsten von Liechtenstein sind ausgestellt.
- **Kathedrale St. Florin.** Der neogotische Bau entstand anstelle einer St. Florins-Kapelle aus dem 14. Jh. und wurde im Jahr 1873 geweiht.
- **Schloss Vaduz.** Das Wahrzeichen Liechtensteins und der Wohnsitz der fürstlichen Familie liegt hoch über der Stadt. Besichtigungen sind nicht möglich.
- **Fürstlicher Torkel** mit Torkelbaum aus dem 17. Jh.
- **Erlebniswelt Ridamm-City,** Neugutweg 30, ✆ 3922393, ÖZ: Ende April-Anf. Juli u. Mitte Aug.-Okt., Mi, Sa 13-18 Uhr, So 10-18 Uhr, Anf. Juli-Mitte Aug., Mi-Sa 13-18 Uhr, So 10-18 Uhr. Fußball-Gold, Goldwash-City, Jeep Safari u. v. m.
- **Liechtenstein Center,** Städtle 39, ✆ 2396363

Die ältesten Besiedlungsspuren des Fürstentums reichen bis in die Jungsteinzeit zurück, das Gebiet war von den Rätern besiedelt und dann von den Römern erobert worden. Die Christianisierung dieses Gebiets ging im 4. Jahrhundert vor sich, als erster Glaubensbote wird der Hl. Luzius verehrt. Das eigentliche Fürstentum Liechtenstein existiert aber erst seit 1719, als die beiden Herrschaften Vaduz und Schellenberg zum Reichsfürstentum erhoben wurden. 1806 wurde es durch Napoleon dem Rheinbund angeschlossen, beim Wiener Kongress trat es dem Deutschen Bund bei und mit dessen Auflösung 1866 lösten sich auch viele Bindungen zu Deutschland auf. Unter dem Fürsten Franz Josef II. (im Amt von 1938 bis 1989) erlebte das kleine Land einen Riesenaufschwung auf allen Gebieten: Politik, Wirtschaft, Tourismus...
Seit dem Ersten Weltkrieg suchte Liechtenstein eine Bindung zur Schweiz, welche 1923 durch einen Zollvertrag bestärkt wurde. Auch haben die beiden Länder die gleiche Währung. Liechtenstein ist Mitglied der UNO sowie der EFTA.

Auf Schweizer Seite geradeaus weiter kurz vor der Eisenbahnbrücke vom Rhein-

damm links abzweigen, den Radschildern nach St. Margrethen und Altstätten folgen ~ **8** über die Autobahn ~ vor der Brücke über die Bahnlinie nach rechts abbiegen ~ dem Rechtsbogen folgend durch die Unterführung ~ links in den **Fichtenweg** ~ links in den **Bunkerweg** ~ links durch die Unterführung unter den Bahngleisen hindurch ins Stadtzentrum.

Buchs

PLZ: CH-9470; Vorwahl: 081

i **Informationszentrum Werdenberg,** Städtli 42, ✆ 7400540 (Infos zu Schloss und Städtli Werdenberg und den Gemeinden Trübbach-Sennwald), www.werdenberg.ch

Schloss Werdenberg

Greifvogelpark, Schützenhausweg 8, ✆ 079/2474760, ÖZ: April-Okt., Mi-Fr 10-17 Uhr, Sa, So 10-18 Uhr, Nov.-März, Fr, Sa, So 13-16 Uhr. Mit über 60 verschiedenen faszinierenden Vogelarten ist der Greifvogelpark europaweit einzigartig.

Freeberg Sports, Allendorferstr. 16a, ✆ 5080802

Von Buchs nach Fußach — *46,2 km*

Nach der Unterführung geradeaus auf der **Bahnhofstraße** durch Buchs an der größeren Kreuzung rechts auf die Hauptstraße am Werdenberger See entlang.

TIPP: Sie passieren den sehenswerten Ort Werdenberg. Besonders beeindruckend ist die Holzbausiedlung Werdenbergs, in der die Häuser, welche aus dem Mittelalter stammen, noch bewohnt sind.

Werdenberg

PLZ: CH-9470; Vorwahl: 081

Informationszentrum Werdenberg, Städtli 42, ✆ 7400540 (Infos zu Schloss und Städtli Werdenberg und den Gemeinden Trubbach-Sennwald), www.werdenberg.ch

Museum Schlangenhaus, Städtli 14, ✆ 5991935, ÖZ: April-Okt., Di-Fr 11.30-18 Uhr, Sa, So/Fei 10-18 Uhr. Das Schlangenhaus stellt den Alltag der einfachen Leute ins Zentrum.

Museum Schloss Werdenberg, Schlossweg, ✆ 5991935, ÖZ: April-Okt., Di-Fr 11.30-18 Uhr, Do 11.30-20 Uhr, Sa, So/Fei 10-18 Uhr. Im Gegensatz zum Schlangenmuseum wird hier das

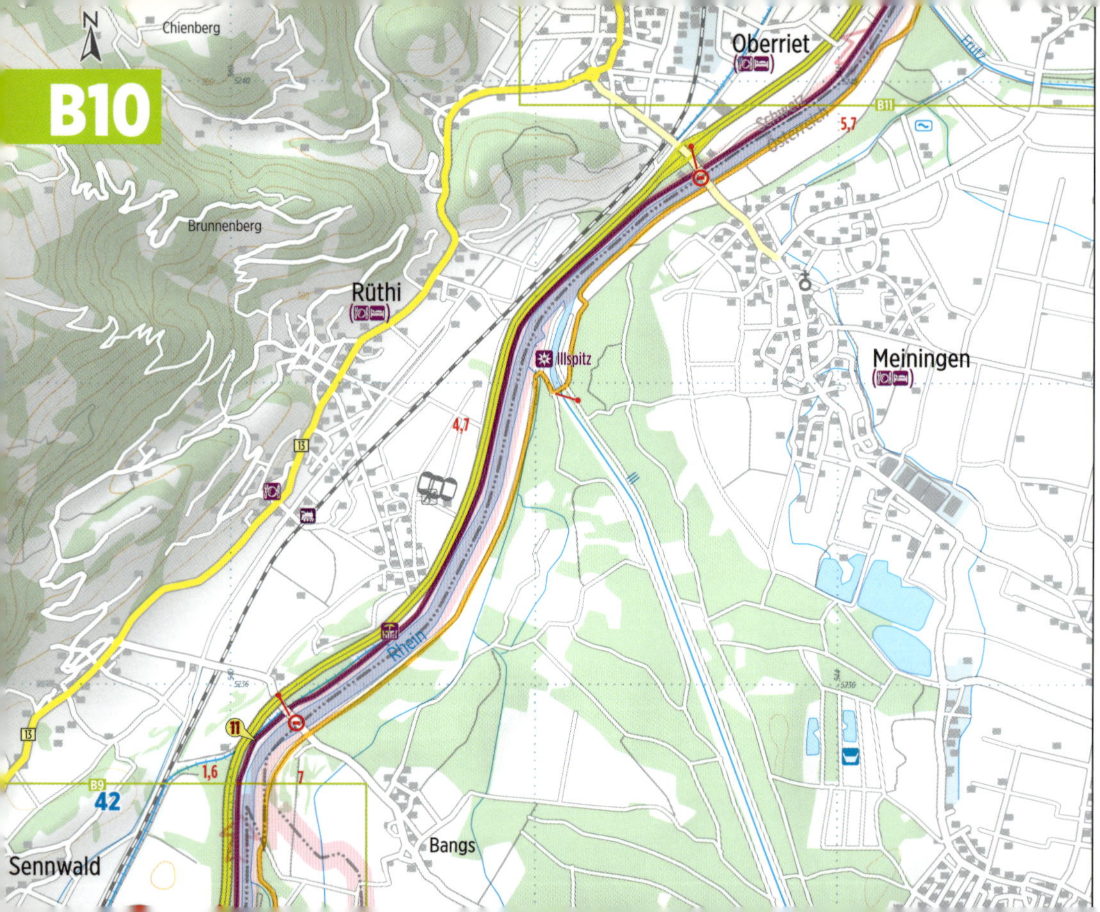

Leben der Grafen und Glarner Vögten und deren Herrschaft dargestellt.

Schloss Werdenberg (1. Hälfte 13. Jh.), Schlossweg, ✆ 5991935. Nachdem verschiedene Adelsgeschlechter das Schloss besessen hatten, gelangte es Mitte des 20. Jhs. in den Besitz des Kantons St. Gallen. Seitdem ist es öffentlich zugängig, beherbergt ein Museum und ein Bistro. Seit 2012 wird auf der Burg das Festival „Schlossmediale" veranstaltet.

Das vom Schloss überragte Werdenberg mit seinen etwa 55-60 Einwohnern rühmt sich, die kleinste Stadt der Schweiz zu sein.

Am Kreisverkehr links Richtung Grabs und Wattwil ~ rechts in den **Mädliweg**, gleich danach links halten ~ links in den **Fontanerlenweg** ~ an der T-Kreuzung links und nach wenigen Metern rechts ~ an der T-Kreuzung links zur **Fabrikstraße**, rechts in diese einbiegen.

Grabs

An der **Mühlbachstraße** nach rechts wenden ~ linksherum an den **Tennisplätzen** vorbei ~ geradeaus weiter auf dem **Bülsweg** ~ **9** an der **Haager Straße** rechts.

INS ZENTRUM Wenn Sie an der Querstraße links abbiegen, gelangen Sie ins Zentrum von Gams.

Gams

Auf dem Radweg an der Straße entlang ~ nach 600 m links abzweigen ~ geradeaus nach **Frümsen** ~ im Ort rechts auf die Ortsdurchfahrtsstraße ~ links Richtung Sennwald ~ **10** in Sennwald an der Vorfahrtsstraße rechts ~ gleich wieder nach links in die **Sägengass**.

Sennwald

Das Gelände des Sägewerks durchqueren ~ an der Straßengabelung links und beim Kanal erneut links ~ am zweiten Querweg rechts abbiegen und eine Bahnlinie kreuzen ~ über den Werdenberger Binnenkanal und sofort nach der Brücke links und am Kanal entlang ~ am Abzweig vor den Strommasten rechts ~ nach der Brücke über die A 13 an der T-Kreuzung links, wieder am Rhein entlang ~ an der Gabelung links und etwas näher zum Werdenberger Binnenkanal **11** ~ unter der Zollstraße hindurch, die nach Bangs in Österreich führt ~ bei der Mündung des Werdenberger Binnenkanals in den Rhein geradeaus über die Brücke ~ unter mehreren Brücken hindurch ~ **12** der Weg wird unbefestigt ~ bis Kriessern 11,5 km

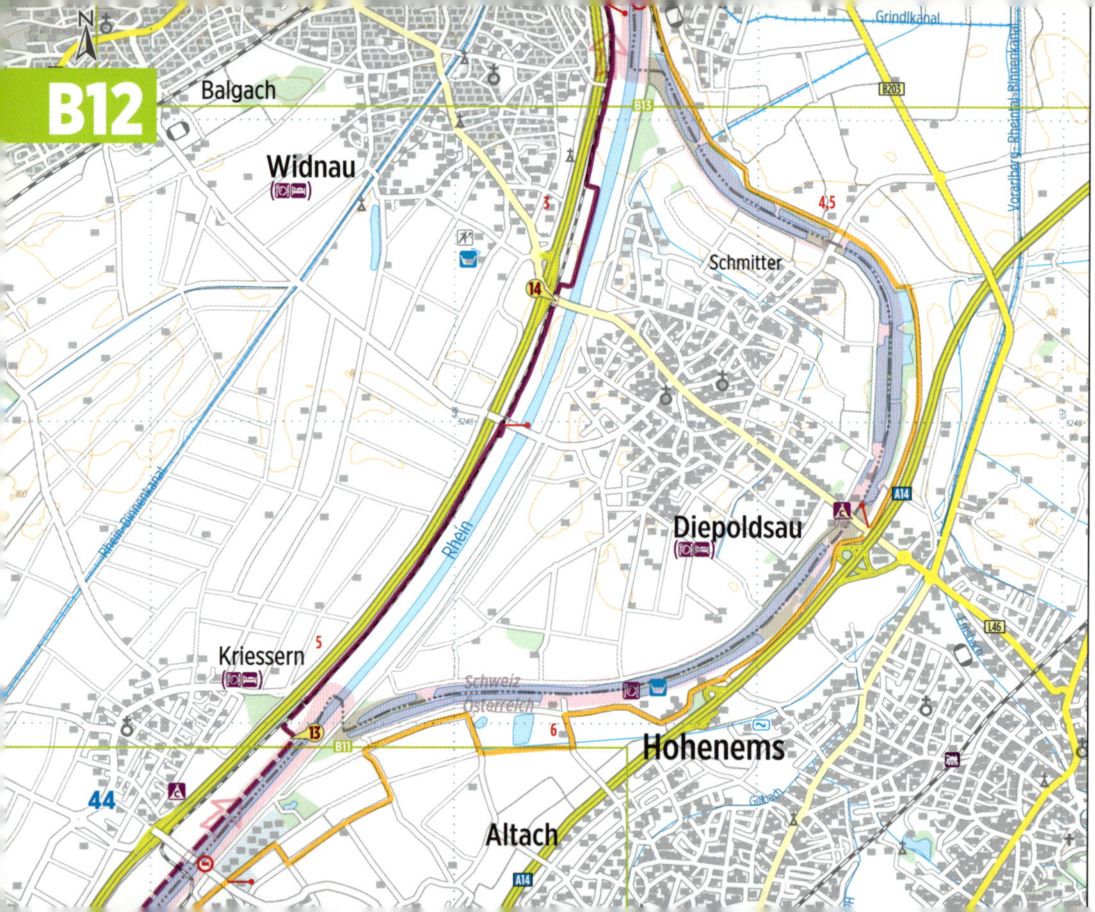

lang direkt am Rheinufer entlang ~ **13** links über das Bahngleis, nun parallel zur A 13 ~ bei der Rietbrücke in zwei scharfen Kurven leicht bergab und näher zum Rhein ~ unter der Brücke hindurch ~ **14** unter der Brücke hindurch ~ wieder etwas näher zum Rhein ~ nach rund 600 m links und an den Gleisen des Rheinbähnle entlang ~ an der nächsten Brücke geradeaus weiter **15.**

TIPP Hier haben Sie die Möglichkeit, einen Ausflug nach Lustenau zu machen und durch seine Museen oder Galerien zu bummeln.

Lustenau

PLZ: A-6890; Vorwahl: 05577

- **Verkehrsamt**, Rathausstr. 1, ✆ 81810, www.lustenau.at
- **Rhein-Schauen**, Höchster Str. 4, ✆ 20539, ÖZ: Ende April-Ende Okt., Mi, Fr-So 13-17.30 Uhr. Die Geschichte des Rheins, der Überschwemmungen und seiner Regulierung. Mit Rheinbähnle-Fahrten.
- **Rauch's Radiomuseum**, Roseggerstr. 6, ✆ 82784 od. ✆ 0664/22090649, ÖZ: Do 15-21 Uhr, Führungen n. V. Über 500 Exponate von 1920-70 geben Einblick, wie früher Radio gehört wurde.
- **Galerie Hollenstein**, Pontenstr. 20, ✆ 84542, ÖZ: Fr, Sa 17-20 Uhr, So/Fei 10-12 Uhr u. 14-17 Uhr. Die Galerie zeigt in wechselnden Ausstellungen Kunstwerke regionaler und internationaler Künstler u. Künstlerinnen.

- **Le Passepartout**, Reichsstr. 62, ✆ 0699/11749940, ÖZ: Di-Fr 9-12 Uhr u. 16-18 Uhr, Sa 10-12 Uhr od. n. V.. Monatlich wechselnde Ausstellungen regionaler Künstler u. Künstlerinnen.
- **Freudenhaus**, Musik- u. Theaterzelt im Millenium Park, wechselnde Aufführungen von Anf. Mai-Anf. Sept. Das Musik- u. Theaterzelt bietet verschiedenste Veranstaltungen von Konzerten über Kabarett bis zu Zirkuskunst.
- **Rheinbähnle**, Teil des Museums Rhein-Schauen, Höchster Str. 4, ✆ 20539, Fahrzeiten: Ende April-Ende Okt., Fr-So 15 Uhr.

TIPP Sie können an der Brücke in Lustenau auch links abbiegen und entlang des Alten Rheins nach Gaißau radeln, wo Sie wieder auf die Hauptroute treffen. Diese Variante ist um 9 km kürzer als die Hauptroute und in orange eingezeichnet. Hier folgen Sie den Schildern der Gaisen-Dornbirn-Route. Die weitere Wegbeschreibung finden Sie auf s. S. 50

Entlang des Alten Rheins nach Gaißau — 5,2 km

Höchst

PLZ: A-6973; Vorwahl: 05578

- **Gemeindeamt**, Hauptstr. 15, ✆ 790738, www.hoechst.at
- **Naturfreibad Bruggerloch**, Brugger Straße, ✆ 79070
- **CIC Sport**, Schlosserg 1, ✆ 77015

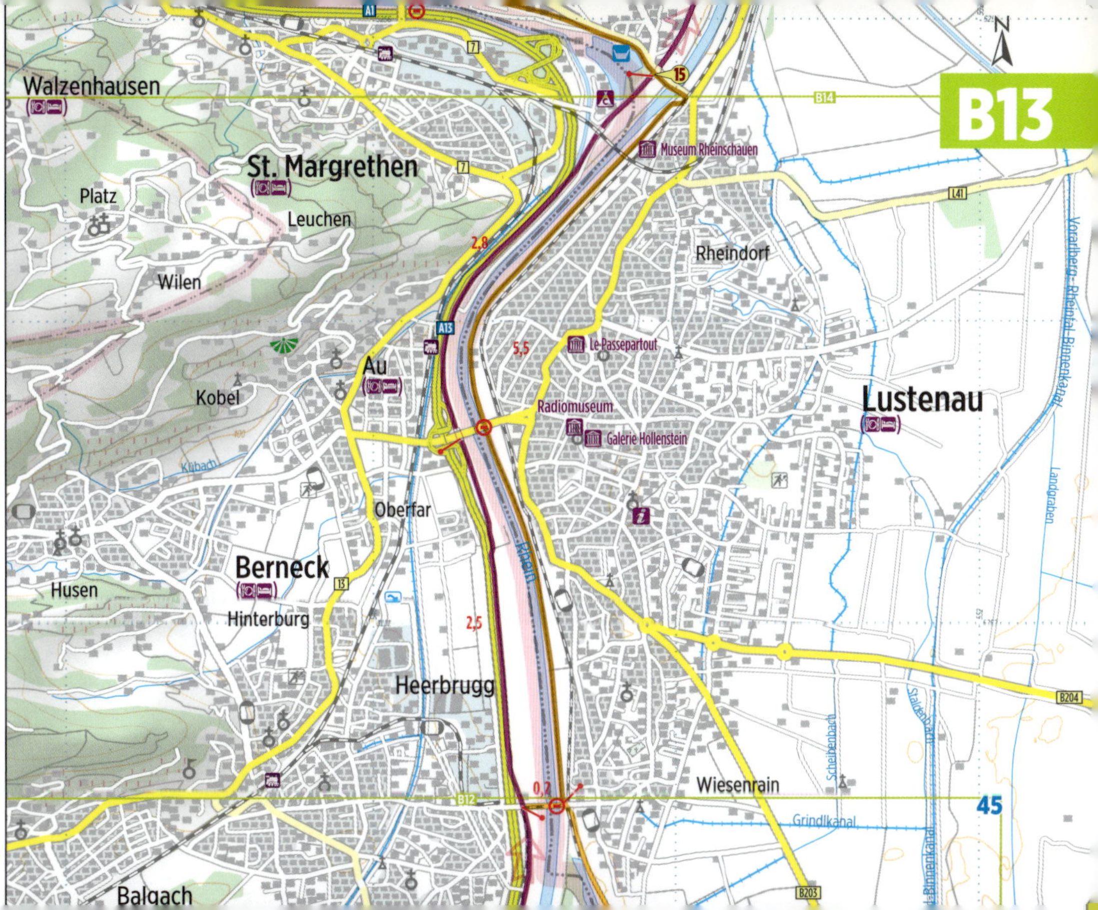

Panorama Grabs und Gams mit Golfplatz

Entlang des Rheins nun bis zum Rheindelta bei Fußach in Österreich ~ unter der Hauptstraße hindurch ~ nach 500 m links in die **Kanalstraße** einbiegen **16**.

AUSFLUG Wenn Sie hier geradeaus weiterradeln erreichen Sie das Ende des linken Rheindamms mitten im Bodensee. Der etwa 5 km lange Weg bietet das einmalige Erlebnis, zwischen Wasser auf beiden Seiten hindurch zu fahren, der Weg ist aber recht holprig.

Rheinregulierung und Rheindamm

Zum Schutz vor Überschwemmungskatastrophen im Bereich des Alpenrheins entschloss man sich im Jahre 1892, den Rhein im Bereich der Staatsgrenze zwischen Österreich und der Schweiz zu begradigen. Durch zwei Durchstiche wurde der Flusslauf um zehn Kilometer verkürzt und das Wasser ab 1923 über den Neuen Rhein in den Bodensee geleitet. Da im Anschluss eine Verlandung des Uferbereiches einsetzte, wurde ein Damm errichtet, der die Mündung des Rheins in den Bodensee vorverlagert. Der ehemalige Flussverlauf bei Diepoldsau und zwischen St. Margrethen und dem Bodensee wird heute Alter Rhein genannt.

Fußach

PLZ: A-6972; Vorwahl: 05578

i **Gemeindeamt Fußach,** Baumgarten 2, ✆ 75716, www.fussach.at

ANSCHLUSS Sie treffen hier auf den Bodensee-Radweg, der rechts über die Brücke Richtung Bregenz führt.

NSG Rheindelta
Naturschutzgebiet Rheindelta
Rohrspitz
Rieden-Vorklo
B14
Hard
Wasserturm
Textildruckmuseum
L202
Allmendstraße
Lustenauer-Kanal
Rheinstraße
Erlach
Lerchenau
Sackgraben
Rhein
Fußach
Brugg
L203
D13
Unterdorf
Höchst
Unterdorf
Rheineck
Gaißau
Sanddorf
Löwenhof
Burgstock
Lutzenberg
Bergbahn Rheineck–Walzenhausen
Allmendsberg
Walzenhausen
A1
13
7
2,2
0,4
0,5
3
5,2
16
15
47

Vom Rheindelta nach Schaffhausen

105,2 km

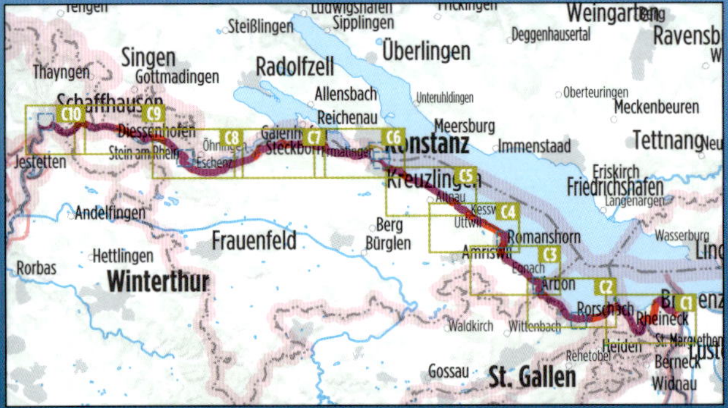

Die Route beschert Ihnen auf dem ersten Teilstück dieses Abschnitts beste Seestimmung und führt Sie am Schweizer Ufer nach Konstanz, dem urbanen Mittelpunkt des Bodensees, und weiter am Schweizer Unterseeufer entlang. Die Landschaft ist hier sanft, und der Blick schweift über die Insel Reichenau zum Bodanrück. Im vor einstigem Bürgerprunk wie verzaubert wirkenden Städtchen Stein am Rhein sollten Sie sich eine Rast gönnen, bevor die Reise am wiedererwachten Strom weitergeht. Eine weitere malerische Stadt – Diessenhofen – folgt, und das Tal verengt sich zusehends, wenn der Rhein vor dem großen Wasserfall den alten Schifferort Schaffhausen erreicht.

Die Radroute verläuft auf dieser Etappe meist auf Rad- und Wirtschaftswegen, aber auch schwach bis mittelstark befahrene Verbindungsstraßen sind inbegriffen. Steigungen kommen – verglichen mit den vorhergehenden Abschnitten – kaum vor.

NSG Rheindelta
C1
Naturschutzgebiet Rheindelta
Rheinspitz
Altenrhein
Am Rhein
Alter Rhein
Fliegermuseum
Rohrspitz
4,5
3,2
1
2
2,2
0,8
1,8
Unterdorf
Rheineck
Gaißau
Unterdorf
Höchst
Fußach
Rheinstraße
Lustenauer-Kanal
Allmendstraße
Rhein
Dornbirner Ach
Türli
Loch
Feldmoos
Buriet
Löwenhof
Thalerstrasse
Burgstock
Thal
Lutzenberg
Bergbahn Rheineck - Walzenhausen
Sanddorf
Brugg
Wolfhalden
Mühltobel
Hueb
Allmendsberg
Walzenhausen
L202
L203
49

Das Rheinbähnle auf dem Rheindamm

Fußach
s. S. 46

Naturschutzgebiet Rheindelta

Hier durchquert man die fast unberührte Landschaft des Alpenrhein-Mündungsgebietes zwischen den Ortschaften Fußach, Höchst und Gaißau einerseits und dem offenen See andererseits. Für seltene Pflanzen und rund dreihundert Vogelarten, wie den Purpurreiher und die Bekassine, ist das Naturschutzgebiet eine letzte Zuflucht. Autos ist die Zufahrt verwehrt; für Radfahrer sind die Feldwege durch die Auwälder und Schilfgürtel jedoch erlaubt.

Von Fußach nach Rorschach 20,7 km

1 In Fußach rechts in die **Rohrstraße** ~ dem Straßenverlauf und dem Wegweiser zum Rohrspitz folgen ~ am **Rohrspitz** mit Campingplatz und Gasthof wieder auf eine geteerte Straße ~ in Kurven geht's auf Gaißau zu. An der Vorfahrtsstraße geradeaus weiter ~ vor dem Ortsanfang wechselt der begleitende Radweg auf die linke Straßenseite ~ parallel zum Alten Rhein weiter bis zum Zollamt, das sich links befindet.

Gaißau (A)

2 Nach dem Zollamt links Richtung Rorschach und Rheineck ~ auf der Holzbrücke über den Alten Rhein ~ rechts weiter entlang des Rheins.

Rheineck (CH)

PLZ: CH-9424; Vorwahl: 071

- **Verkehrsverein**, Hauptstr. 21, ✆ 8864010, www.rheineck.ch
- **Löwenhof** (1745), Rorschacherstraße. Das prunkvolle Gebäude mit über 60 Räumen gilt heute als großartigstes Palais des 18. Jhs. im Kanton St. Gallen. Dem U-förmig angelegten Löwenhof vorgelagert befindet sich eine französische Gartenanlage mit Orangerie, Springbrunnen und Pavillon.
- **Burgstock**, Burgstraße. Der Burgstock ist ein Überrest der Burgruine. Es wird vermutet, dass er früher als Wachturm genutzt wurde.
- **Bergbahn Rheineck-Walzenhausen**, ✆ 3545060. Die Bergstationen der Bergbahnen Rheineck-Walzenhausen und Rorschach-Heiden sind durch einen Witz-Wanderweg verbunden. Die Kombination aus zwei Bergbahnen, Bodensee-Schifffahrt und Wanderung (oder alternativ Postbus) ermöglicht eine schöne Rundtour.
- **Freibad**, Rorschacher Str. 48, ✆ 8882855
- **Bahnhof**, ✆ 8411836

Noch im Mittelalter lag der Ort Rheineck unmittelbar am Seeufer, mittlerweile hat der Rhein mit den herangeschafften Geröllmassen seine Mündung so weit in den See hinaus verlegt, dass sich das geändert hat. Neben den mehrgeschossigen, barocken Bürgerhäusern sticht in Rheineck das Rathaus aus dem 16. Jahrhundert ins Auge.

An der asphaltierten Querstraße rechts ~ an der Gabelung gleich darauf links ~ dem Weg folgen ~ an einer Kläranlage vorbei ~ links in die **Dorfstraße**.

Altenrhein (CH)

PLZ: CH-9423; PLZ: 071

- **Fliegermuseum**, Flughafenstraße, ✆ 079/4305151, ÖZ: März-Okt., Sa, So 13.30-17 Uhr. Im Museum sind flugtaugliche historische Flugzeuge ausgestellt, in manchen dürfen Sie sogar Platz nehmen.

C2
Romanshorner Straße
Schloss
Galluskapelle
0,5
Arbon
Thurgau
Sankt Gallen
boner Weiher
Steinach
C3
Schöntal
3,8
Landquart
13
4
1,8
Obersteinach
Horn
Thurgau
Sankt Gallen
A1.1
St. Scholastika
Tübach
Untergoldach
1,2
Rorschach
Kornhaus
Rorschach Hafen
Forum Würth
2,2
3
Staad
Schloss Wartegg
Horchental
Waldegg
7
Hueb
Goldach
Mörschwil
Mariaberg
Wiggen
Schloss Wartensee
A1
Hof
Hofhalden
Bergbahn Rorschach - Heiden
Speck
Buechen
51
Loch
Hundertwasser Markthalle
Fliegermuseum
6
Altenrhein
C1
Rheins

Hundertwasser Markthalle, Knotternstr. 2, ✆ 071/8558185, ÖZ: April-Okt., tägl. 10-17.30 Uhr, Nov.-März, Sa, So 13-17.30 Uhr. Die von Hundertwasser geplante Markthalle weist typische Stilelemente des Architekten auf: Zwiebeltürme, geschwungene Linien, Keramikelemente und leuchtende Farben.

Der Dorfstraße durch den Ort folgen ~ gleich nach dem Fabriksgelände rechts ~ dem Weg folgen ~ die **B 13** überqueren und geradeaus in die Straße **Städeliwies** ~ der Rechtskurve folgen und an der Bahn entlang ~ an der Querstraße, dem Blattenweg, auf die andere Bahnseite wechseln und weiter an der Bahn entlangradeln.

Staad

PLZ: CH-9422; Vorwahl: 071

Strandbad Speck, Hauptstraße, ✆ 8554615

Nach dem Bahnhof geradeaus weiter ~ bergauf in das Wohngebiet ~ an der **Wilenstraße** rechts abbiegen ~ an der nächsten Abzweigung links in die **Seebleichestraße** ~ **3** an der nächsten Möglichkeit rechts in die **Bahnhofstraße** und auf der Brücke über die Eisenbahn ~ auf dem Radweg an der **B 13** entlang ~ dicht am See zuerst neben der Hauptstraße, dann zwischen der Bahnlinie und dem Ufer ins Zentrum von Rorschach fahren.

In Rorschach

Rorschach

PLZ: CH-9401; Vorwahl: 071

Tourist Information, Hauptstr. 56/Hauptbahnhof, ✆ 8417034, www.tourist-rorschach.ch

Schweiz. Bodensee-Schifffahrtsgesellschaft AG, Romanshorn, Friedrichshafnerstr. 55, ✆ 4667888. Fahrten quer über den Bodensee oder von Rorschach bis nach Schaffhausen.

Museum im Kornhaus, Hafenpl. 2/Hauptstr. 58, ✆ 8414062, ÖZ: April-Okt., tägl. 10-17 Uhr. Ständige Ausstellungen zu Ur- und Frühgeschichte, Stadtgeschichte mit Stadtmodell, Wohnkultur, Schifffahrt, Textilindustrie und Vogelkunde.

Forum Würth, Churerstr. 10, ✆ 2251070, ÖZ: April-Sept., tägl. 10-18 Uhr, Okt.-März, Di-So 11-17 Uhr. Wechselnde Ausstellungen mit verschiedensten Workshops. Im Haus finden auch Veranstaltungen von Konzerten bis hin zu Kabarett und Musicals statt.

Kloster Mariaberg, über der Stadt, Seminarstr. 127, ✆ 8441818, ÖZ: während der Schulzeit, Führungen n. V. Ehemaliges Benediktinerkloster (1484-1519 erbaut) mit schönem Kreuzgang, Refektorium und gotischem Kapitelsaal, heute Pädagogische Hochschule.

Schloss Wartensee, Rohrschacherberg, Wartensee 1, ✆ 8587373. Die Ursprünge des schön gelegenen Schlosses stammen aus dem 13. Jh. Heute befindet sich im Gebäude ein Hotel.

Schloss Wartegg (1557), Von Blarer Weg 1, ✆ 8586262. Das Schloss diente in seiner Geschichte einigen Persönlichkeiten als Exil, etwa Kaiserin Zita von Österreich war 1919 mit ihren Kindern hierher geflüchtet. Heute ist im Schloss ein Hotel untergebracht.

Rorschach-Heiden-Bergbahn, ✆ 8911852. Die Bergstationen der Bergbahnen Rheineck-Walzenhausen und Rorschach-Heiden sind durch einen Witz-Wanderweg verbunden. Die Kombination aus zwei Bergbahnen, Bodensee-Schifffahrt und Wanderung (oder alternativ Postbus) ermöglicht eine schöne Rundfahrt.

C3
Holz
Autobau
Oberhüseren
Salmsach
C4
1,6
Aach
Hungerbüel
Luxburg
Fälwies
Haslen
Egnach
5
Wilen
Wilenstraße
Langgrüt
Steinebrunn
Erdhausen
Buech
5,2
Geisshüseren
Fetzisloh
Chratzeren
Olmishusen
Frasnacht
Ebnet
Neukirch
C2
Mallisdorf
Seestraße
Mittelberg
Romanshorner Straße
0,5
Schloss
Baumannshaus
Steineloo
Galluskapelle
Risershaus
Balgen
Hegi
Riederen
Feilen
Arbon
Bumeshus
Arboner Weiher
Stachen
Brennerei-Museum
Thurgau
Sankt Gallen

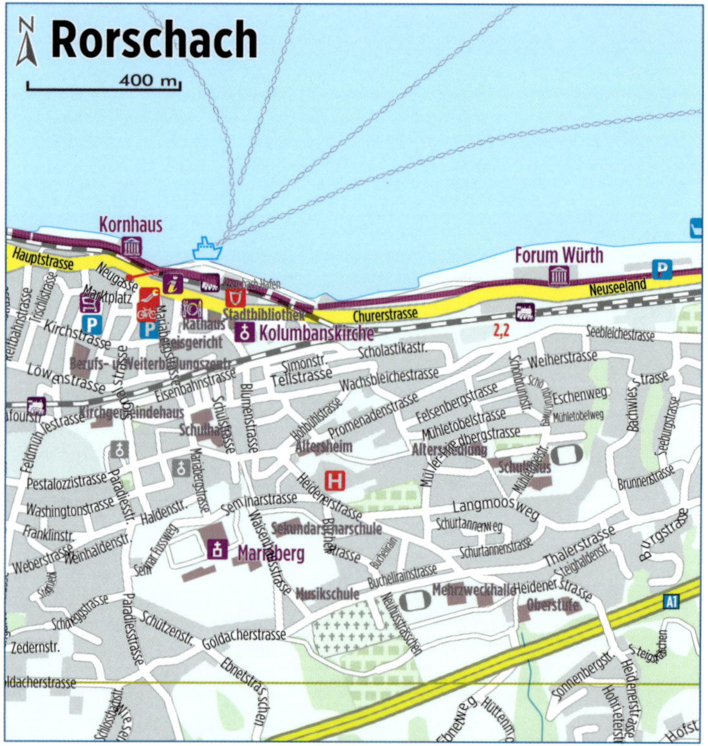

Freibad Goldach, Goldach, Seestraße, ✆ 8412280

Strandbad, Churerstr. 4, ✆ 8449712

Seebadeanstalt, Thurgauer Straße, ✆ 8411684

Walter Meier, Löwenstr. 35/37, ✆ 8412351

Rad 9 GmbH, Tödistr. 9, ✆ 8418000

Bischibikes, Hauptstr. 63, ✆ 5341680

Von Rorschach nach Romanshorn *15,5 km*

Ab dem **Strandbad Rorschach** führt der Radweg durch die Parkanlagen am See entlang und endet beim **Jachthafen Rietli** **4** ⇝ bis Horn gibt es leider keinen Radweg, sondern nur einen sogenannten „Mehrzweckstreifen", der nur durch eine Trennlinie am Fahrbahnrand vom Autoverkehr getrennt ist.

Horn

PLZ: CH-9326; Vorwahl: 071

Seebad, Seestraße, ✆ 8441177

Bei der modernen Kirche von Horn verlassen Sie den Radstreifen an der **B 13**, am Ufer gibt es einen Radweg nach Steinach ⇝ in **Steinach** rechts in die **Weidenhofstraße** ⇝ am großen Apfelwein-Krug geradeaus weiter ⇝ dem Linksbogen folgen ⇝ rechts auf die **Gallusstraße** ⇝ noch vor der Hauptstraße rechts halten und weiter am Ufer entlang nach Arbon.

Arbon

PLZ: CH-9320; Vorwahl: 071

Infocenter Verkehrsverein Arbon, Schmiedg. 5, ✆ 4401380, www.arbontourismus.ch

Schweiz. Bodensee-Schifffahrtsgesellschaft AG, Romanshorn, Friedrichshafnerstr. 55, ✆ 4667888. Fahrten quer über den Bodensee oder von Rorschach bis nach Schaffhausen.

Historisches Museum, Schloss, ✆ 4461058, ÖZ: Mai-Sept., Di-So. 14-17 Uhr, Okt., Nov., März, April, So 14-17 Uhr. Archäologische Funde seit der Jungsteinzeit, Modell der mittelalterlichen Stadt, Wohnen im Bürger- und Bauernhaus im 17.-19. Jh., Handwerk, Gewerbe und Handel der Neuzeit.

Brennerei-Museum, Ortsteil Stachen, St. Gallerstr. 213, ✆ 4474074, ÖZ: Mo-Fr 8-12 Uhr u.

C4
Bodensee
Güttingen
Moosburg
5,5
Kesswil
2,2
Oberdorf
Bahnhofstr.
Uttwil
7
Seeweg
Tobelmüli
4,2
13
etishusen
Dünnershaus
Dozwil
Sommeri
Hamisfeld
Brüschwil
Holzgass
Hueb
Badstraße
6
Kleines Museum am Hafen
Hefenhofen
Romanshorn
1,4
Oberaach
Spitz
Hof
Chrossibuch
14
Locorama
Nideraach
Holz
Aach
Auenhofen
Autobau
Hüüsli
Chroberg
Oberhüseren
Mos
Hatswil
Salmsach
C5

13.30-18.30 Uhr, Sa 8-17 Uhr. Alte Brennereimaschinen und Gerätschaften zur Saftherstellung.

Saurer-Museum, Weiteg. 8, ✆ 4401380, ÖZ: tägl. 10-18 Uhr. Das Museum zeigt Nutzfahrzeuge wie Postautos, Militärfahrzeuge und Feuerwehrautos sowie Stück- und Webmaschinen der Firma Saurer.

St. Martin, Bahnhofstraße/Hafenstraße. Die Kirche wurde in ihrer heutigen Form um 1790 errichtet, der spätgotische Chor der Kirche stammt allerdings schon aus dem 15. Jh.

Galluskapelle (12./13. Jh.), neben St. Martin. Am Platz des ältesten Gebäude des Ortes soll das Haus gestanden haben, in dem der Heilige Gallus, Missionar und Namensgeber von St. Gallen, im Jahre 641 starb.

Schloss Arbon. 1515 von Hugo von Hohenlandenberg erbaut, mit siebenstöckigem Turm aus dem 13. Jh.

Im **Römerhof** (Freiheitsg. 3) aus dem Jahre 1567 befindet sich heute ein Restaurant und Hotel.

Schwimmbad, Wassergasse 6, ✆ 4461640

Strandbad, Philosophenweg 11 ✆ 4461333

Bike Action, St. Gallerstr. 51, ✆ 4460220

Hohl Velomarkt, Bahnhofstr. 52, ✆ 4460202

Velos Herzog, Salwiesenstr. 6, ✆ 4461233

Die Römer bewiesen bei der Benennung ihrer Militär- und Poststation Naturverbundenheit und nannten sie „arbor felix“; aus dem „glücklichen Baum“ wurde der Name Arbon.

Arbon hat aber auch aus anderen Epochen Sehenswertes zu bieten. Erwähnt seien hier vor allem der siebenstöckige Schlossturm aus dem 13. Jahrhundert, der spätgotische Chor und der Glockenturm der St. Martinskirche sowie das Rathaus aus dem 18. Jahrhundert.

Im Ort geht es immer am **Adolph-Saurer-Quai** entlang → nach dem **Saurer-Museum** nach links versetzt in die **Wassergasse** → beim **Strandbad** wechselt der Radweg auf die linke Seite der Gleise → vor dem Bahnhof von Egnach führt die Route an die Straße → vorbei am Bahnhof **5**.

Egnach

Vorwahl: 071; PLZ: 9322

Verkehrsverein Egnach-Wiedehorn, ✆ 4772525, www.egnach.ch

Strandbad Wiedehorn (Seehorn), Wiedehorn, ✆ 4771648

Strandbad Luxburg, Luxburgstr. 36, ✆ 4771618

Rechts in die **Luxburgstraße** einbiegen und die Bahn überqueren → gleich nach der Bahn links in einen schmalen, geschotterten Weg, den **Seeweg**, einbiegen → an der nächsten Kreuzung geradeaus → danach links und auf einer Brücke die Bahn überqueren → der **Kehlhofstraße** nach **Salmsach** folgen → kurz vor Romanshorn gleich dreimal hintereinan-

C5
Bodensee
Münsterlingen
Bottighofen
Kloster Münsterlingen
Seedorf
engwil
Scherzingen
Leonardskapelle
Dettighofen
Landschlacht
Seebach
Rueederbomm
Oberhofen
Schönenbaumgarten
Basterhof
Zuben
Altnau
Illighausen
Güttingen
Moosburg
Herrenhof
Emerzerweiher
Tobelbach
Langrickenbach
Kesswil
Bahnweg
Hofwiesenstr.
2,4
1,6
1,2
5,5
8
13
33
C6
C4

57

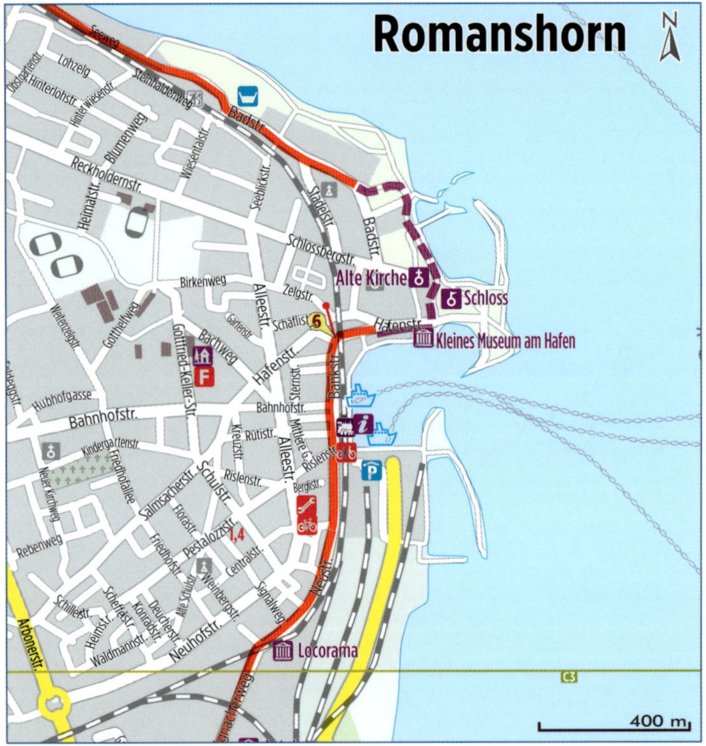

der die Bahn überqueren, danach rechts der Bahnlinie entlang ~ am **Bahnhof** vorbei ins Ortszentrum von Romanshorn.

Romanshorn

PLZ: CH-8590; Vorwahl: 071

Tourist-Information im Bahnhof, Bahnhofplatz, ✆ 4633232, www.romanshorn.ch

„Kleines Museum am Hafen", Hafenstraße, ÖZ: So 14-17 Uhr und n. V. Dorfgeschichte und Geschichte der Verkehrsentwicklung auf und um den Bodensee vom 19. Jh. bis heute.

Locorama, Egnacherweg 1, ✆ 4602427 od. ✆ 079/8277454, ÖZ: Mai-Okt., So 10-17 Uhr. Ausstellung historischer Lokomotiven und Eisenbahnwagen, Fahrsimulator und Führungen durch die Lokremise und das Stellwerk.

Autobau, Egnacherweg 7, ✆ 4660066, ÖZ: Mi 16-20 Uhr, So 10-17 Uhr od. n. V. Auf dem Gelände des ehemaligen Tanklagers gibt es eine Sammlung edler Fahrzeuge zu sehen.

Schloss, Schlossbergstr. 26. Das Gebäude stammt in seiner jetzigen Form von 1829 und beherbergt heute ein Hotel und ein Restaurant.

Alte Kirche, Schlossberg. Die Alte Kirche wurde erstmals 779 n. Chr. erwähnt. Bis 1913 wurde die Kirche von der katholischen und der protestantischen Kirche genutzt. Nachdem beide Konfessionen eigene Gotteshäuser erhalten hatten, stand die Kirche leer. Heute nutzen wieder beide Konfessionen die Kirche.

SeeBad, Badstr. 50, ✆ 4631147

Neuhaus Velomotors, Alleestr. 54, ✆ 4631744, auch E-Bikes

Bahnhof, Bahnhofstraße, ✆ 051/2283355

In Romanshorn befinden Sie sich im größten und wichtigsten Schweizer Bodenseehafen. Eine Urkunde aus dem Jahr 779 nennt die Siedlung zum ersten Mal, die Alte Kirche stammt noch aus dieser Zeit.

Von Romanshorn nach Kreuzlingen/Konstanz 20,1 km

6 Die Bahn nach rechts überqueren ~ links auf den Kiesweg abbiegen und durch den Park, vorbei am Segelhafen ~ am Ende des Kiesweges rechts auf die Straße ~ auf der **Badstraße** und dem **Seeweg** neben der Bahnlinie entlang nach Uttwil.

C6
Rheinsee
Ermatingen
Georg
Ruine Schopflen
NSG Wollmatinger Ried
Wollmatinger Ried
Stromeyersdorf
Paradies
Fürstenberg
Königsbau
Allmannsdorf
Staad
Universität
Schwaketenstraße
Sonnentauweg
Reichenaustraße
Petershauser Str.
Mainaustr.
Jacobstr.
Lindauerstr.
Petershausen
Seerhein
Wintersteig
Archäologisches Landesmuseum
Seestr.
Deutschland
Schweiz
Gottlieben
Schloss Gottlieben
Triboltingen
Höwilen
Anderbach
Konstanzer Str.
Inselhotel
Konstanz
Münster
Konzilgebäude
Hus-Museum
Konstanz Bahnhof
Konstanz, Schweizer Bahnhof
Bodensee-Naturmuseum
Sea-Life
Bodensee
Kreuzlingen
Seeburgpark
Schloss Seeburg
Seemuseum
Emmishofen
Tägerwilen
Feuerwehrmuseum
St. Ulrich und St. Afra
Museum Rosenegg
Schloss Girsberg
Puppenmuseum
Schloss Castell
Burgruine Castell
Castell
Planetarium
Kurzrickenbach
4,5
1,8
0,8
1,4
59

Uttwil

PLZ: CH-8592; Vorwahl: 071

Tourist-Information, Restaurant Pier, Seehofstr. 6, ✆ 4637462, www.sonnenecke.ch

Amriswiler Strandbad, Strandbadstraße, ✆ 4634773

In Uttwil kurz direkt am Seeufer entlang ⇝ nach dem Linksbogen leicht bergauf ⇝ **7** direkt nach dem Bahnübergang rechts in die **Bahnhofstraße** ⇝ an der Querstraße rechts und gleich nach der Unterführung links weiter nach Kesswil.

Kesswil

PLZ: CH-8593; Vorwahl: 071

Tourist-Information, Volg Detailhandels AG, Uttwilerstr. 3, ✆ 4633850

Velofelix, Bahnhofstr. 4, ✆ 4602404.

Die Ortschaften Uttwil und Kesswil bestechen vor allem durch Fachwerkbauten aus dem 17. bis 19. Jahrhundert.

In Kesswil rechts in die **Edenstraße** ⇝ an der nächsten Möglichkeit links ⇝ dem kurvenreichen Straßenverlauf nach **Güttingen** folgen.

Güttingen

PLZ: CH-8594; Vorwahl: 071

Tourist-Information, Sommeristr. 3, ✆ 6945684, www.sonnenecke.ch

An der Querstraße links ⇝ vor dem Bahnübergang rechts in den **Bahnweg** ⇝ am Bahnhof Altnau geradeaus weiter.

Altnau

PLZ: CH-8595; Vorwahl: 071

Tourist-Information, Raiffeisenbank Regio Altnau, Bahnhofstr. 12, ✆ 6945684, www.sonnenecke.ch

Am Ortsbeginn von Landschlacht auf die andere Bahnseite wechseln.

Landschlacht

PLZ: CH-8597; Vorwahl: 071

Tourist-Information, Raiffeisenbank Regio Altnau, Schulstr. 1, ✆ 6945684, www.sonnenecke.ch

Leonardskapelle (10. Jh.). Die Kapelle ist eine der ältesten romanischen Kapellen im Bodenseeraum.

Die 850-Seelen-Gemeinde Landschlacht ist durchaus einen kurzen Aufenthalt wert. Die hiesige Leonardskapelle geht bis auf das 10. Jahrhundert zurück und weist einen vierhundert Jahre jüngeren gotischen Freskenzyklus über das Leben des heiligen Leonard auf.

Links auf die Straße und unter der Eisenbahn hindurch ⇝ vor der Hauptstraße rechts ⇝ auf dem Radweg parallel zur Bahn ⇝ am Bahnhof Münsterlingen-Scherzingen vorbei.

Münsterlingen-Scherzingen

PLZ: CH-8280; Vorwahl: 071

Kloster Münsterlingen (18. Jh.), Spitalcampus 1. Gegründet wurde das Kloster der Legende nach um das Jahre 986 mit einem Standort direkt am Seeufer. Der heutige Bau stammt aus dem 18. Jh., steht etwas höher landeinwärts und wird mittlerweile als Klinik genutzt.

Angela, eine englische Königstochter, hatte beim Besteigen des Bodenseeschiffes wohl noch keine Ahnung davon, dass sie bei Verlassen desselben ein Kloster gründen würde. Der Grund für die selbstlose Stiftung war – so will es die Legende – ein Sturm, der das Töchterlein aus höheren Kreisen in tiefere Wasser zu blasen drohte. Tränenden Auges gelobte sie, an jener Stelle ein Kirchlein errichten zu lassen, an der sie lebend an Land kommt. Aus dem Namen „Monasteriolum" (zu deutsch: Klösterlein) wurde „Münsterlingen", wo nach Augustinerinnen und Benediktinerinnen heute die kantonale Krankenanstalt residiert.

Die Bahn unterqueren ⇝ weiterhin parallel zum Bahngleis ⇝ geradeaus und vor dem nächsten Bahnübergang rechts ⇝ durch das Zentrum von Bottighofen.

Bottighofen

PLZ: CH-8280; Vorwahl: 071

Freibad Röösli, Seeweg, ✆ 6886949

Velo Rämsi, Hauptstr. 15, ✆ 6883687 od. ✆ 076/3107014

Rechts an der Bahn entlang ⇝ **8** am Schwimmbadparkplatz geradeaus auf die **Seebadstraße**

⤳ rechts auf die **Bleichestraße** ⤳ wieder links in die **Werftstraße** ⤳ am Ende der Straße links in einen Radweg ⤳ die Straße überqueren und auf dem Radweg durch die Parkanlage ⤳ auf der Brücke über die Straße ⤳ am Stoppschild links auf den straßenbegleitenden Radweg.

Kreuzlingen

PLZ: CH-8280; Vorwahl: 071

Kreuzlingen Tourismus, Hauptstr. 39, ✆ 6723840, www.kreuzlingen-tourismus.ch

Seemuseum, im östlichen Teil des Seeparks, Seeweg 3 ✆ 6885242, ÖZ: Juli-Sept., Di-So 11-17 Uhr, Okt.-Juni, Mi, Sa, So 14-17 Uhr. Gegenwartsbezogene Ausstellungen zu den Themen Schifffahrt und Handel, Fischerei, Fischkunde, Seenforschung, Gewässerschutz, Tourismus, Landschaft und Malerei des gesamten Bodenseegebietes.

Museum Rosenegg, Bärenstr. 6, ✆ 6728151, ÖZ: Mi 17-19 Uhr, Fr 14-17 Uhr, So 14-17 Uhr. Schwerpunkte auf Persönlichkeiten aus der Region, Besonderheiten der Grenzlage von Kreuzlingen und Konstanz, etc. Wechselnde Sonderausstellungen.

Puppenmuseum „Jeannine", Schlossgut Girsberg, ✆ 6724655, ÖZ: Jeden ersten Sonntag des Monats 15-17 Uhr. Im Erdgeschoss der Kulturscheune sind nicht nur 500 Exponate seltener Puppen aus aller Herren Länder, sondern auch eine beachtliche Sammlung von Spielzeug und Spielzeugautomaten vergangener Jahrhunderte ausgestellt.

Feuerwehrmuseum, Löwenstr. 7, ✆ 6776370, ÖZ: Mai-Okt., Di-Sa 14-17 Uhr, jeden 1. So im Monat 14-16 Uhr. Einblick in das Schweizer Feuerwehrwesen.

St. Ulrich und Afra, Hauptstr. 85. Klosterkirche des ehemaligen Augustinerstifts Kreuzlingen. Die Kirche beheimatet noch 280 der ursprünglich 322 Figuren der „Kreuzlinger Passion" aus dem 18. Jh. Ein Tiroler Schnitzer soll 18 Jahre gearbeitet haben, um die dreißig Zentimeter großen Figuren aus Arvenholz für die Ölbergkapelle zu schaffen.

Schloss Seeburg (17. Jh.), Seeweg 5, ✆ 6884040. Das im Stil des Historismus gebaute Schloss beherbergt heute ein Restaurant.

Schloss Girsberg (1790), Girsbergstraße. Luftschifffahrer Ferdinand Graf von Zeppelin

Hafeneinfahrt Konstanz

wuchs auf diesem Schloss auf und verbrachte hier auch später viel Zeit.

- **Planetarium Bodensee**, Breitenrainstr. 21, ✆ 6773800, ÖZ: öffentliche Vorführungen Fr, Sa 20 Uhr, Mi 19 Uhr, So 17 Uhr; Kinderprogramm Mi 14.30 u. 16 Uhr, Sa 18 Uhr, So 15 Uhr.
- **Seeburgpark**, Seeweg. Eine der größten und schönsten Parkanlagen am Bodensee mit Watvögelreservat, Tiergehegen, Vogelvolièren, Storchenstation, Gewürzgarten und 300 m^2 großem Rosengarten.
- **Thermalbad Egelsee**, Gaissbergstr. 6, ✆ 6711816
- **Schwimmbad Hörnli**, Schwimbadstr. 2, ✆ 6881858
- **2 Rad-Shop Brunner**, Hauptstr. 91, ✆ 6729092
- **Velo Rüegger AG**, Löwenstr. 28, ✆ 6725672
- **Velodrom**, Bachstr. 5, ✆ 6723011

- **Bahnhof**, Bahnhofstraße, ✆ 051/2268405
- **Bahnhof am Hafen**, Hafenstraße, ✆ 051/2268405

Die Schwesterstadt von Konstanz soll um 1840 nur 13 Häuser gezählt haben, heute wohnen gut 20.000 Menschen in Kreuzlingen. Kreuzlingen ist damit die größte Schweizer Stadt am Bodensee.

INS ZENTRUM

Wenn Sie einen Abstecher in die sehenswerte Innenstadt von Konstanz machen wollen, überqueren Sie die Grenze und fahren dann links über die Gleise, bevor sie diesen parallel folgen. Wenn Sie entlang des Seerheins weiterradeln – hier in orange dargestellt – treffen Sie wieder auf die Hauptroute.

Konstanz

PLZ: D-78462-467; Vorwahl: 07531

- **Tourist-Information**, Bahnhofpl. 43, ✆ 133030, www.konstanz-tourismus.de
- **Bodensee Schifffahrtsbetriebe**, Hafenstr, 6, ✆ 36400. Auf der Strecke Konstanz – Schaffhausen werden Fahrräder, soweit Platz vorhanden, befördert.
- **Rundfahrten**, Personenschifffahrt Giess, Seehang 2, Konstanz-Wallhausen, ✆ 0171/7795162 od. ✆ 0172/8834160. Rundfahrten in der Konstanzer Bucht, Sonderfahrten.
- **Schweizerische Schifffahrtsgesellschaft, Untersee und Rhein**, ✆ 0041/52/6340888. April-Anfang Okt., tägl. Linienschiffe zwischen Konstanz und Schaffhausen, Mitnahme von Fahrrädern nur beschränkt möglich.
- **Archäologisches Landesmuseum**, Benediktinerpl. 5, ✆ 98040, ÖZ: Di-So 10-18 Uhr. Aspekte der Landesarchäologie von den Pfahlbauten bis zur Burgenforschung, archäologische Funde aus den mittelalterlichen Städten Baden-Württembergs.
- **Hus-Museum**, Hussenstr. 64, ✆ 29042, ÖZ: April-Sept., Di-So 11-17 Uhr, Okt.-März, Di-So 11-16 Uhr. Zu sehen sind Bilder und Dokumente zum Leben des Kirchenkritikers Jan Hus, der nach seiner Weigerung der Wyclifschen Lehre zu widerrufen, beim Konstanzer Konzil 1415 verurteilt und durch Verbrennung hingerichtet wurde, sowie zur Geschichte der Hussitenbewegung.
- **Rosgartenmuseum**, Rosgartenstr. 3-5, ✆ 900245 od. ✆ 900246, ÖZ: Di-Fr 10-18 Uhr, Sa, So/Fei 10-17 Uhr. Modern gestaltetes historisches Museum für Stadt und Region. Urgeschichtliche Sammlungen, mittelalterliche Kunst, sowie vielerlei über die Stadtentwicklung. Außerdem sehen Sie alles über das Wohnen und Arbeiten vom Mittelalter bis heute.
- **Städt. Wessenberg-Galerie**, Wessenbergstr. 43, ✆ 900921, ÖZ: Di-Fr 10-18 Uhr, Sa, So/Fei 10-17 Uhr. Hochrangige Kunstsammlungen aus den Bereichen Malerei und Grafik des Bodenseegebietes und des deutschen Südwestens. Es werden etwa 6.000 Exponate präsentiert; Sonderausstellungen.
- **Bodensee-Naturmuseum**, im Sea-Life, Hafenstr. 9, ✆ 900608, ÖZ: tägl., Jan.-Juni u. Sept.-Dez., 10-17 Uhr, Juli-Aug., 10-18 Uhr. Das einzige naturkundliche Museum am See. Die Eigenarten des Bodenseeraumes in Zoologie, Geologie und Ökologie werden ebenso dargestellt wie seine Bedrohung durch Umweltver-

schmutzung und die Bedeutung der Wasser- und Fischereiwirtschaft.

Münster Unserer Lieben Frau, Münsterplatz, ÖZ: tägl. 10-18 Uhr. Im kunsthistorisch bedeutendsten Gebäude der Stadt tagte in den Jahren 1414-18 das Konzil. Der älteste Teil des Hauses, die Krypta, stammt aus dem 9. Jh., die neugotische Turmpyramide wurde 1856 aufgesetzt. Aus 76 m Höhe bietet sich ein herrlicher Blick über Stadt und Landschaft.

Christuskirche, Konzilstraße. Die einzige Barockkirche in Konstanz ist 1604-07 zusammen mit dem jesuitischen Kolleg und Gymnasium entstanden. Seit Auflösung des Ordens 1773 ist die Kirche unverändert erhalten geblieben.

Schloss Mainau, 8 km nördlich am Bodensee-Radweg, ✆ 3030, ÖZ: tägl. 10-17 Uhr. 1739-46 als Besitz des Deutschen Ritterordens entstanden, bildet die Anlage auf der Blumeninsel ein typisches Beispiel für den Bodensee-Barock. In den Ausstellungsräumen präsentieren internationale Künstler/innen ihre Arbeiten. Schlossterrasse mit Panoramablick.

Stadttheater Konstanz, Konzilstr. 11, ✆ 900150, Spielzeit: Sept.-Juli. Ältestes Theater Deutschlands.

Inselhotel, Auf der Insel 1. Im ursprünglich von den Dominikanern 1236 errichteten Kloster lebte einst der spätmittelalterliche Mystiker Heinrich Suso, wurde Johannes Hus während des Konzils gefangengehalten und 1838 Ferdinand v. Zeppelin geboren. Heute renommiertes Luxushotel in einmaliger Atmosphäre.

Universität Konstanz, auf dem Giessberg 4 km nördlich, Universitätsstr. 10. Der 1966 begonnene Gebäudekomplex beeindruckt durch Lebendigkeit und Vielfalt, Tausende von Fenstern gestatten den Blick in das Innenleben der „gläsernen Universität". Von der Aussichtskanzel ein überwältigender Rundblick.

Niederburg, Stadtteil zwischen Münster und See. Dank der Tatsache, dass Konstanz von Feuer und Krieg verschont blieb, hat sich der mittelalterliche Charakter dieses Ortsteils erhalten. Bürgerhäuser aus dem 13.-16. Jh. und verwinkelte Gassen sind hier in großer Zahl vorhanden und sind Attraktionen der Stadt.

Konzilgebäude, Hafenstr. 2, ✆ 21221. Im 1388 errichteten, ehemaligen Kaufhaus erfolgte

Konstanz am Bodensee

während des Konstanzer Konzils 1417 die einzige Papstwahl auf deutschem Gebiet. Seit 1970 dient das Gebäude als Konzert- und Kongresshaus.

Haus zur Kunkel, Münsterpl. 5 ✆ 900988, nur mit Führung nach Voranmeldung zugänglich. Die um 1300 entstandenen berühmten Weberfresken, frühe profane Wandmalereien, zeigen die einstige Verarbeitung von Leinwand und Seide sowie Szenen des Alltags.

Bootsvermietung Marc Fluck, Gondelhafen, ✆ 21881

Sea Life, Hafenstr. 9, ✆ 1282710, ÖZ: tägl., Sept.-Juni, 10-17 Uhr, Juli-Aug., 10-18 Uhr. In 30 naturgetreu gestalteten Süß- und Salzwasserbecken können tausende Bewohner der Unterwasserwelt bestaunt werden.

Blumeninsel Mainau, 8 km nördlich am Bodensee-Radweg, ✆ 3030, ÖZ von Park und Gärten: tägl. von Sonnenauf- bis Sonnenuntergang; Schmetterlingshaus: Ende Okt.-Mitte März, 10-17 Uhr, Mitte März-Ende Okt., 10-19 Uhr; Palmenhaus: tägl. 9-max. 21 Uhr (aber innerhalb der Parköffnungszeiten). Die attraktivsten Bereiche sind die Straße der Wild- und Strauchrosen, das Arboretum mit Mammutbäumen, der Rosengarten und das Kinderland.

Naturschutzgebiet „Wollmatinger Ried“, 2 km westlich, ✆ 78870, Besichtigung nur mit Führung, der Infopfad und die Beobachtungsplattform auch ohne Führung. Der wertvolle Naturraum mit Europa-Diplom umfasst 767 ha zum Teil „unberührte“ Uferlandschaft und Flachwasserzone, wo sich Tier- und Pflanzenarten mit ganz speziellen Ansprüchen erhalten konnten.

Bodensee-Therme, Zur Therme 2, ✆ 363070

Rheinstrandbad, Spanierstr. 7, ✆ 66268

Rocco der Fahrradladen, Fürstenbergstr. 84, ✆ 78004

Indigo, Kreuzlinger Str. 2, ✆ 2846664 od. ✆ 0151/26695455

Zweirad Wagenknecht, Reichenaustr. 14b, ✆ 61979

Langenbach, Wollmatinger Str. 6, ✆ 81610

Radial, Inselg. 13, ✆ 22532

Stahlross, Brauneggerstr. 60, ✆ 368477

Kulturrädle, Bahnhofpl. 29, ✆ 27310

velotours, Bücklestr. 13, ✆ 98280

Radcenter Paradies, Untere Laube 32, ✆ 16053

„Konstanz! Welch schmucker Name, welch schöne Erinnerung! Es ist die am prächtigsten gelegene Stadt Europas, ein leuchtendes Siegel, das Norden und Süden, Osten und Westen Europas vereint. Fünf Nationen trinken aus dem See, den der Rhein schon als Strom verlässt. Konstanz ist ein Klein-Konstantinopel, am Eingang eines mächtigen Sees, auf beiden Ufern des noch friedlichen Rheins; unermesslich ist der Rundblick, und Fluss, See und Stadt bieten tausend wundervolle Ansichten." So beschrieb Gerard de Nerval 1851 in seinen Tagebuchnotizen die Stadt mitten im Bodensee. Die größte Stadt am Bodensee mit 80.000 Einwohnern erstreckt sich an dem schmalen Übergang von Deutschland in die Schweiz sowie auf dem Landrücken zwischen Ober- und Untersee. Im Mittelalter war Konstanz zeitweise das größte deutsche Bistum und wirtschaftlicher Mittelpunkt eines weiten Gebietes. Durch die heutige Randlage hat Konstanz jedoch seine einstige Bedeutung zum Teil verloren.

Besondere Bedeutung hatte Konstanz im 15. Jahrhundert erlangt. In den Jahren 1414-18 wurde hier das Konzil abgehalten, das die Überwindung der Kirchenspaltung und der Häresie sowie eine Kirchenreform zum Ziel hatte. Konstanz war es auch, wo die Reformatoren Johannes Hus und Hieronymus von Prag als „Ketzer" auf dem Scheiterhaufen verbrannt wurden. Etwas mehr als ein Jahrhundert später verlor aber die Stadt schon die Reichsfreiheit und wurde vorderösterreichische Landstadt. Ironischerweise verdankt Konstanz seine Schonung im Zweiten Weltkrieg diesem Bedeutungsverlust, wodurch zahlreiche Profanbauten aus dem 13. und 14. Jahrhundert erhalten blieben und so an die einstige Größe erinnern. Heute liegt Konstanz allerdings wieder im „Trend der Zeit" und gibt sich als eine der jüngsten Universitätsstädte aktiv, modern und aufgeschlossen.

Von Konstanz/Kreuzlingen nach Stein am Rhein — 28,8 km

9 Beim **Grenzübergang Seestraße/Hafenstraße** in die **Freiestraße** und über die Gleise ~ gleich darauf rechts in die **Wiesenstraße** ~ links in die **Zollstraße** ~ beim Haupt-Grenzübergang nach Konstanz geradeaus in die **Grenzstraße**, dem Straßenverlauf dieser folgen ~ nach einem Rechtsbogen geht es neuerlich zu einem Grenzübergang ~ hier links und in die nächste Straße gleich wieder rechts ~ rechts in die **Grenzbachstraße** ~ der Linkskurve folgen und geradeaus weiter auf einen Radweg ~ **10** die Hauptstraße unterqueren ~ an der Querstraße rechts und an der nächsten Querstraße links.

VARIANTE
Hier gibt es auch eine schöne Alternative, die direkt am Rhein entlang und durch Gottlieben führt. Dazu einfach nach ein paar Metern rechts von der Hauptroute abbiegen.

Marktstätte Konstanz

Gottlieben (CH)

Schloss Gottlieben (1251). Während des Konzils von Konstanz wurde der Reformator Jan Hus, Hieronymus von Prag und der abgesetzte Papst Johannes XXIII. im Schloss gefangen gehalten.

In dem ehemaligen Fischerdorf wird niemandem die schöne Riegelarchitektur entgehen. Besonders die Drachenburg und das Waaghaus aus dem 17. Jahrhundert tragen zur Anmut der Ortschaft bei. Außerdem erfreut Gottlieben, das unmittelbar am Seerhein liegt, seine Besucher mit einem ehemaligen Bischofsschloss.

Weiter bis zur Hauptstraße ~ an dieser rechts weiter am rechtsseitigen Radweg ~ vor der Bahnunterführung nach rechts abbiegen ~ der Rechtskurve der Staße folgen.

Tägerwilen (CH)

PLZ: CH-8274; Vorwahl: 071

- **Schloss Castell** (1585). Der Kern des Herrensitzes wurde im Stil der Spätrenaissance errichtet, später im Stil der Neorenaissance erweitert. Der Bau ist nicht öffentlich zugänglich.
- **Burgruine Castell** (12. Jh.). Die Burg war einst eine der größten mittelalterlichen Wehranlagen im Bodenseeraum.
- **Naturschwimmbad**, Badistrasse, ✆ 6693366
- **Ehrbar Zweiradhuus**, Hauptstr. 74, ✆ 6691283

11 Direkt vor dem Ortsschild Gottlieben links abbiegen ~ vor dem Bahnübergang rechts halten ~ auf dem unbefestigten Weg weiter nach Ermatingen.

Die Sicht auf den Untersee wird frei, und an seinem Nordufer erscheint die Naturlandschaft des Wollmatinger Mooses. Herüben säumen kleine Gemüse- und Blumengärten den Weg, das reizvolle Bild wird noch von Weinhängen ergänzt.

Rechs auf die Querstraße ~ an der T-Kreuzung links Richtung Steckborn ~ dem Straßenverlauf durch Ermatingen folgen ~ vor einem Fachwerkbau links in die **Untere Seestraße** abbiegen.

Ermatingen

PLZ: CH-8272; Vorwahl: 071

- **Ermatingen Tourismus**, Bahnhof, ✆ 6641909, www.ermatingen-tourismus.ch
- **Vinorama Museum Ermatingen**, Hauptstr. 62, ✆ 6600101, ÖZ: Mai-Okt., Fr-So 14-17 Uhr, Nov.-April, Sa, So 14-17 Uhr. Ausstellungen zur Geschichte des Weinbaues am Untersee sowie zu Politik und Gesellschaft im 19. Jh.
- **Hallenbad**, Schönhaldenstr. 1, ✆ 6642219
- **Strandbad**, Westerfeldstr. 4, ✆ 6641814

Das ehemalige Fischerdorf Ermatingen liegt auf einer Landzunge, dem „Stad". Unter mehreren malerischen Fachwerkhäusern (Riegelbauten) verdienen das Haus zum Schiff (1708) und das stattliche Hotel Adler, es soll eine der ältesten Herbergen der Schweiz sein, besondere Beachtung.

12 Die Hauptroute verlässt Ermatingen auf der Seeseite der Bahn ~ kurz vor Mannenbach wechselt der Radweg auf die linke Seite der Bahn und führt nun zwischen Gleisen und Hauptstraße dahin.

Mannenbach-Salenstein

PLZ: CH-8268; Vorwahl: 071

- **Napoleonmuseum**, im Schloss Arenenberg, ✆ 6641866, ÖZ: April-Mitte Okt., tägl. 10-17 Uhr, Mitte Okt.-März, Di-So 10-17 Uhr. Salons, Zimmer und Boudoirs, geprägt vom Charme französischer Ausstattung und erlesener Kunstwerke des ersten und zweiten Kaiserreiches. Asylort Louis Napoleons und seiner Gemahlin.
- **Schloss Arenenberg** (15. Jh.)

Beim Seehotel Schiff quert der Radweg die Gleise, wechselt aber kurz darauf wieder auf die linke Seite ~ vor Berlingen führt die Route an die stark befahrene Verbindungsstraße, die hier die Bahn überquert ~ die Schilder weisen nach rechts auf die stark befahrene Hauptstraße hinauf und nach Berlingen hinein.

VARIANTE **Falls Sie einen Schotterpfad einem verkehrsreicheren Stück vorziehen, dann überqueren Sie auf der Hauptstraße nach links die Gleise und fahren gleich darauf**

C7
Rheinsee
Rhein
Hornstaad
Oberzell
St. Georg
Honisheim
Hesse Museum
Im Bänkle
Hermann-Hesse-Haus
Gaienhofen
Schloss Gaienhofen
Marbach
Museum Haus Dix
Hauptstr.
Hemmenhofen
Schloss Marbach
Berlingen
Seestr.
Adolf-Dietrich-Haus
Mannenbach
Napoleonmuseum
Schloss Arenenberg
Ermatingen
Heimatmuseum
Rathaus
Nächsthorn
Salenstein
Vinorama
Deutschland
Schweiz
Feldbach
Steckborn
Fruthwilen
Höwilen
Glarisegg
Speck
Chesselbach
Reutenen
Salen
Tägermoos
Euggerschwil
Büren
Helsighausen
Sassenloo
Helmetshausen
Chemibach
Hinterhomburg
Homburg
Sunenberg
67

rechts auf den schmalen Weg entlang der Bahn. Auch dieser bringt Sie, etwas oberhalb, nach Berlingen.

Berlingen

PLZ: CH-8267; Vorwahl: 052

- **Verkehrsbüro Berlingen**, Seestr. 78, ✆ 7702822, www.berlingen-tourismus.ch
- **Haus des Malers Adolf Dietrich** (1877-1957), Seestr. 31, ✆ 058/3451060, ÖZ: Mai-Sept., Sa, So 14-18 Uhr. Der Maler verbrachte sein ganzes Leben in Berlingen, seine Malstube ist seit seinem Tod unverändert.
- **Seebad Berlingen,** Seestraße

Hätte der Wildbach an dieser Stelle des Sees nicht ein weites Delta geschaffen, so hätte das Dorf Berlingen kaum Platz gefunden. Denn vielleicht nirgendwo sonst schiebt sich der Seerücken so nahe ans Ufer heran. Sein Einkommen hat der Ort dem milden Klima, das den Weinbau begünstigt, zu verdanken. Das Ortsbild des zwischen Rebbergen und bewaldeten Hängen gelegenen Dorfes bietet mit den eng aneinander gebauten Riegelhäusern einiges fürs Auge. Berlingen ist auch stolz auf die reformierte Kirche von 1842, „das erste neugotische Bauwerk der Schweiz".

Steckborn, Turmhof

Gegen Ortsende beginnt ein straßenbegleitender Radweg, der erst kurz vor Steckborn endet.

VARIANTE Die Schilder schicken Sie auch hier auf der Hauptstraße durch den Ort, Sie können aber den verkehrsreichen Abschnitt umfahren.

Nach der Rechtskurve links in die **Morgengasse** bis zur **Stadtkirche** ⤳ links in die **Dorfstraße** über den Bahnübergang bis zur Abzweigung **Lindenweg,** hier rechts hoch bis zum Schulhaus ⤳ links am Schulhaus in den **Schulweg** einbiegen ⤳ gleich darauf rechts in die **Ackerstraße** ⤳ ca. 1 km in westlicher Richtung fahren ⤳ beim Haus **Weiermühle** treffen Sie wieder auf den offiziellen Radweg.

Steckborn (CH)

PLZ: 8266; Vorwahl: 052

- **Steckborntourismus**, Seestr. 123, ✆ 7611055, www.steckborntourismus.ch
- **Höri-Fähre nach Gaienhofen,** ✆ 0049/7735/8891 od. ✆ 0049/171/6817427. Fährzeiten: Mai-Juni, So/Fei ab Steckborn 10.30, 15 u. 16.30 Uhr, Juli-Anf. Sept. Di, Do, So ab Steckborn um 10.30, 15 u. 16.30 Uhr. Velotransport, solange Platz vorhanden ist, bei stürmischem Wetter kann die Mitnahme abgelehnt werden.
- **Heimatmuseum im Turmhof,** Seestr. 84a, ✆ 7612903, ÖZ: Juni-Mitte Okt., Mi, Sa, So 14-17 Uhr. Das Wahrzeichen der Stadt wurde um 1300 erbaut und später mit einem barocken Kuppeldach und mit Ecktürmen ausgestattet.
- **Rathaus,** Seestraße. Schöner Riegelbau von 1669.
- **Strandbad**, Seestr. 188, ✆ 058/3462087

Wo heute das alte Fischerstädtchen Steckborn liegt, war schon während der Steinzeit – wie auch andernorts am Bodensee – ein günstiger Platz zum Wohnen, wie es Spuren von einer Uferbesiedlung (Pfahlbauten) bezeugen. Um

C8
Schlafen im Stroh
Hemishofen
Wolkensteiner Berg
608
klingen
C9
332
Aussichtsturm
Schiener Bach
Schienen
Schiener Berg
Langenmoos
Salenhof
Marba
Salen
580
Schloss M
16
3
Burg Hohenklingen
Stein am Rhein
Öhningen
Undere Müliweier
Rhein
Lindwurm
Klostermuseum St. Georgen
Kloster Öhningen
Aspenhof
Hauptstr.
Fischerhaus
Wangen
Etzwilen
Stiegen
L192
Kattenhorn
St. Blasius
Wagenhausen
0,8
Kastell Tasgetium
Kloster Werd
Insel Werd
352
15
13
Museum Eschenz
Rheinsee
C7
Kaltenbach
2
Eschenz
2,2
14
Ruine Neuburg
Schlafen im Stroh
3,2
Mammern
Bleuelhusen
Hüttenberg
69
Höchl
640
Schloss Freudenfels
Klingenzell
K15

1300 wurde direkt am See der Turmhof mit seinem markanten Kupfer-Kuppeldach durch die Äbte der Reichenau als Sommerresidenz erbaut. Im Turmhof ist heute das Heimatmuseum beherbergt. Das stolze Gebäude dominiert immer noch die mittelalterliche Altstadt und steht als Wahrzeichen für den ganzen Untersee. Neue Identität bekommt der Ort unter anderem durch das Bernina-Werk.

AUSFLUG **Hier haben Sie die Möglichkeit, mit der Fähre ans gegenüberliegende Ufer überzusetzen und in Gaienhofen mehrere Museen zu besuchen.**

Gaienhofen (D)

PLZ: 78343; Vorwahl: 07735

- **Kultur- und Gästebüro**, Im Kohlgarten 1, ✆ 81823, www.gaienhofen.de
- **Hesse Museum,** Kapellenstr. 8, ✆ 440949, ÖZ: Mitte März-Okt., Fr, Sa 14-17 Uhr, So 10-17 Uhr, Nov.-Mitte März, Di-So 10-7 Uhr. Bildende Künstler auf Höri (Halbinsel) mit Schwerpunkt auf Hermann Hesse, der hier acht Jahre lebte. Weiters sind Werke von E. Segewitz, H. Macke, O. Dix zu sehen; Dichter auf Höri: H. Hesse, L. Finckh; Geschichte auf der Höri: u. a. Funde von Pfahlbauten in Hornstaad und Hemmenhofen.
- **Hermann-Hesse-Haus,** Hermann-Hesse-Weg 2, ✆ 440653, nur bei Führungen zu besichtigen. Im einstigen Wohnhaus (1904-1908) des bekannten Schriftstellers sind auch Werke seines weniger bekannten malerischen Schaffens ausgestellt.
- **Museum Haus Dix**, Otto-Dix-Weg 6, Ortsteil Hemmenhofen ✆ 937160, ÖZ: Mitte März-Okt., Di-So 11-18 Uhr. Der Maler gilt als einer der bedeutendsten deutschen Künstler des 20. Jhs. Nachdem er im Dritten Reich seine Professur verloren hatte, zog er 1936 mit seiner Frau und den drei Kindern nach Hemmenhofen., wo er bis zu seinem Tod im Jahre 1969 wohnte.
- **Ladestation** beim Kultur- u. Gästebüro, Im Kohlgarten 1, ✆ 81823

Folgen Sie der Seestraße durch den Ort ~ beim Kreisverkehr rechts in die **Frauenfelderstraße** ~ **13** links in die **Weiherstraße** ~ nach dem Bahnübergang an der Gabelung rechts ~ schräg rechts in die **Bollanderstraße** ~ vor der Bahnunterführung links in den **Glariseggerweg** ~ parallel zur Bahn nach Glarisegg ~ **14** im Auf und Ab durch die Obstgärten ~ erst am Bahnübergang kurz vor Mammern endet der Radweg ~ auf der Hauptstraße in den Ort hinein.

Mammern

PLZ: CH-8265; Vorwahl: 052

- **Tourist-Information**, Liebenfelsstr. 2, ✆ 7413232, www.mammern-tourismus.ch
- **Ruine Neuburg** (13. Jh.), östl. von Mammern. Von der einst größten Burg am Untersee sind heute nur mehr Mauerreste übrig.
- **Seebad Mammern**, Moosackerstraße, ✆ 7412454

Auf Höhe der Kirche links in die **Liebenfelsstraße** ~ vor dem Bahnübergang rechts ~ vor dem Bahnhof links über die Gleise und rechts parallel dazu Richtung Eschenz ~ auf dem Radweg nach Eschenz ~ auf dem Radweg zwischen Werksgelände und Bahn hindurch ~ weiter an den Gleisen entlang ~ am Bahnhof Eschenz vorbei ~ an der Querstraße geht es rechts ins Zentrum, die Route führt hier jedoch nach links.

Eschenz (CH)

PLZ: CH-8264; Vorwahl: 058

- **Gemeinde,** Hauptstr. 88, ✆ 3460077, www.eschenz.ch
- **Museum Eschenz**, Unterdorfstr. 14, ✆ 052/7416456, ÖZ: Mai-Okt., 1. So im Monat 14-17 Uhr. Archäologische Funde aus dem Bodenseeraum.
- **Kloster Werd**, ✆ 052/7412662 mit St.-Otmar-Kapelle aus dem 9.-11. Jh., freie Besichtigung, Führungen n. V.
- **Schloss Freudenfels** (14. Jh.), Schlossweg, ✆ 7427211. Die Burg diente einst der Sicherung des Verkehrknotenpunktes Stein am Rhein. 1747-49 erhielt die Burg ihr heutiges, barockes Aussehen. Heute ist im Schloss ein Seminar- u. Tagungshotel untergebracht.
- **Insel Werd.** Die Insel am Auslauf des Bodensees ist durch einen 200 m langen Holzsteg mit dem Festland verbunden. Ein Teil der Insel ist für Besucher frei zugänglich.
- **Strandbad Eschenz**, Staaderstraße, ✆ 052/7411033
- **Anton Jud,** Alte Bahnhofstr. 2, ✆ 052/7413155

Vom Bahnhof kommend also nach links ~ kurz darauf in die **Wasenstraße** nach rechts ~ an der Straßengabelung den Bodenmarkierungen nach rechts folgen ~ bei der Siedlung im Linksbogen der Bahn rechts einbiegen ~ auf einem Rad- und Fußweg auf Stein am Rhein zuradeln ~ **15** an der Querstraße rechts, über die Gleise und zur Hauptstraße vor ~ links auf die Hauptstraße ~ gleich wieder rechts hinunter Richtung Öhningen ins Zentrum von Stein am Rhein ~ nach der Brücke rechts auf die Straße **Chirchhofplatz** ~ an der Stadtkirche vorbei und an der Kreuzung links in die Fußgängerzone, die Straße **Oberstadt** ~ es geht nun durch die Fußgängerzone hindurch.

Stein am Rhein ~km 25

PLZ: CH-8260; Vorwahl: 052

Tourismus Stein am Rhein, Oberstadt 3, ✆ 6324032, www.tourismus.steinamrhein.ch

Museum Lindwurm, Understadt 18, ✆ 7412512, ÖZ: März-Okt., tägl. 10-17 Uhr. Das Museum will eine ganzheitliche Sicht der bürgerlichen Wohnkultur (Biedermeier) und städtischer Landwirtschaft im 19. Jh. vermitteln.

KrippenWelt, Oberstadt 5, ✆ 7210005, ÖZ: Mitte März-Nov., Di-So 10-18 Uhr, Dez., tägl. 10-18 Uhr. Das erste Krippenmuseum der Schweiz. Ausgestellt werden Krippen aus allen Regionen der Welt, welche aus den verschiedensten Materialien gefertigt sind.

Klostermuseum St. Georgen, Fischmarkt 3, ✆ 7412142, ÖZ: April-Okt., Di-So 10-17 Uhr. Die heutigen Baulichkeiten des ehemaligen Benediktinerklosters stammen aus dem 14.-16. Jh. Die museale Sammlung umfasst Funde aus der Ur- und Frühgeschichte bis ins 16. Jh.

Kirche Burg, Burg, ✆ 7412227. Die Kirche wurde inmitten der Überreste des Kastells Tasgetium errichtet.

Kastell Tasgetium (3.-5. Jh.), Burg. Der Grundriss der spätantiken römischen Grenzfestung ist noch zu erkennen.

Burg Hohenklingen, oberhalb der Stadt, ✆ 7412137, ÖZ: Führungen n. V. Im Wesentli-

Stein am Rhein, Rathausplatz

chen erbaut 1218-67 und um 1900 renoviert. Um 1350 lebte hier der Minnesänger Walter von Klingen.

- **Undertor** (14. Jh., Choligass/Fronhofgass), **Obertor** (14. Jh., Fronhof/Brodlaubgass), **Hexenturm** (16. Jh., Choligass), **Chretzeturm** (13. Jh., Bim Chretzeturm)
- **Rathausplatz.** Brunnenverziert und malerisch mit dem Rathausgebäude von 1542 (Fachwerkaufsatz aus dem Jahr 1745).
- **Liliput Bahn**, Schiffländi, Fahrten: April-Juni, So/Fei 11-17 Uhr, Juli-Anf. Aug., Mi, Sa, So/Fei 11-17 Uhr, Ende Sept.-Mitte Okt., Mi, Sa, So/Fei 11-17 Uhr, Ende Aug.-Ende Sept., So/Fei 11-17 Uhr.
- **Strandbad Espi,** Espiweg 28, ✆ 7414337
- **Strandbad Niederfeld,** Hemishoferstraße, ✆ 7412782
- **RiverBike,** Rathauspl. 15, ✆ 7415541, geführte Touren n. V.
- **Bahnhof SBB,** ✆ 051/2269201
- **Schweri Zweirad,** Wagenhausen, Hauptstr. 14, ✆ 7412848

Stein am Rhein schmiegt sich an jener Stelle ans Ufer, wo der Rhein den Bodensee verlässt. An Augenweiden mangelt es in den Gassen und Plätzen des Städtchens nicht, an Touristen ebensowenig. Mit seinen freskengeschmückten, steilgiebligen Häusern und den intakten Stadttoren gehört Stein am Rhein zu den besterhaltenen mittelalterlichen Kleinstädten der Schweiz. Hervorzuheben sind das Rathaus und die benediktinische Klosteranlage St. Georgen aus dem 12. bis 16. Jahrhundert. Über alledem thront nördlich die aus dem 13. Jahrhundert stammende Burg Hohenklingen.

Von Stein am Rhein nach Schaffhausen 20,1 km

Am Ende der Fußgängerzone das Untertor passieren und weiter geradeaus halten.

TIPP: Falls Sie zur Burg Hohenklingen möchten, passieren Sie das Untertor und halten sich danach an der Durchfahrtsstraße rechts.

Die **Hauptroute** folgt hinter dem Untertor in **Stein am Rhein** dem Verlauf der **Hemishofer Straße** stadtauswärts und auf einem Begleitradweg dahin ~ **16** ein paar hundert Meter nach Ortsende wechselt dieser durch eine Unterführung auf die linke Straßenseite ~ unter der Straßen- und Bahnbrücke hindurch ~ weiter auf dem Gehsteig-Radweg ~ in Hemishofen nach links in die **Dorfstraße**.

Hemishofen

Auf einem mit Betonplatten ausgelegten Weg geht es nun durch die Felder ~ nach einer kleinen Brücke am Gehöft und Antiquariat **Bibermühle** vorbei ~ danach an der Wegkreuzung links ~ es geht bergauf, die Straße wird zu einem unbefestigten, aber gut befahrbaren Weg ~ in Kurven geht es durch den Wald ~ **17** oben angelangt dem Linksbogen folgen ~ über die Grenze nach Deutschland ~ am Waldende nach der Schranke folgen Sie den Schildern der Schweizer Veloroute Nr. 2 geradeaus ~ auf Asphalt sanft bergab ~ es geht nun geradeaus auf Gailingen zu

C9
Ramsen
Velohotel Hirschen
Moskau
Murbach
Neu Dörflingen
nnersbrunn
Schweiz
Deutschland
Frenberg
545
Dörflingen
Bürgel
Bürglischloss
Rauhenberg
695
Hippbühl
445
Büsingen
Bergkirche St. Michael
Jüdischer Friedhof
Gailingerbach
St. Dionysius
Jüdisches Museum
Gailingen
am Hochrhein
Winkelhof
Willen
Biber
332
4,2
Röm. Wachturm
Klosterkirche St. Katharinental
18
Alte Holzbrücke
Haus Kunst+Wissen
Unterhof
Siegelturm
Rhein
hutz- und Freizeitgebiet Schaarenwis
Obergailingen
C10
Schaarenwald
Nikolauskapelle
4,5
C8
Schlafen im Stroh
Willisdorf
Diessenhofen
13
17
2,2
Bibermühle
Neuparadis
Mühlbach
Deutschland
Schweiz
Rheinklingen
Buechberg
440
Schlatt
Basadingen
Rodenberg
590
Schlattingen
Achamen
465
14
Aussichtsturm

vorbei am Rheinuferpark 18 bald ist die alte holzgedeckte Rheinbrücke erreicht, die gleichzeitig Grenzstation ist.

AUSFLUG Zu den schönen Bauten von Diessenhofen auf der Schweizer Seite ist es von hier nicht weit. Das deutsche Gailingen diesseits des Flusses liegt hingegen etwas höher.

TIPP Die Hauptroute verläuft weiter am rechten Rheinufer. Falls jemand zum Bad und Campingplatz Langwiesen (dem letzten vor Flaach in 30 km) möchte, sollte hier allerdings ans Südufer wechseln.

Gailingen am Hochrhein (D) ≈km 34

PLZ: D-78262; Vorwahl: 07734

Tourist-Information, Hauptstr. 7, ✆ 930320, www.gailingen.de

Jüdisches Museum, Ramsener Str. 12, ✆ 934226, ÖZ: Mo-Fr 9-16 Uhr. Geschichte der jüdischen Gemeinden in Gailingen und Umgebung und deren Beziehungen zu Staat und Gesellschaft.

Pfarrkirche St. Dionysius (1907-1911). Neugotische katholische Pfarrkirche.

Nikolauskapelle. Um 1100 erbaute romanische Kapelle mit Rokoko-Stuckdekoration.

Bürglischloss (ca. 1278). Die Burg wurde wahrscheinlich von den Herren von Gailingen erbaut. Heute ist nur mehr der Burggraben der Anlage erhalten. Auf dem Schlossareal befindet sich ein Aussichtsturm, bei guter Fernsicht haben Sie von hier einen herrlichen Überblick über das Gebiet zwischen Vorarlberg und den Berner Alpen.

Jüdischer Friedhof. Die sehenswerte Ruhestätte wurde 1676 angelegt, Gailingen besaß noch im 19. Jh. ebensoviel jüdische wie christliche Bürger.

Alte Holzbrücke nach Diessenhofen. Dass an dieser Stelle eine Brücke über den Rhein existiert, wurde erstmals 1292 urkundlich bestätigt. Die heutige, gedeckte Holzbrücke stammt aus dem frühen 19. Jh. und wurde zwischenzeitlich immer wieder renoviert.

Rheinuferpark, Strandweg 8, ✆ 6423 od. ✆ 934500

Fahrrad- u. E-Bikeverleih u. **Ladestation**, Tourist-Information, Hauptstr. 7, ✆ 930320

Diessenhofen (CH) ≈km 34

PLZ: CH-8253; Vorwahl: 052

Verkehrsverein, Obertor 3, ✆ 6571077, www.diessenhofen.ch

Haus Kunst+Wissen, Museumsg. 11, ÖZ: Mi 17-19 Uhr, So 14-18 Uhr. Umfassender Überblick über das Schaffen des Schweizer Malers und Mosaizisten Carl Roesch (1884-1979) und seiner Frau Margrit Roesch. Im selben Haus befindet sich das Ortsmuseum.

Atelier Diessenhofen, Steinerstr. 7, ✆ 6571735 od. ✆ 6571795, Führungen n. V. Das Atelier von Carl und Margrit Roesch ist im Originalzustand erhalten und kann bei Führungen besichtigt werden.

Klosterkirche St. Katharinental, 1 km westlich. Das Gotteshaus des ehem. Dominikanerinnenklosters gilt als eine der schönsten

Gailingen, Alte Holzbrücke

Raumschöpfungen des späten Barock (Régencestil) in der Schweiz.

Unterhof (12. Jh.), Schaffhauserstr. 8. Ehemalige Burg der Truchsessen, welche den Habsburgern als Statthalter dienten.

Siegelturm aus dem Jahr 1546 mit astronomischer Uhr.

Das Stadtbild von Diessenhofen ist in seiner mittelalterlichen Struktur bis heute weitgehend erhalten geblieben. Die einzelnen Häuser des einst österreichischen Städtchens fügen sich fast unauffällig in das Gesamtbild ein, das durch seine ausgewogene Harmonie einen besonderen Reiz erhält. Die heutige holzgedeckte Rheinbrücke stammt von 1814-18.

Am Nordufer geht es auf der **Uferstraße** weiter, die nach und nach ansteigt die Abzweigung zur Radroute am Ufer befindet sich an jener Stelle, nach der auf der Landstraße die Steigung eindeutig stärker wird ⁓ zunächst geht es oberhalb vom Rheinufer entlang ⁓ über einen unbesetzten Grenzübergang ⁓ der Weg schwenkt vom Fluss ab, führt durch ein Waldstück und erreicht kurz vor Büsingen wieder die Landstraße ⁓ Büsingen auf der Hauptstraße durchqueren.

Büsingen ≈km 39

PLZ: CH-8238/D-78266; Vorwahl: 07734 (D) od. 052 (CH)

Gemeindeverwaltung, Junkerstr. 86, ✆ 052/6340020 (CH) od. 07734/93020 (D), www.buesingen.de, www.buesingen.ch

Bergkirche St. Michael, 1 km östlich. Das Wahrzeichen Büsingens ist eine der ältesten Kirchen im westlichen Bodenseegebiet (erste Erwähnung 1095). Sie war Tauf- und Leutlikirche für Büsingen und die umliegenden Orte, aber zeitweise auch für Schaffhausen.

Stellen Sie sich vor, eine Stadt ist bundesdeutsch, und keiner zahlt mit Euro! Das deutsche Dorf Büsingen gehört zum schweizerischen Zollgebiet. Büsinger, die in Deutschland einkaufen, müssen ihre Waren am Schweizer Zoll verzollen. In Büsingen selbst kann man nur Schweizer Ware einkaufen. Es gibt zwei Postleitzahlen. Vor dem Bürgerhaus steht eine deutsche und eine schweizerische Telefonkabine. Des Rätsels Lösung: Sie befinden sich in der einzigen deutschen Enklave in

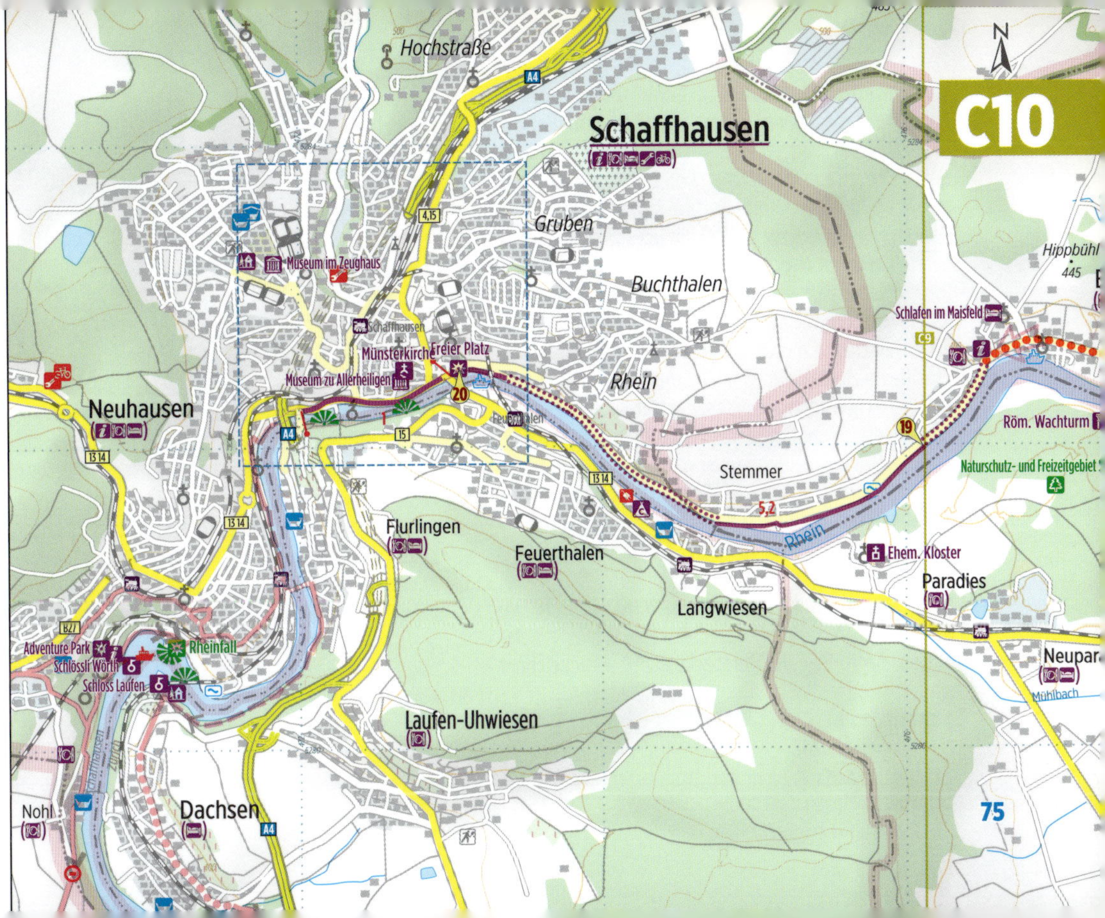

der Schweiz, d. h., die deutsche Gemeinde Büsingen ist vollständig von Schweizer Hoheitsgebiet umschlossen. Diese Besonderheit hat ihren Ursprung im Jahr 1770, als Österreich seine landgräflichen Rechte über die Nachbardörfer an Zürich verkaufte und Büsingen zurückbehielt. Später kam Büsingen zu Württemberg, danach zum Großherzogtum Baden und gehört daher bis heute zu Deutschland. Auf der deutschen Insel in der Schweiz leben 1.500 Einwohner auf einer Fläche von 762 Hektar.

19 Nach dem Ortsende von Büsingen steht ein Begleitradweg zur Verfügung ~ der Radweg endet in **Stemmer**, weiter geht es auf einem Radstreifen entlang der **Rheinhaldenstraße** ~ auf der **Fischerhäuserstraße** nach Schaffhausen hinein ~ vor der Rechtskurve der Straße links auf den Rad- und Fußweg entlang des Flusses ~ auf diesem Radweg bis zum **Freien Platz** **20**.

INS ZENTRUM Die sehenswerte Altstadt lässt sich am besten zu Fuß erkunden. Am Freien Platz gibt es Fahrradabstellanlagen, die vor Ort als „Veloparkplatz" gekennzeichnet sind.

Schaffhausen (CH) ≈km 44

PLZ: 8201; Vorwahl: 052

Schaffhauserland Tourismus, Herrenacker 15, ✆ 6324020, www.schaffhauserland.ch

Schaffhausen und Festung Munot

Schweiz. Schifffahrtsgesellschaft Untersee+Rhein, Freier Pl. 8, ✆ 6340888. Von Ende Juni-Anfang Okt., tägl. Linienschiffe zwischen Schaffhausen und Konstanz, Mitnahme von Fahrrädern nach vorhandenem Platz.

Schiffsbetrieb Ernst Mändli, Nohl am Rheinfall, Dorfstr. 8, ✆ 6596900. Von April bis Okt. Rundfahrten auf dem Rhein.

Museum zu Allerheiligen, Baumgartenstr. 6, ✆ 6330777, ÖZ: Di-So 11-17 Uhr. Gehört zu den reichhaltigsten Heimatmuseen der Schweiz mit Funden aus dem Kesslerloch, einer Folge von eingerichteten Bürgerstuben und einer Spielkartensammlung.

Museum Stemmler, Sporreng. 7, ✆ 6258846, ÖZ: So 11-17 Uhr. Aufgebaut von Natur- u. Tierschützer Carl Stemmler (1882-1971) beherbergt es viele zoologische Objekte.

International Watch Co. (IWC), Baumgartenstr. 15, ✆ 2357565, ÖZ: Di-Fr 15-17 Uhr, Sa 10-15 Uhr. Edle Uhrensammlung und exklusive Innenarchtiktur sind in diesem Museum zu bewundern.

Museum im Zeughaus, Randenstr. 34, ✆ 6327899, ÖZ: April-Okt., 1. Sa im Monat 10-16 Uhr. Historische u. technische Entwicklung der Schweizer Armee, ihrer Waffen und Ausrüstung.

Münster, Münsterplatz. Um 1100 erbaut, gilt der Bau als die reinste romanische Kirche der Schweiz. Er bewahrte bis heute die architektonische Strenge und Einfachheit der kirchlichen Reformbewegung von Cluny.

Festung Munot, Unterstadt/Munotstieg 17, ÖZ: Mai-Sept., 8-20 Uhr, Okt.-April 9-17 Uhr, Führungen n. V. unter ✆ 6254225. Die stadtbildbeherrschende Festungsanlage wurde 1564-85 nach den Grundsätzen von Dürers Befestigungslehre errichtet und stellt einen Zirkularbau mit 4-5 m starken Mauern dar.

Altstadt. Der alte Stadtteil ist mit seinen wappengeschmückten Erkerhäusern eine Sehenswürdigkeit an sich, besonders der

Fronwagplatz mit dem Brunnen aus dem 16. Jh. und das Rathaus mit dem Renaissanceportal.

- **City-Touren,** Infos bei Schaffhauserland Tourismus: ✆ 6324020. Geführter Rundgang durch die Altstadt.
- **Erlebnisführungen,** z. B. Nachwächterführung, Infos bei Schaffhauserland Tourismus. Spannender Stadtrundgang bei einbrechender Dunkelheit durch die „dunklen Seiten" der Stadt.
- **KSS-Freizeitpark,** Breitenaustr. 117, ✆ 63330222
- **Velowerk,** Fischerhäuserstr. 18a, ✆ 6256654 od. ✆ 076/4276654
- **Pedale GmbH,** Mühlentalstr. 38, ✆ 6202717. Schlauchautomat.
- **Moro's Zweirad Lapenna,** Feuerthalen, Adlerg. 5, ✆ 6593574

Unverwechselbar wird die schweizerische Stadt Schaffhausen durch die Festung Munot mit ihren 5 Meter dicken Mauern. Die Anlage bestimmt das Stadtbild, das historische Brunnen sowie erker- und wappenbestückte Fassaden komplettieren. Die Festung Munot gehörte als grandiose Wehranlage zur Stadtbefestigung. Sie ist ein Rundbau („Zirkus" genannt) mit anschließendem 25 Meter hohem Treppenturm, deren Schneckenstiege auch Reitern diente. Die Idee zum Rundbau stammt aus Albrecht Dürers Befestigungslehre von 1527. Von der Festung Munot aus ziehen sich gedeckte Treppen und ein Laufgang auf hohen Mauern den Berg hinab zur Stadt. In ihrem Schutz gedeihen heute Reben.

Wenn schon nicht geographisch, so doch historisch richtig ist die Verbindung des 150 Meter breiten Rheinfalls mit Schaffhausen. An der einst wichtigen Handelsstrecke von Basel über Konstanz und Lindau nach Mailand gelegen, entschärfte die Stadt die gefährliche Stelle des Wasserweges, indem sie das notwendige Umladen der Waren auf Wagen und den kurzen Transport um den Rheinfall herum besorgte. Die Wasserkraft wurde in Schaffhausen früh von Getreidemühlen und Hammerschmieden genutzt.

Am Südufer von Schaffhausen nach Basel

127,3 km

Gleich am Beginn dieses Abschnitts ergießt sich der Rhein bei Neuhausen schäumend über den Jurakalk und lässt dadurch ein gewaltiges Schauspiel, den „Rheinfall bei Schaffhausen", entstehen. Mit engen Schleifen windet sich der Fluss danach Richtung Süden durch das Zürcher Weinland.

Ein Weindorf reiht sich am Hügelfuß an das andere, aber auch mit naturnahen Abschnitten kann der Rhein hier aufwarten. Von den Hängen des Schwarzwaldes und vom Schweizer Jura umrahmt, setzt der Hochrhein seinen Lauf fort. Nach dem romantischen Städtchen Laufenburg drückt das Industriezeitalter dem Rheintal nun deutlicher seinen Stempel auf, und das Interesse der Reisenden wendet sich zunehmend kulturellen Höhepunkten zu. Den krönenden Abschluss dieser Reise bildet dann die vielseitige Kulturmetropole Basel.

Dieser Abschnitt führt – meist auf Güterwegen und Landstraßen, aber auch auf unbefestigten Forstwegen – zunächst etwas abseits des Rheins über das Plateau. Dabei sind immer wieder kräftige Steigungen zu überwinden und auch dem Autoverkehr können Sie nicht immer ausweichen. Danach geht es meist eben bis Basel dahin, einzig zwischen Wallbach und Rheinfelden müssen auf holprigen Wegen nochmals kurze, aber steile Anstiege gemeistert werden.

Schaffhausen s. S. 84

Von Schaffhausen nach Kaiserstuhl *39,4 km*

1 Schaffhausen am rechtsrheinischen Uferradweg verlassen ~ nach der Autobahnunterführung entfernt sich der Weg vom Ufer ~ auf dem nicht asphaltierten Radweg weiter ~ auf Höhe von **Neuhausen** über die einspurige Rheinbrücke nach Flurlingen.

Flurlingen

In Flurlingen in die erste Straße, die **Lärchenstraße,** rechts einbiegen ~ Radschilder geben schon die Richtung nach Laufen und zum Rheinfall an ~ an einer Weggabelung noch im Ort rechts ~ bald geht es auf Flussniveau dahin ~ nach den letzten Häusern führt ein unbefestigter Rad- und Gehweg im leichten Auf und Ab durch die waldbedeckte Buchhalde und erreicht schließlich nach einem starken Anstieg **Schloss Laufen**.

AUSFLUG Hier gibt es Aussichtsterrassen und eine Anlegestelle für Bootsfahrten zum Wasserfall. Um den berühmten Rheinfall zu sehen, müssen Sie Ihr Fahrrad allerdings abstellen.

Schloss Laufen am Rheinfall

Die **Burganlage** mit bis zu 1 m dicken Mauern geht auf das Mittelalter zurück und wurde um 1548 und im 19. Jh. wesentlich

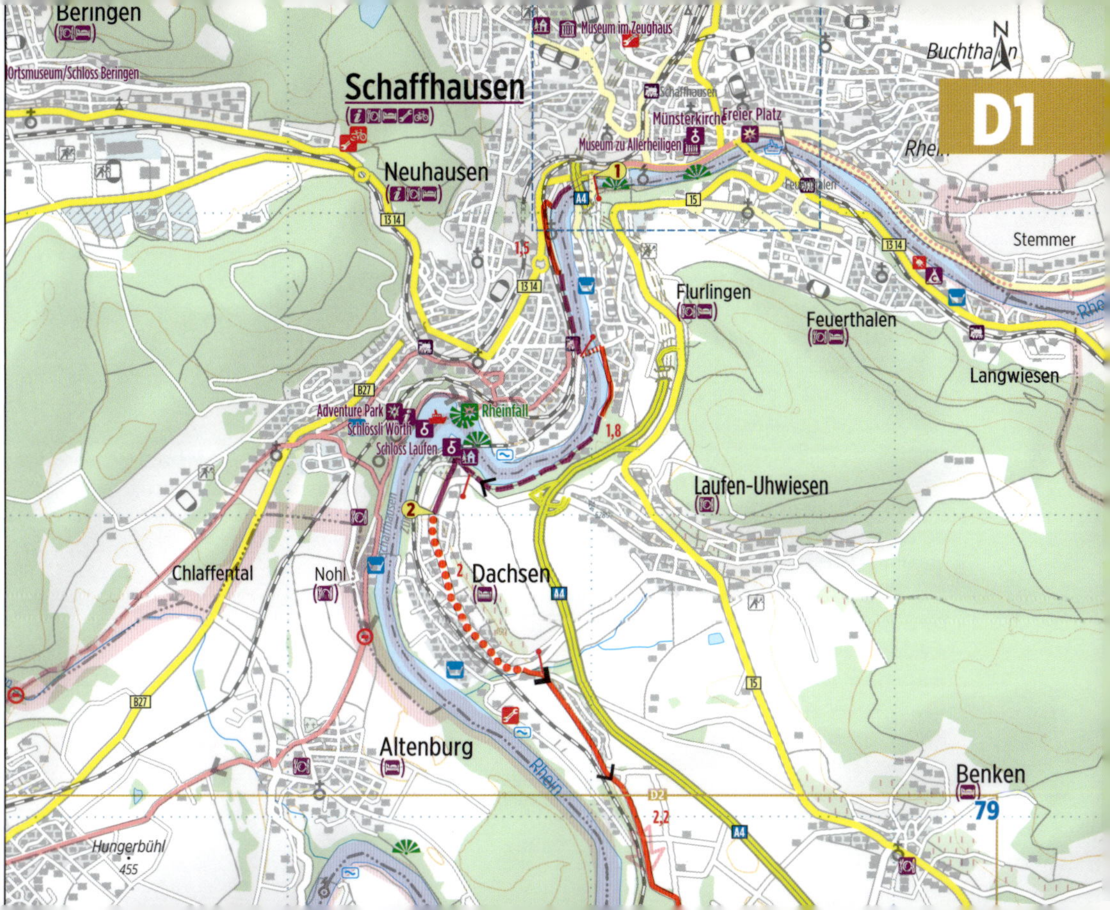

verändert. Heute dient sie als Jugendherberge und beherbergt auch ein Restaurant. Prächtiger Ausblick auf den Rheinfall auf dem Belvedere-Weg, von der Aussichtsplattform oder aus dem Panorama-Lift.

Der Rheinfall

Wer hätte das gedacht? Kein Gebirge weit und breit, und dennoch stürzt sich der Rhein 23 Meter in die Tiefe. Geologen haben längst den Schleier gelüftet und den Grund für derartig kapriziöses Flussverhalten gefunden. Seit Jahrtausenden trifft der Hochrhein oberhalb des Wasserfalls auf harten Jurakalk, während er unterhalb mit den Schottermassen , die aus der letzten Eiszeit stammen, ein leichtes Spiel hat.

Wie jedes Phänomen, kann auch der berühmte Rheinfall auf unterschiedliche Art erlebt werden: „Es ist, als ob eine Wasserwelt in den Abgrund aus den Gesetzen der Natur hinausrollte. (...) Keine Erinnerung, der stärkste Schwung der Phantasie kanns der gegenwertigen Empfindung nachsagen. Die Natur zeigt sich ganz in ihrer Größe. (...) Es ist die allerhöchste Stärke, der wühtende Sturm des größten Lebens, das menschliche Sinne fassen können. Der Mensch steht klein wie ein Nichts davor da, und kann nur bis ins Innerste gerührt den Aufruhr betrachten.“ So schrieb der Schriftsteller Johann Jacob Wilhelm Heinse um 1780, am Vorabend der Romantik, über den Rhein.

Rheinfall und Schloss Laufen

Es geht aber auch ganz anders: „Ist das der berühmte Rheinfall, sagte ich verdrießlich zu mir selbst, der unter die ersten Naturmerkwürdigkeiten Europas gezählt wird, auf dessen erhabenen Anblick so viele pomphafte Beschreibungen meine Erwartung so sehr gespannt haben, und der sie so wenig befriedigt? Mein Gott, wer je ein hohes Wehr gesehen hat, über das sich ein wilder, angewachsener Strom herabstürzt, kann sich gewiss mit einer geringen Einbildungskraft die Reise nach Schaffhausen ersparen.“

Dies waren die Eindrücke des Schriftstellers Hermann von Pückler-Muskau (1785-1871), allerdings bereits im „technischen“ Zeitalter.

Unsere heutige Wahrnehmung vom Rheinfall dürfte sich zwischen diesen zwei Polen bewegen. Vielleicht sogar mit größerer Tendenz in Richtung einer Romantisierung?

Schaffhausen hat es zwar verstanden, sich selbst mit dem Rheinfall zu verknüpfen, tatsächlich liegt er aber ein paar Kilometer stromabwärts bei Neuhausen. Zugegeben, die Stromschnellen beginnen schon bei Schaffhausen. Auch ist bekannt, dass sich Wasserfälle langsam rückwärts verlegen. Doch selbst diese Entwicklung wird dem Ausdruck „Rheinfall bei Schaffhausen“ erst in ein paar Millionen Jahren geographische Korrektheit verleihen. Denn seit der Entstehung des Rheinfalls vor rund zwanzig Jahrtausenden hat sich seine Kante nur um 20-30 Meter zurückverlegt.

Wer seine Augen am Naturschauspiel weiden möchte, dem bieten sich auf beiden Seiten des Stroms mehrere Aussichtspunkte an. Das spektakulärste Getöse machen die Wassermassen übrigens regelmäßig im Juni und Juli. Durch die

Schneeschmelze in den Alpen sind es die wasserreichsten Monate für den Rhein.

Die Route geht vom Schloss nach Dachsen weiter, der Anschluss befindet sich zwischen der Kirche mit dem roten Turm und dem Parkplatz ~ **2** der Radweg mündet kurz darauf in die **Landstraße** ~ dieser folgend, geht es im mäßigen Verkehr geradeaus durch **Dachsen** ~ an der Weggabelung am Ortsende rechts Richtung Rheinau ~ kurz darauf nach einem leichten Anstieg rechts auf die **Marthaler Straße.**

Die Straße führt dem Rheinlauf folgend relativ verkehrsarm nach Rheinau weiter ~ der Hintergraben wird passiert ~ danach rechter Hand unter der Bahn durch ~ eine längere, mäßige Steigung folgt ~ bei der Vorfahrtsstraße rechts einbiegen ~ nach 2 km ist **Rheinau** erreicht ~ **3** nach links in die Straße Richtung Flaach.

AUSFLUG Lohnenswert ist der Abstecher nach rechts ins Zentrum von Rheinau und zum ehemaligen Inselkloster.

Rheinau (CH) **≈km 58**

PLZ: 8462; Vorwahl: 052

Gemeindeverwaltung, Schulstr. 11, ✆ 3054080, www.rheinau.ch

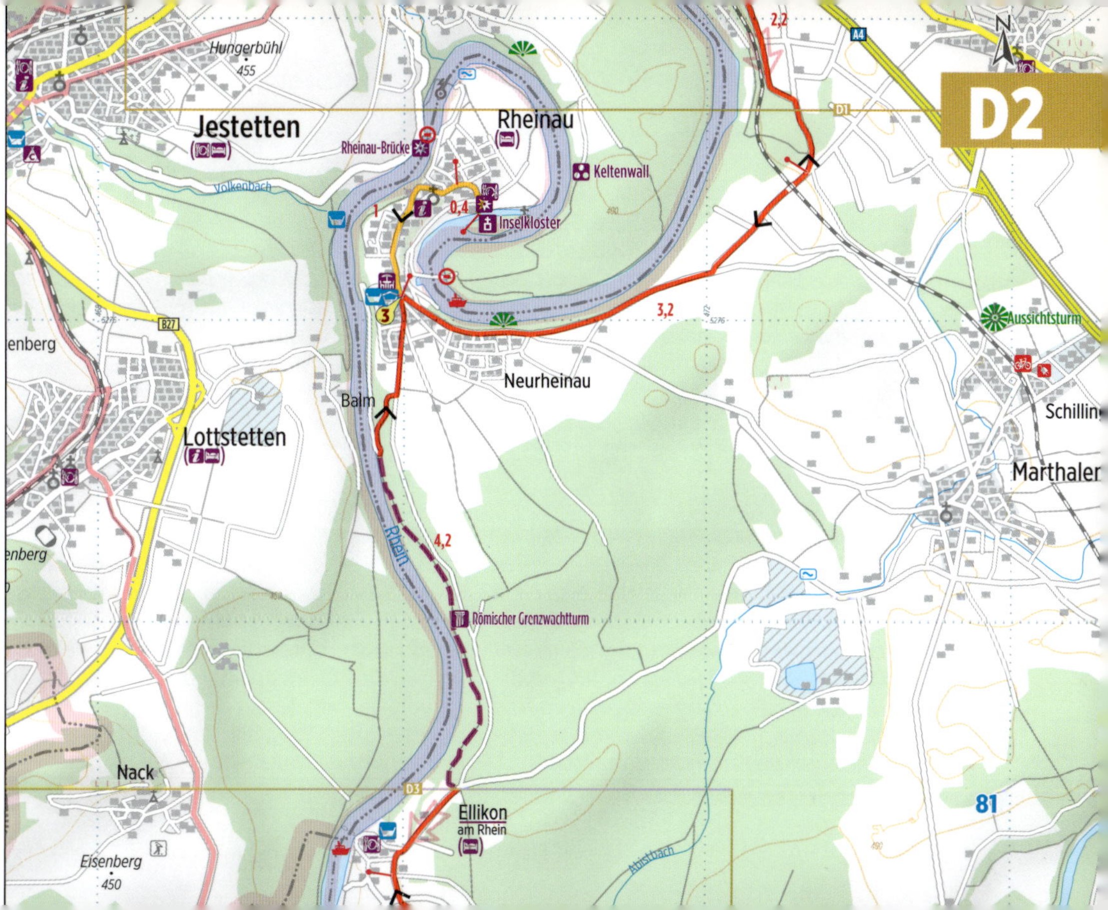

- Flussfahrt zum Rheinfall, Ernst Mändli AG, Nohl am Rheinfall, Dorfstr. 8, ✆ 6596900, Bootsbetrieb
- Rhein Travel Soft Riverrafting, Rüdlingen, Egghof, ✆ 044/8670638
- **Klosterkirche,** Rheininsel, ÖZ: April, Mai, Okt., Di-Sa 14-16 Uhr, So/Fei 13.30-17 Uhr, Juni-Sept., Di-Sa 10-12 Uhr u. 13-17 Uhr, So/Fei 10.30-12 Uhr u. 13-18 Uhr. Die architektonische und künstlerische Pracht der Kirche prägt das Erscheinungsbild des ehemaligen Inselklosters Rheinau, erbaut 1705-10.
- **Klosterkeller und Weinloge,** Klosterplatz, ✆ 3014112, ÖZ des Verkaufsladen: Sa 12-15 Uhr, Besichtigung und Weindegustation n. V.
- **Römischer Grenzwachtturm,** zwischen Rheinau und Ellikon.
- **Rheinbrücke** (1804-06) nach Altenburg. Die gedeckte Holzbrücke verband einst das Kloster mit den nördlich des Rheins gelegenen Ländereien.
- **Aquarina,** Elikonerstr. 2, ✆ 3192419

In einer Doppelschleife des Rheins gelegen, teilt die Geschichte von Rheinau nur zu einem gewissen Teil jene der Schweiz, stellte die hiesige Abtei doch bis in die Neuzeit ein reichsunmittelbares kleines Fürstentum dar. Erst nach den Revolutionswirren der Wende zum 19. Jahrhundert wurde Rheinau 1803 eine zürcherische (Wein-)Landgemeinde. Von der einstigen Bedeutung des Rheinüberganges mit dem damit verbundenen Handelsverkehr zeugen die Bauten des „Salmenquartiers", insbesondere das 1691 errichtete Kauf- und Gasthaus zum Salmen mit dem Glockentürmchen. Rheinau war im 18. Jahrhundert ein vielbenutzter Werbe- und Sammelplatz für ausländische Kriegsdienste: eine Folge der staatsrechtlichen Grauzone zwischen Eidgenossenschaft und deutschem Reich.

Die Benediktinerabtei bei Rheinau wurde vermutlich 778 auf einer Insel in einer Rheinschleife gegründet. Dort hat sich der Fluss bis zu 40 Meter tief in den Molassefelsen gegraben. Das Kloster erhielt 858 von König Ludwig dem Deutschen freie Abtswahl und Immunität. Es war nicht nur Stätte monastischen Lebens, sondern auch Verwaltungszentrum eines ausgedehnten Grundbesitzes. Alte steinerne Scheunen auf dem Festland gegenüber der Insel erinnern noch an die Naturalwirtschaft früherer Jahrhunderte mit ihren Zinsen und Zehnten. Seit der Auflösung des Konvents ist das Kloster eine Heil- und Pflegeanstalt. Auf halber Anhöhe über dem ehemaligen Inselkloster hat das mittelalterliche Klosterstädtchen seinen Charakter zum guten Teil noch erhalten können.

Auf der **Ellikoner Straße** Richtung Flaach ⇝ ein paar hundert Meter nach Ortsende weisen die Schilder nach rechts ⇝ zum Rhein hinunter ⇝ am Rhein angelangt auf einem unbefestigten Weg am Ufer weiter ⇝ an der asphaltierten Straße rechts halten und weiter in Flussrichtung auf Ellikon zuradeln ⇝ das Dörflein Ellikon, direkt am Rhein gelegen, wird von der Route nur gestreift.

Ellikon am Rhein ≈km 63

Hinter Ellikon schwenkt die Landstraße für eine Weile wieder landeinwärts ⇝ den namensgebenden Fluss des Kantons Thurgau, die **Thur,** überqueren und weiter nach Flaach ⇝ an der Straßengabelung geradeaus nach Flaach hinein ⇝ den Radwegweisern im Ort folgend rechts halten.

Flaach

PLZ: CH-8416; Vorwahl: 052

- **Naturzentrum Thurauen**, Steubisallmend 3, ✆ 3551555, naturzentrum-thurauen.ch
- **Naturzentrum Thurauen**, Steubisallmend 3, ✆ 3551555, ÖZ: Ende März-Mitte Okt., Mi-Sa 13-17 Uhr, So/Fei 11-17 Uhr. Interaktive Ausstellung zum Fluss Thur und der Auenlandschaft. Die Thurauen selbst können Sie sowohl zu Fuß als auch mit dem Rad erkunden.
- **Velo Glauser**, Andelfingerstr. 7, ✆ 3181536

Zum Dorfbild von Flaach gehören viele im 17. bis 18. Jahrhundert entstandene Riegelbauten und stattliche Häuser mit Treppengiebeln. Da der Ort keinen Bahnanschluss hat, konnte er seinen Charakter als Bauerndorf erhalten. Neben dem traditionellen Weinbau wurde in neuerer Zeit vor allem der Anbau von Spargel und Tabak gefördert.

Weiter geradeaus auf der **Moosstraße** ~ am westlichen Ortsrand an der T-Kreuzung links ~ **4** an der Hauptstraße beim Stoppschild geradeaus ~ am Wirtshaus Sternen vorbei in die **Bergstraße** ~ **Berg** liegt etwas höher und lässt sich nur mit etwas Mühe erreichen ~ im Dorf nach dem Gasthaus rechts nach Teufen.

Berg

Hinter Berg setzt sich die Steigung fort ~ danach beginnt ein langanhaltendes Gefälle af der kurvenreichen Straße durch Wald und Wiesen ~ die Ortschaft **Teufen** durchqueren ~ hinter **Teufen** bei der ersten Möglichkeit rechts Richtung **Tössegg** ~ nach einer rasanten Talfahrt ist beim Weiler Tössegg die südliche Spitze der Rheinschleife erreicht.

Tössegg

Vorbei an der Schiffanlegestelle von FFG und einem Gasthaus ~ die Route überquert rheinabwärts das Flüsschen **Töss** ~ drüben dem Wanderpfad am Rheinufer folgen ~ weiter geht es in Flussrichtung auf dem geschotterten Weg und hinein in den Wald.
Der leicht ansteigende Forstweg geleitet nach **Tössriederen,** das geradeaus passiert wird ~ nach Ortsende in der Linkskurve rechts auf die **Rhihaldenstraße** nach Seglingen ~ im Ort an der **Roggenfarstraße** links ~ dem Straßenverlauf bis zur Vorfahrtsstraße folgen.

Seglingen

PLZ: CH-8193; Vorwahl: 044

Velos-Motos Hebeisen, Zürcherstr. 17, ✆ 8671940

AUSFLUG: Von Seglingen aus können Sie einen Abstecher ans andere Rheinufer nach Eglisau machen.

Eglisau s. S. 108

5 Links in die **Zürcherstraße** ~ an der nächsten Möglichkeit noch vor der Tankstelle links in die **Bahnstraße** ~ am Bahnhof vorbei ~ dem Straßenverlauf in einem Rechtsbogen folgen ~ nach ei-

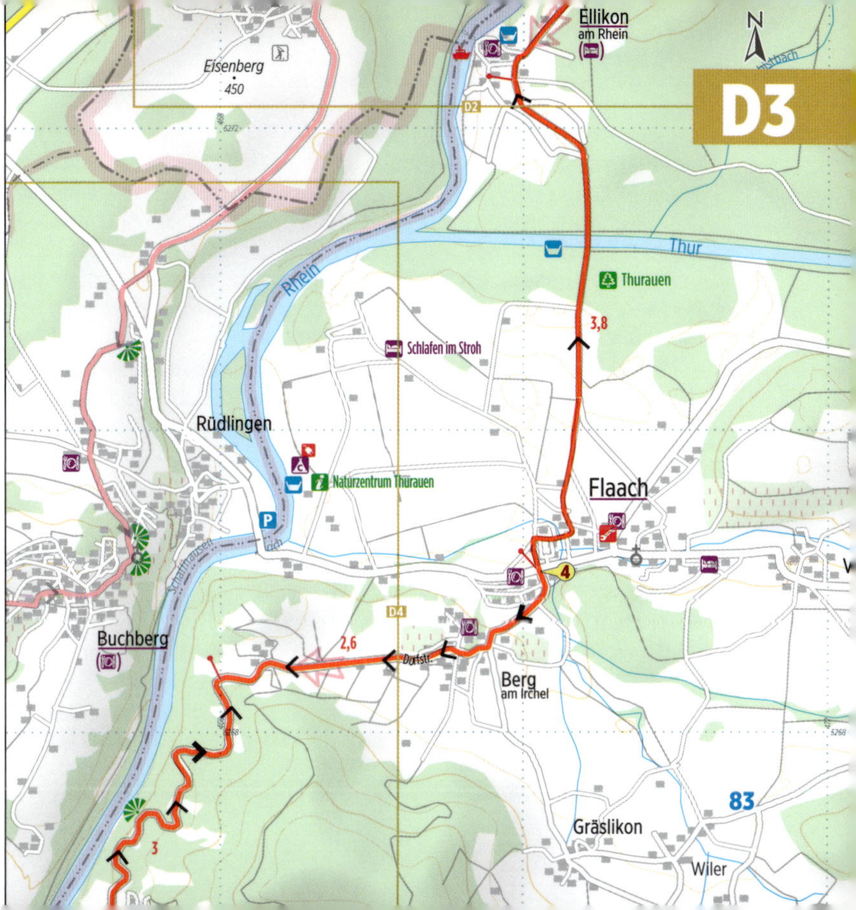

nem Linksbogen weiter auf der **Rheinsfelder Straße** ~ unter der Bahnbrücke hindurch und auf einer ruhigen Landstraße nach Rheinsfelden und zum Kraftwerk Eglisau.

Rheinsfelden

Die Landstraße nähert sich linker Hand der Bahn an und **6** unterquert sie schließlich ~ vor der Brücke über die Autostraße links auf den Radweg ~ die **Kantonsstraße 7** überqueren, um drüben auf den begleitenden Radweg zu gelangen ~ diesem entlang der stark befahrenen Kantonsstraße nach **Weiach** folgen ~ zu Ortsbeginn weisen die Schilder nach rechts auf einen unbefestigten Weg ~ an der Querstraße rechts durch die Unterführung und danach links auf dem asphaltierten Weg weiter ~ parallel zu den Gleisen nach Kaiserstuhl – an der Querstraße Vorstadt fahren Sie rechts in Ortszentrum, für die Weiterfahrt wenden Sie sich hier nach links.

Kaiserstuhl (CH) ≈km 83

PLZ: CH-5466; Vorwahl:

- **Gemeindekanzlei,** Alte Dorfstr. 1, ✆ 2650030, www.kaiserstuhl.ch
- **Oberer Turm,** Hauptstraße/Vorstadt, ÖZ: Mitte April-Mitte Okt., Sa-So 14-17 Uhr. Der Bau aus der Zeit der Stadtgründung im 13. Jh. hat sich als markantes Wahrzeichen erhalten.

Das reizvolle Städtchen Kaiserstuhl liegt an einer historischen Verkehrsader, welche im Mittelalter das schweizerische Mittelland mit dem süddeutschen Raum verband. Die um 1253 gegründete „kleinste" Stadt der Schweiz präsentiert sich mit ihren alten Bauten als kompakte Einheit – ihr Ortsbild steht unter dem Schutz der Eidgenossenschaft. Aus der Zeit der Stadtgründung stammt die Befestigung, die in Dreiecksform angelegt war und mit dem Oberen Turm nach wie vor das Stadtbild prägt.

Von Kaiserstuhl nach Koblenz 17,9 km

7 Über die Gleise ~ kurz vor dem gorßen kreisverkehr links auf den Radweg abbiegen ~ durch die Unterführung und zunächst geradeaus Richtung **Fisibach** ~ nach 150 m geht es rechts auf eine schmälere Straße nach Rümikon ~ der Weg schließt sich wieder der Staatsstraße an und führt bis Rümikon.

Rümikon

In **Rümikon** kann die Landstraße kurz verlassen und durch den Ort gefahren werden ~ über einen leichten Anstieg geht es hinauf bis zu einem Bahnübergang, um dann – ohne zu überqueren – wieder hinunterzurollen ~ nach dem Ortsende wieder entlang der Kantonsstraße auf dem breiten Gehsteig ~ nach dem Restaurant links Richtung Siglistorf und Wislikofen ~ **8** nach der Bahnunterführung rechts und parallel zum Schienenstrang nach Mellikon.

Mellikon

Die Route führt geradeaus durch den Ort ~ zwischen Gleisen und Industriegebiet dahin, am Ende des Weges rechts nach Rekingen ~ der Linkskurve der Straße folgen.

Rekingen

An der Alten Dorfstraße rechts und an der nächsten Möglichkeit wieder rechts ~ der Straße links der Bahn nach Bad Zurzach folgen ~ in Bad Zurzach an der Hauptstraße, der **Promenadestraße,** links.

Auf der Hauptstraße ins Zentrum von Bad Zurzach und dem Linksbogen der Straße folgen.

Bad Zurzach ≈km 94

PLZ: CH-5330; Vorwahl: 056

- **Bad Zurzach Tourismus,** Dr.-Martin-Erb-Str. 9, ✆ 2690060, www.badzurzach.info
- **Fähre,** Barz-Kadelburg, ✆ 2690060, Fährzeiten: Mai-Mitte Okt., Sa, So 14-17 Uhr sowie Auffahrt, Pfingstmontag, Fronleichnam
- **Bezirksmuseum Höfli,** Quellenstr. 1, ✆ 2492592, ÖZ: tägl. 14-17 Uhr. Schwerpunkt der Ausstellung im „Höfli" bilden ur- und frühgeschichtliche Funde aus dem ganzen Bezirk, vor allem aber

D4
Hüntwangen
Wasterkingen
Günzgen
Herdern
Rheinsfelden
Zweidlen-Hard
Zweidlen
Glattfelden
Eglisau
Bauernmuseum
Ortsmuseum
Rhein
Seglingen
Honegg
495
Rüdlingen
Naturzentrum Th
Buchberg
Tössriederen
Rhinsberg
536
Chatzenstig
455
Stein
545
Teufen
Schlafen im Stroh
Tössegg
Glatt
Zweidler Graben
Landbach
Baggraben
A50
4,2
1,2
0,8
2,6

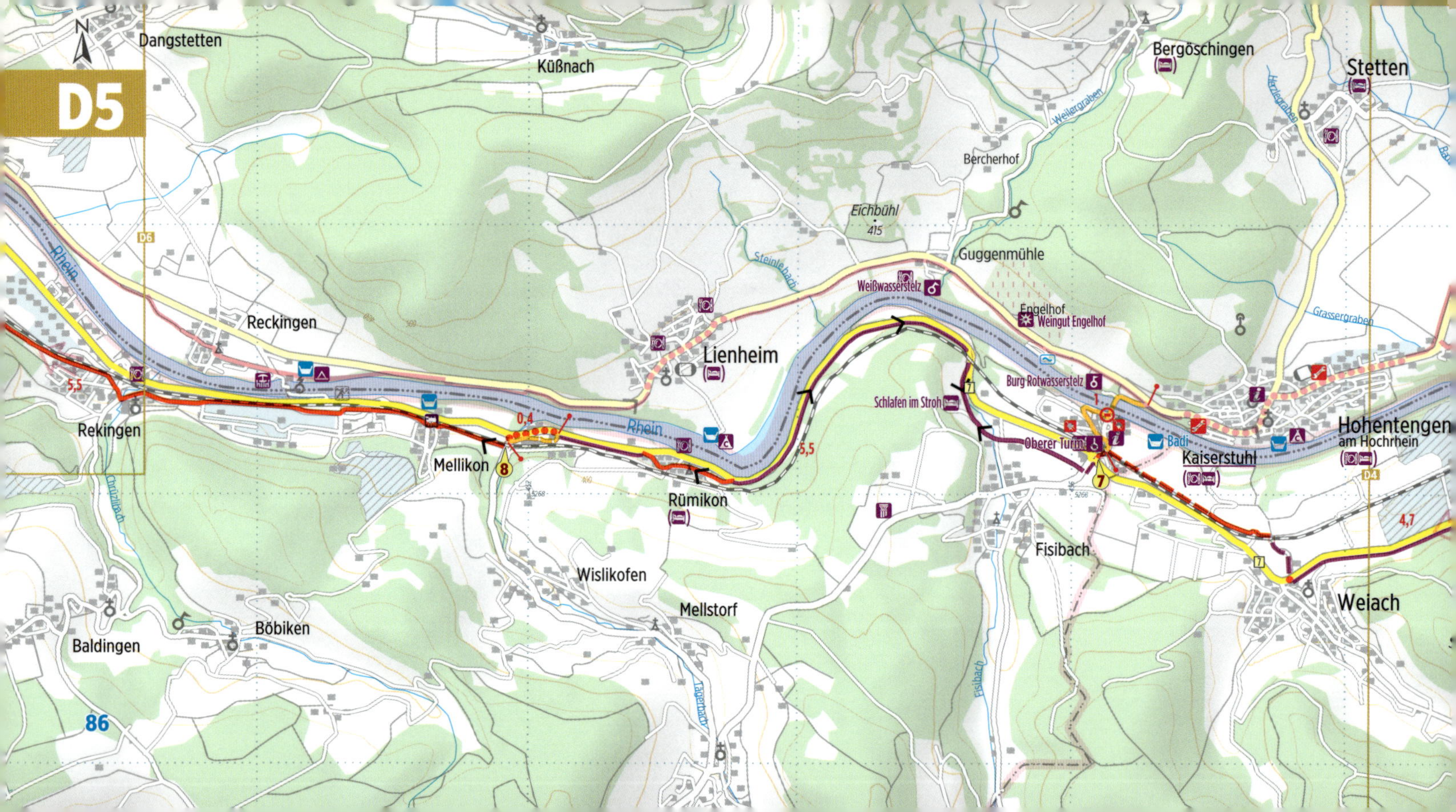

D5
Dangstetten
Küßnach
Bergöschingen
Stetten
Weilergraben
Herzlegraben
Bercherhof
Eichbühl
415
Guggenmühle
Steinlebach
Weißwasserstelz
Engelhof
Weingut Engelhof
Grassergraben
Rhein
D6
Reckingen
Lienheim
Burg Rotwasserstelz
Schlafen im Stroh
5,5
0,4
Rekingen
Mellikon
8
Rümikon
Oberer Turm
Badi
Kaiserstuhl
Hohentengen
am Hochrhein
D4
7
Chrüzlibach
Fisibach
4,7
Weiach
Wislikofen
Mellstorf
Böbiken
Baldingen
Tägerbach
86

solche aus Tenedo, dem römischen Zurzach. Hier erbrachten Ausgrabungen im Bereich der Umfahrungsstraße zahlreiche neue Erkenntnisse über die Zeit, als sich römisches Militär in diesem Gebiet aufhielt.

Verenamünster, Münsterplatz, ✆ 2697570, ÖZ: tägl. 8-20 Uhr. Ehemalige Kirche des Benediktinerklosters, heutige Form von 1347 mit romanischen, gotischen und barocken Elementen, Krypta mit dem Sarkophag der Hl. Verena. Zentrum der Verenaverehrung.

Spätrömisches Kastell Chilebückli, Zürcherstraße, Grundrisse der Überreste einer frühchristlichen Kirche. Mauritiuskapelle mit Bilderzyklus der Legende der Heiligen Verena.

Solebohrtürme, Salzstraße. Die ersten 17 m hohen Türme entstanden 1912 und wurden zur Salzgewinnung genutzt.

Bronzeskulpturen „mingeri Lüt" im Kurpark. Die 28 Figuren sind an die Bücher Jeremias Gotthelfs angelehnt, in denen der Autor bedürftige Menschen als „mingeri Lüt" bezeichnet.

Thermalbad, Dr. Martin Erb-Str.11, ✆ 2652828, ÖZ: tägl. 7-22 Uhr. Das moderne Freiluftbad verfügt über natürlich warmes Mineralwasser aus einer alkalischen Glaubersalzquelle in 1.000 m Tiefe. 34-, 35- oder 36°-Becken, Heilanzeigen: u. a. Abnützung der Wirbelsäule und der Gelenke.

E-Bike-Vermietung u. **Ladestation**, Bad Zurzach Tourismus, Dr.-Martin-Erb-Str. 9, ✆ 2690060

Der Kurort Bad Zurzach war während des Mittelalters Wallfahrts- und Messeort. Die Heilige Verena wirkte in der Zeit der Römer im Geiste der christlichen Caritas und

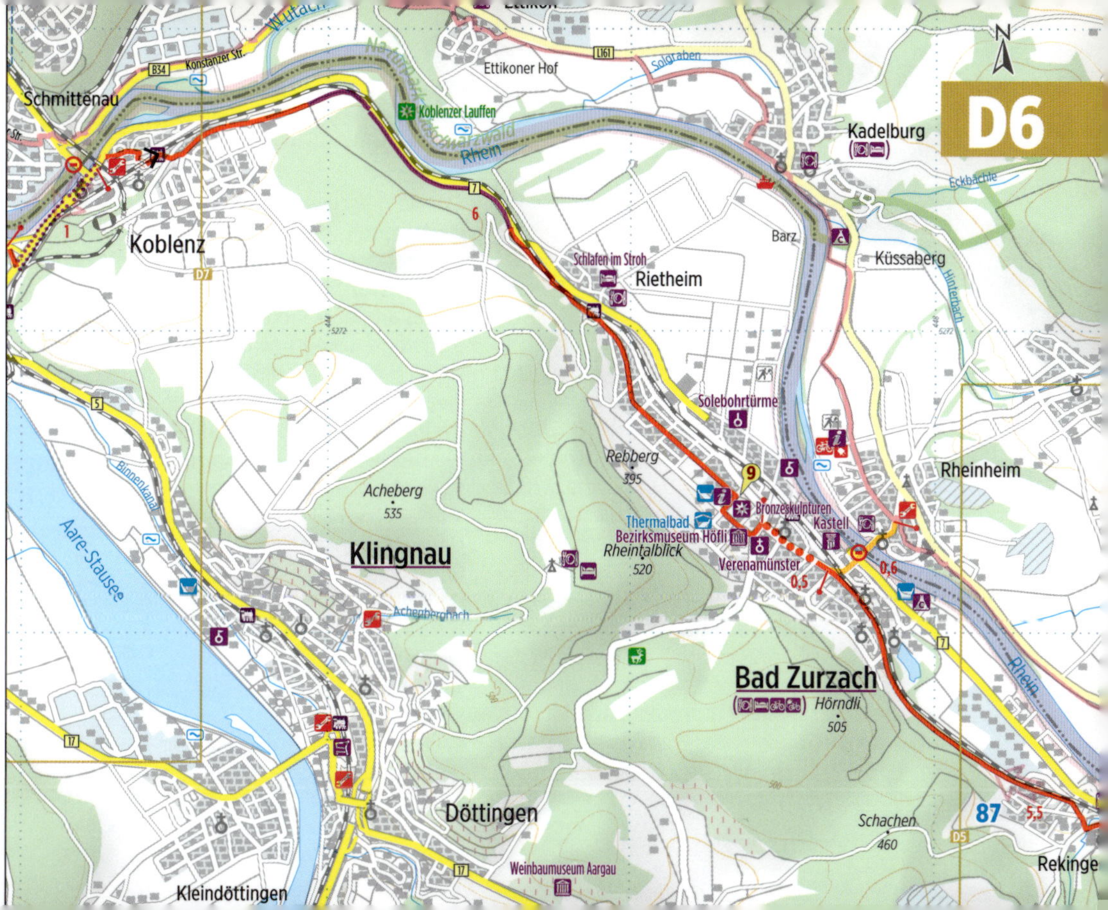

Bad Zurzach, Kastell

über ihrem Grab entstand das Wallfahrtszentrum mit Münster und Kloster. Aus den Wallfahrten entwickelte sich das Markttreiben, das Bad Zurzach zu einem bedeutenden Messeort aufsteigen ließ. Das heutige Ortsbild ist von nationaler Bedeutung, da es ein gut erhaltenes Ensemble des geschichtsträchtigen Fleckens zeigt. Die Wende zum Kurort erlebte Bad Zurzach am 5. 9. 1955. Aus einer Tiefe von 430 Metern strömte warmes Thermalwasser mit einer Temperatur von 40 Grad Celsius an die Oberfläche. Bad Zurzach gilt als eine der größten Wellness-Destinationen der Schweiz. Das Thermalbad bietet Bade- und Saunafreuden auf über 2.000 m², seit Herbst 2013 mit der neuen Wellnesswelt „Sal Aqua Natura". Die Hotelbetriebe verfügen über einen direkten, unterirdischen Zugang zum Thermalbad.

Für die Weiterfahrt nach Koblenz von der Hauptstraße rechts in die **Quellenstraße** abbiegen und am Kurpark entlang ⁓ von der Quellenstraße wieder rechts in die **Dr.-Martin-Erb-Straße** ⁓ **9** nach dem Thermalbad links in die **Badstraße** ⁓ Bad Zurzach auf der **Badstraße** verlassen ⁓ beim nächsten Ort **Rietheim** wird eine kleine Senke passiert, dann geradeaus direkt an der Bahn weiter ⁓ weiter auf einem Radweg ⁓ die Kantonsstraße unterquert die Bahn, hier auf der linken Bahnseite bleiben.
Gegen Norden, hinter Tiengen, erscheinen bereits die südlichen Ausläufer des Schwarzwaldes ⁓ auf der **Tüftelstraße** nach Koblenz hinein ⁓ an der Vorfahrtsstraße rechts und dann immer dem Straßenverlauf folgend zur Kantonsstraße 7 ⁓ die Bahn unterqueren ⁓ links auf die Durchgangsstraße einbiegen.

Koblenz (CH) ≈km 102

PLZ: CH-5322 ; Vorwahl: 056

Koblenzer Lauffen, zwischen Rietheim und Koblenz. An dieser Stelle befinden sich die einzigen intakten Stromschnellen zwischen Schaffhausen und der Rheinmündung in den Niederlanden. Alle anderen Hindernisse im Rheinbett wurden für die Schifffahrt gesprengt. Bei niedrigem Wasserstand sind hier Muschelkalkfelsen und -platten zu sehen.

Bike Sport Matter, Landstr. 10, ✆ 2502626

Bad Zurzach, Verenamünster

Von Koblenz nach Laufenburg 19,8 km

Weiter auf der Hauptstraße durch den Ort ⁓ den Kreisverkehr auf dem Radweg überqueren ⁓ auf dem Radweg weiter entlang der Hauptstraße ⁓ an der Straßenverzweigung geradeaus Richtung Zürich ⁓ geradeaus über die Fußgängerampel ⁓ bei der nächsten Möglichkeit rechts ⁓ auf dem Rad- und Fußweg auf der linken Straßenseite die Aare überqueren ⁓ **10** nach der Brücke geradeaus durch das Werksgelände ⁓ auf der Brücke über die Straße ⁓ anfangs parallel zur Bahn, dann rechts durch die Felder ⁓ immer dem Asphaltband folgen ⁓ bei den ersten Häusern von Full links in den Ort.

D7
Birkingen
Kaiserstraße
Rathaus
Waldshut
Eisenbahnstraße
Etzwihl
Schadenbirndorf
Kegelplatz
465
Dogern
Full
3,2
Schmittenau
Koblenzer Str.
Buch
Mühlbach
Fluhmattbach
Kaltenbach
Grabenbächle
Auweg
Oberfeldgraben
Rhein
B34
A98
Schweizerisches Militärmuseum
Festungsmuseum
Schachen
Deutschland
Schweiz
Besucherzentrum KKW
Kernkraftwerk
0,4
10
1
Koblenz
Felsenau
Reuenthal
Solgraben
Kiesenbach
Kiesenbacher Felsen
7
Leibstadt
Alb
Albert
Oberes Bürgli
Gippingen
Binnenkanal
Albbruck
Schwaderloch
11
Aare-Stausee
Burg Hauenstein
Unteres Bürgli
Guntenbach
Leuggern
D8
D6
Hauenstein
510
Wisstannenchopf
565
Holzbuck
480
Hettenschwil
Etzgen
17
5

Full

PLZ: CH-5324; Vorwahl: 056

- **Fähre Full-Waldshut,** Waldshut-Tiengen, Peter-Thumb-Str. 1, ✆ 0049/7741/833601, Fährzeiten: April-Okt., Mo, Mi-Sa 9-17 Uhr, So/Fei 13-17 Uhr, Nov.-März, Mo, Mi-Sa 9-17 Uhr.
- **Schweizerisches Militärmuseum**, General-Guisan-Str. 1, ✆ 062/7723606, ÖZ: April-Okt., Fr-So 10-17 Uhr. Sammlung an Waffen der Schweizer Armee und ausländischer Heere, vom Zweiten Weltkrieg bis heute.
- **Festungsmuseum**, Reuenthal, Panoramaweg, ✆ 062/7723606, ÖZ: April-Okt., Sa 13-17 Uhr. Das Attileriewerk der Festung sollte während des Zweiten Weltkriegs die deutsche Armee am Überqueren des Rheins hindern.
- **Reco Sport**, Poststr. 391, ✆ 2462243 od. ✆ 079/4125144

Über die Querstraße und danach an der T-Kreuzung rechts ~ am Rheindamm links ~ die Radroute führt zwischenzeitlich wieder vom Rhein weg und zu den Häusern hin ~ an der T-Kreuzung rechts halten ~ auf dem unbefestigten Weg am Ufer entlang ~ vor der Bahnunterführung rechts in den schmalen Weg abbiegen und am Kernkraftwerk vorbei ~ der mittlerweile asphaltierte Weg entfernt sich etwas vom Rhein ~ an der Staustufe links Richtung Rheinfelden.

Laufenburg

Leibstadt

PLZ: CH-; Vorwahl:

- **Besucherzentrum KKW**, ÖZ: Mo-Sa 9-17 Uhr, So 13-17 Uhr. Die interaktive Ausstellung ermöglicht den Besuchern einen „Blick in den Reaktor“.

Auf dem Schotterweg zwischen Eisenbahn und Rhein entlang ~ nach der Kläranlage rechts abbiegen ~ immer in Rheinnähe nach Schwaderloch.

Schwaderloch

- **Oberes Bürgli** (Bürglistraße) und **Unteres Bürgli** (Mühlematt). Die Ruinen sind Überreste zweier spätrömischer Wachtürme. Während des 2. Weltkriegs verbargen sich hier Stellungen der Grenzschutzkompanie.

Ab Schwaderloch befinden sich auf beiden Seiten der Straße Radstreifen **11** ~ die Route führt weiter nach Etzgen.

Etzgen

Am Kreisverkehr schräg rechts Richtung Laufenburg ~ parallel zur Bahnlinie nach **Rheinsulz** ~ nach dem Werksgelände und dem ehemaligen Bahnhof an der **Alten Hauptstraße** rechts ~ links der Bahnlinie nun auf einer kleinen asphaltierten Straße nach Laufenburg.

Laufenburg (CH) ≈km 121

PLZ: CH-5080; Vorwahl: 062

- **Verkehrsbüro,** Laufenplatz, ✆ 8744455, www.laufenburg.ch
- **Hochrheinschifffahrt MS „Stadt Laufenburg“,** Anlegestelle Parkhaus, ✆ 8744455, Rundfahrten Juli-Sept. So 14.30 Uhr.
- **Museum „Schiff“,** Flugh. 156, ✆ 8742243, ÖZ: Mi 14-16 Uhr, Sa, So 14-17 Uhr. Sammlung von örtlichem Kulturgut und einer jährlich wechselnden Ausstellung in einem 400-jährigen Haus in der Altstadt.
- **Rehmann Museum,** Schimelrych 12, ✆ 8744270, ÖZ: Mi, Sa, So 14-17 Uhr. Wechselnde Austellungen und Skulpturengarten.
- **St. Johann,** spätgotisch von 1489 mit schöner Innenausstattung.

Zusammen mit dem am rechten Ufer gelegenen deutschen Ort Laufenburg, ist das schweizer Laufenburg einer der schönsten Punkte des Rheintals zwischen Basel und dem Bodensee. Das reizvolle Auf und Ab der Gassen und Treppen,

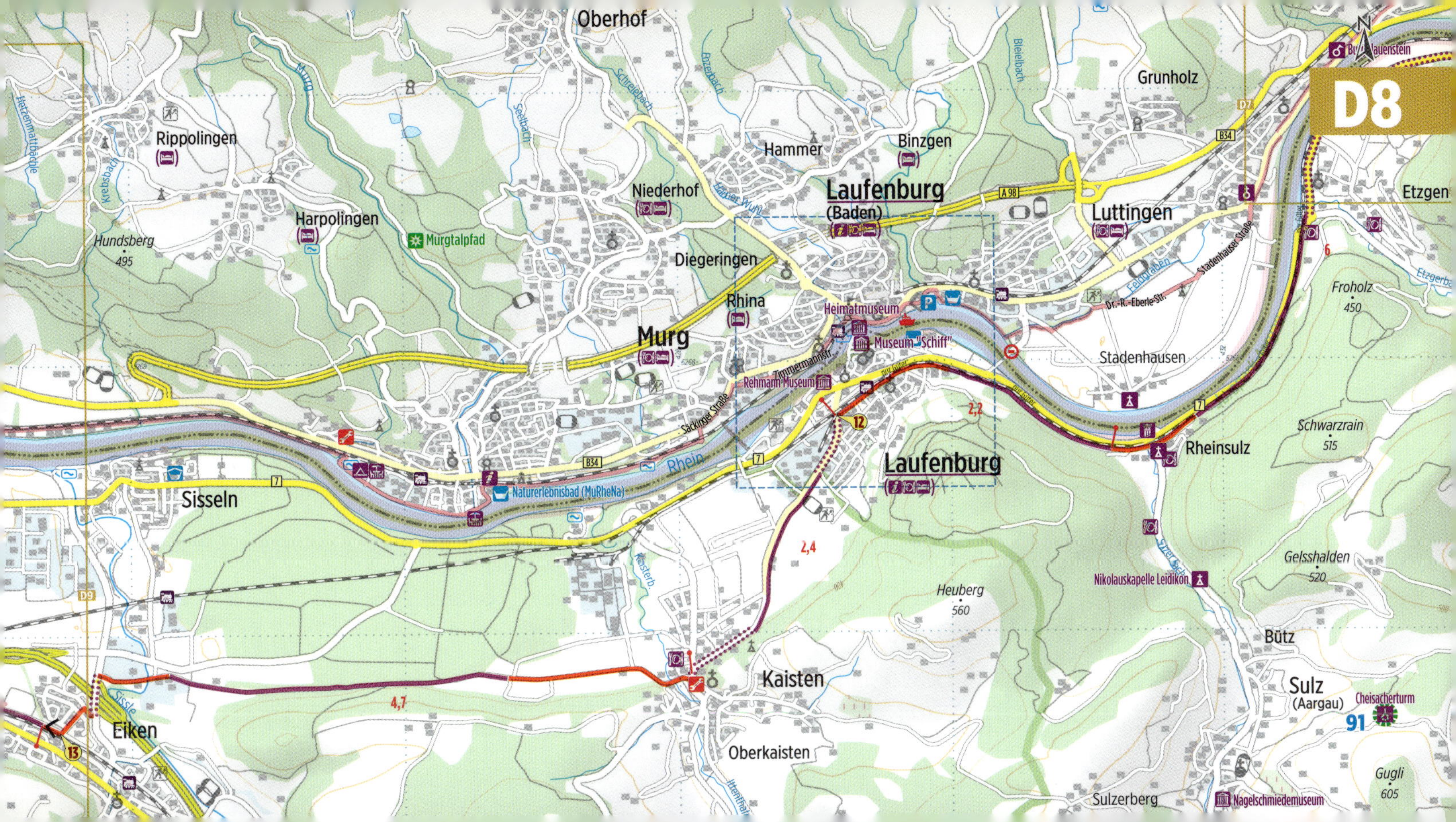

D8
Oberhof
Rippolingen
Harpolingen
Hundsberg
495
Murgtalpfad
Niederhof
Hammer
Binzgen
Laufenburg
(Baden)
Grunholz
Luttingen
Etzgen
Diegeringen
Rhina
Murg
Heimatmuseum
Museum "Schiff"
Rehmann Museum
Zimmermannstr.
Säckinger Straße
Dr.-R.-Eberle-Str.
Stadenhauser Straße
Stadenhausen
Froholz
450
Rhein
Naturerlebnisbad (MuRheNa)
Sisseln
Laufenburg
12
2,2
2,4
4,7
Rheinsulz
Schwarzrain
515
Gelsshalden
520
Nikolauskapelle Leidikon
Heuberg
560
Kaisten
Oberkaisten
Eiken
13
Bütz
Sulz
(Aargau)
Cheisacherturm
91
Gugli
605
Sulzerberg
Nagelschmiedemuseum
B34
A 98
D7
D9
7
6
Murg
Sisslе
Etzgerbach

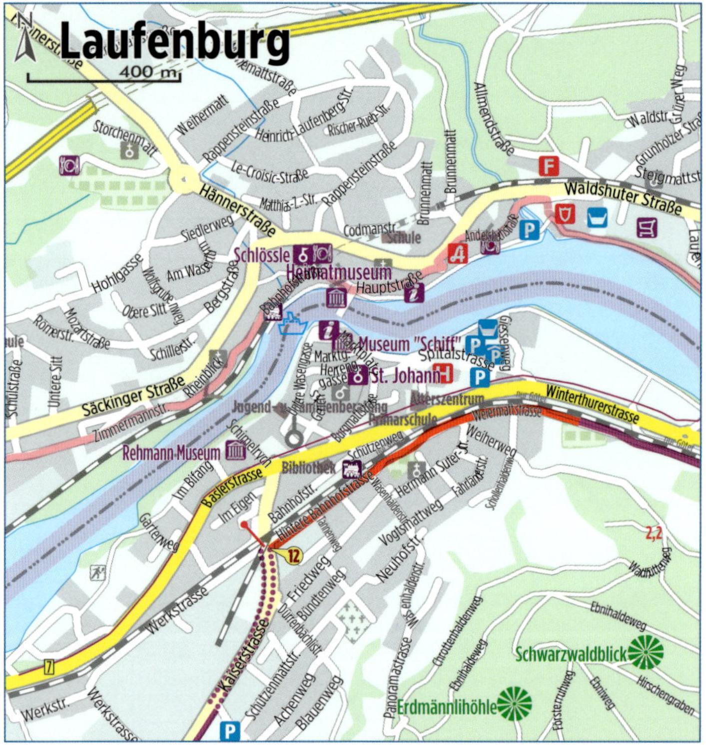

die privaten Hinterhöfe und Gärtlein, die Plätze mit den acht- bis zwölfeckigen Brunnenbecken, das lebendige Spiel der Türme und Dächer, der Fassaden, der Hausstiegen und der bunten Pflasterung machen einen Spaziergang in der Altstadt Laufenburgs besonders reizvoll.

Von Laufenburg nach Rheinfelden — 28,1 km

An der Querstraße nach dem Bahnhof links ~ **12** es beginnt auf der linken Straßenseite ein Radweg ~ dieser endet am Ortsbeginn von **Kaisten**, dafür beginnt nun ein Radstreifen ~ in der Linkskurve rechts in die **Schulstraße** Richtung Mehrzweckhalle ~ an der Straßengabelung rechts ~ der asphaltierte Weg führt durch den Wald ~ geradeaus am Kieswerk vorbei ~ an der größeren Querstraße links ~ nach der Autobahnüberquerung rechts in die **Gehrenstraße** ~ innerhalb der Wohnsiedlung gleich wieder links in den **Feldblumenweg** ~ **13** vor dem Bahndamm rechts in die **Dammstraße** ~ auf der rechten Bahnseite auf einem Wirtschaftsweg nach **Münchwilen** ~ an der Querstraße links und beim Stoppschild wieder rechts ~ die Autobahn unterqueren und gerade weiter durch **Stein** ~ an der T-Kreuzung mit der Kantonsstraße 7 links abbiegen ~ auf dem Radstreifen nach **Mumpf** ~ **14** am Ortsende von Mumpf rechts nach Wallbach.

Wallbach

PLZ: CH-4323; Vorwahl: 061

Güntis 2-Rad-Corner, Zentrumstr. 1, ✆ 8611808

Wallbach immer in Rheinnähe bleibend durchqueren ~ am Fabrikgelände vorbei und an der Gabelung links Richtung **Waldhaus** ~ auf einem unbefestigten Weg in den Wald ~ an der ersten Gabelung im Wald rechts ~ an der Abzweigung rechts in den **Wehrerhyweg** ~ auf dem Forstweg kurzzeitig direkt am Rheinufer entlang ~ am Grillplatz rechts in den **Un. Haumattlirhyweg** ~ weiterhin auf holprigen Wegen durch eine schöne Auenlandschaft ~ rechts auf den Querweg ~ **15** rechts auf dem **Cholhütterhyweg** zum Hochufer zurück ~ geradeaus am Waldrand entlang ~ dem Linksbogen des breiten Weges folgen ~ auf der Asphaltstraße oberhalb vom Schwimmbad entlang ~ am nächsten Abzweig rechts ~ unter der Straßenbrücke hindurch, gleich danach rechts ~ rechts auf die **Schwimmbadstraße**.

Riburg

PLZ: CH-4313; Vorwahl: 061

- **Bürkli** u. **Fahrgraben**. Überreste römischer Wachtürme.
- **Solebohrtürme**
- **Schwimmbad Bachtalen**, Bachtalenstraße, ✆ 8513070
- **Trek Bicycle**, Möhlin, Salinenstr. 1, ✆ 8514577

Am nächsten Abzweig links Richtung Campingplatz ~ kurz steil bergauf ~ dem Rechtsbogen folgen ~ kurz vor dem Waldrand links ~ geradeaus über eine asphaltierte Querstraße ~ an der Kreuzung mit den vielen Wegen den ganz linken nehmen ~ vorbei an den **Sohlebohrtürmen** ~ an der asphaltierten Straße geradeaus weiter ~ vor dem Fabriktor rechts

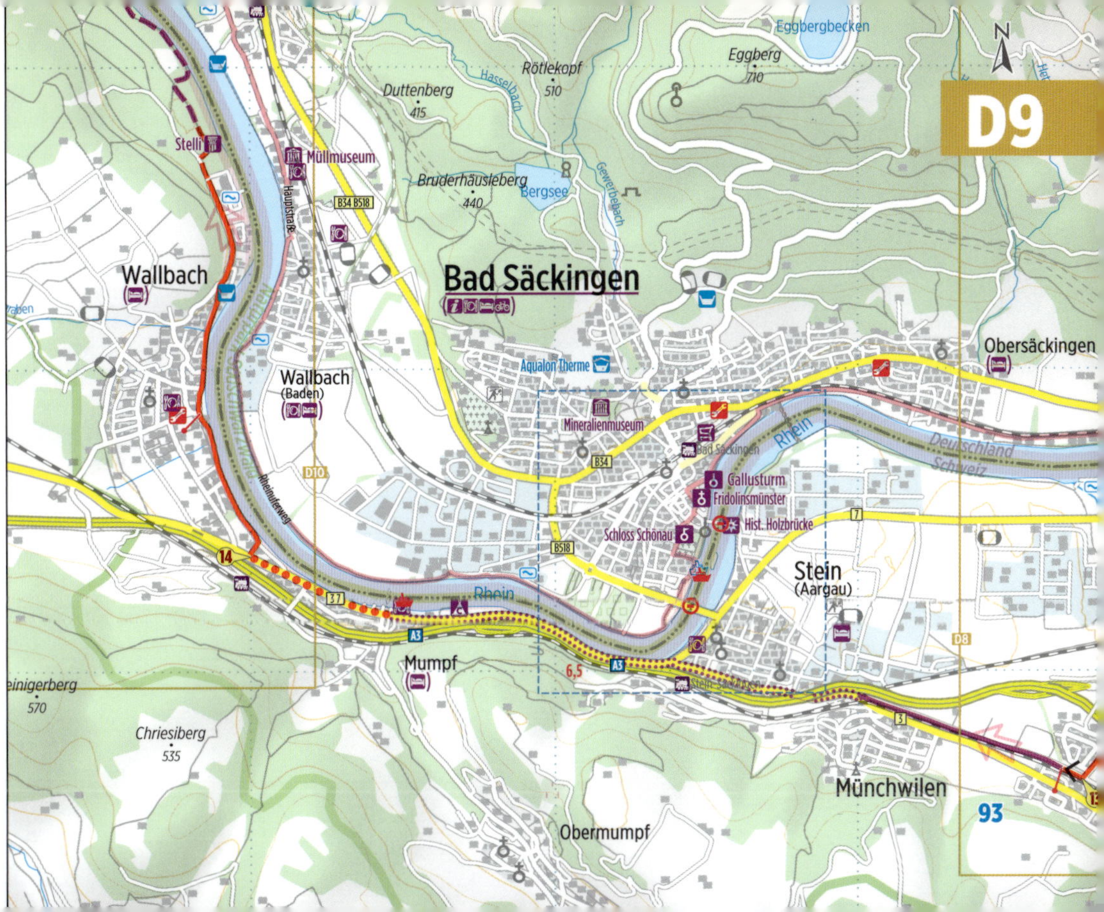

~ am nächsten Abzweig links Richtung **Erdbeeriweid** ~ vor dem Bahngleis rechts ~ an den Gleisen entlang ~ der Weg kehrt zum Hochufer zurück ~ am Ende der Gefällestrecke links vom Ufer weg. Geradeaus auf der **Roberstenstraße** weiter ~ am Kurzentrum Rheinfelden entlang ~ an der T-Kreuzung mit der **Hermann-Keller-Straße** rechts ~ dem Straßenverlauf linksherum folgen.

Rheinfelden (CH) ≈km 149

PLZ: CH-4310; Vorwahl: 061

Tourismusbüro Rheinfelden, Marktg. 16, ✆ 8355200, www.rheinfelden.ch

Basler Personenschifffahrt, Basel, Westquaistr. 62, ✆ 6399500. Von Ende März-Ende Okt., Di-So. Schiffe nach Basel, die auch Fahrräder befördern.

Fricktaler-Museum, Marktg. 12, ✆ 8311450, ÖZ: April-Dez., Di, Sa, So 14-17 Uhr. Dokumentation zur Stadtgeschichte, Archäologische Sammlung (Altsteinzeit bis frühes Mittelalter), Zigarrenmacherei, Musikkabinett.

Stadtkirche St. Martin, Kirchplatz. Die heutige Anlage stammt aus dem 14./15. Jh. und wurde 1769-72 barockisiert. Bemerkenswerte Innenausstattung und großer Spätrenaissance-Hochaltar von 1607.

Burgstell. Die Rheininsel aus Muschelkalk trug bis 1445 eine Burg, den Stein zu Rheinfelden, 1685-1744 Artilleriekastell. 1744 psrengten die Franzosen die Festung, 1843 wurden die letzten Mauerreste der Burg entfernt, weswegen heute fast nichts mehr vom Kastell zu sehen ist.

Rheinfelden

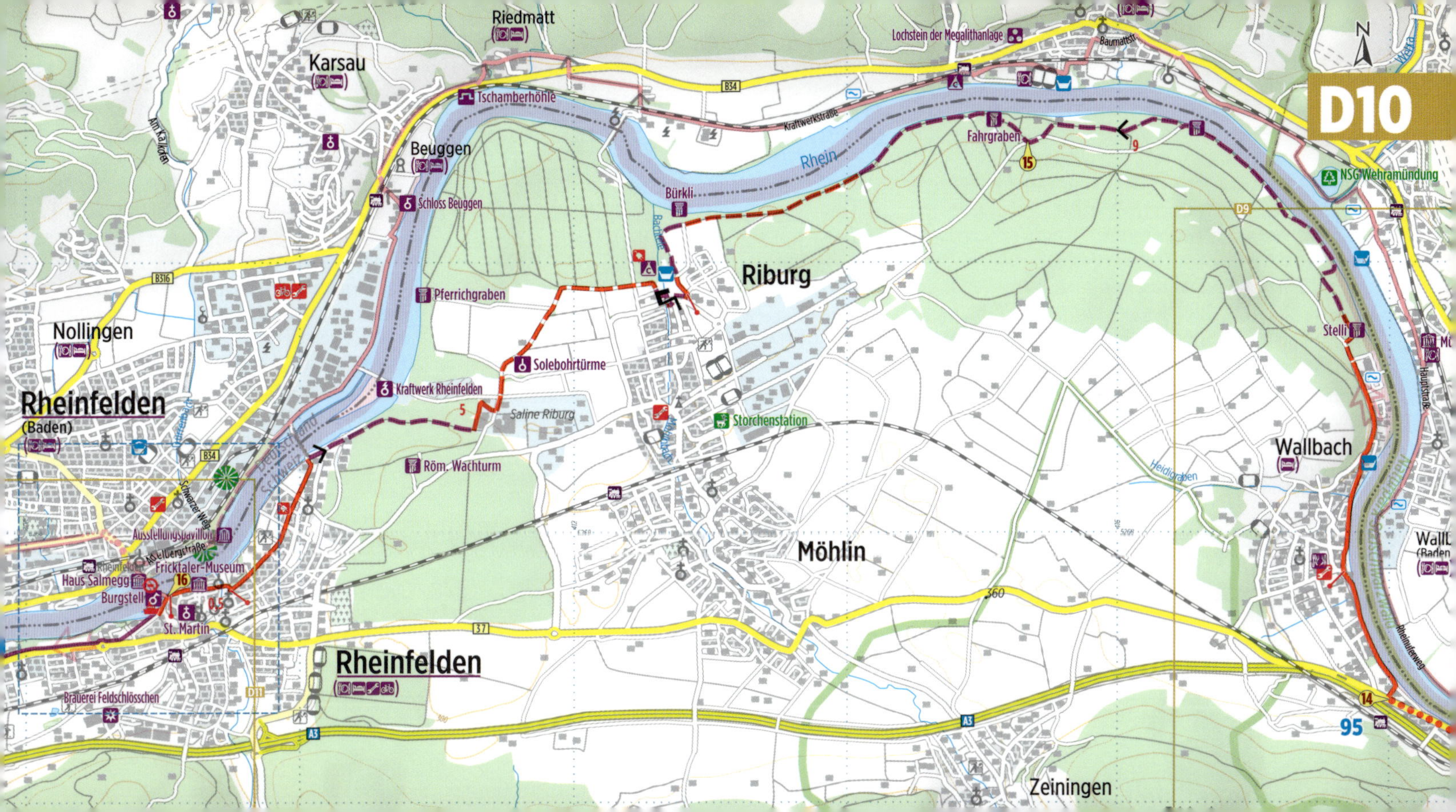
D10
Riedmatt
Karsau
Lochstein der Megalithanlage
Baumattstr.
B34
Tschamberhöhle
Kraftwerkstraße
Beuggen
Schloss Beuggen
Am Kalkofen
Rhein
Fahrgraben
Bürkli
NSG Wehramündung
Riburg
Pferrichgraben
B316
Nollingen
Solebohrtürme
Kraftwerk Rheinfelden
Saline Riburg
Storchenstation
Stelli
Rheinfelden
(Baden)
B34
Röm. Wachturm
Deutschland
Schweiz
Heidigraben
Wallbach
Schwarzer Weg
Ausstellungspavillon
Adelbergstraße
Fricktaler-Museum
Haus Salmegg
Burgstell
St. Martin
Möhlin
Wallbach
(Baden)
360
37
Rheinfelden
Rheinuferweg
Brauerei Feldschlösschen
D11
D9
A3
95
Zeiningen

Rathaus, Marktg. 16. Der heutige Bau entstand nach dem Brand von 1531, die Barockfassade trägt u. a. Wappen von Österreich, der Stadt Laufenburg und Säckingen. Spätgotische Ratsstube mit Staffelfenstern und Kabinettscheiben.

Rheinbrücke. Die alte gedeckte Holzbrücke brannte 1897 ab, die heutige Brücke wurde 1911-12 errichtet.

Brauerei Feldschlösschen, Theophil-Roniger-Straße, ✆ 058/1234258, Rundgänge n. V.

Wellness-Welt sole uno, Roberstenstr. 31, ✆ 8366763, ÖZ: tägl. 8-22.30 Uhr. Freiluftbad ganzjährig geöffnet, 30-35°C warmes Wasser lockert verkrampfte Muskeln, fördert die Durchblutung und verbessert u. a. Gelenk- und Wirbelsäulenfunktionen.

Bike-Store, Kupferg. 20, ✆8314980

Füchter Velos, Erlenweg 11, ✆ 8317500

Rheinfelden ist die älteste Stadt im Aargau und die älteste Zähringerstadt der Schweiz. Um 1130 erhob Herzog Konrad I. von Zähringen die Marktsiedlung zur Stadt, bald darauf muss die Rheinbrücke gebaut worden sein. Österreich trat 1801 seine linksrheinischen Gebiete an Frankreich ab. Die Abtrennung Rheinfeldens von seinem rechtsrheinischen Hinterland – nach rund 800 Jahren wurde der Rhein zum erstenmal wieder zur Staatsgrenze – brachte der Stadt erhebliche wirtschaftliche Nachteile. Erst die Entdeckung der Salzlager 1844, der Bau der Salinen Rheinfelden und Riburg und der Sole-Kurbetrieb leiteten eine Besserung ein. Am linken Ufer des Rheins, gegenüber dem Südabfall des Schwarzwalds gelegen, bildet das historische Stadtbild den besonderen Reiz Rheinfeldens mit seinen alten Mauern und Türmen über dem schnellfließenden Strom.

Von Rheinfelden nach Basel 22,1 km

16 Von der **Marktgasse** geradeaus auf die **Fröschweid**, die Grenze zu Deutschland befindet sich gleich rechts ~ leicht bergauf auf der **Habich-Dietschy-Straße** ~ geradeaus auf dem Radweg entlang der Kantonsstraße Richtung Kaiseraugst ~ **17** zu Beginn von Kaiseraugst links nach **Liebrüti** und **Giebenach** in die **Giebenacherstraße** abbiegen ~ rechts in die **Venusstraße**, linker Hand sind Überreste der Römerstadt Augusta Raurica zu sehen ~ an der nächsten größeren Kreuzung rechts, geradeaus liegt das Theater von Augusta Raurica.

Kaiseraugst ≈km 155

PLZ: CH-4302; Vorwahl: 061

Fähre Kaiseraugst-Herten, ✆ 8169060, Juni-Aug., Di-Sa 14-17 Uhr, So/Fei 10.30-12 Uhr u. 13-17 Uhr; April-Sept., Mi 14-17 Uhr; April-Okt., Sa 14-17 Uhr; April-1. Nov., So/Fei 10.30-12 Uhr u. 13-18 Uhr.

Römermuseum mit Römerhaus, Römerstadt Augst, Giebenacher Str. 17, ✆ 5522222, ÖZ: tägl. 10-17 Uhr. Sämtliche Funde aus den Ausgrabungen in Augusta Raurica (über 700.000 Objekte) werden hier aufbewahrt, so auch das luxuriöse silberne Tafelservice des römischen Kastellkommandanten. Das Römerhaus ist die Rekonstruktion eines Geschäfts- und Wohnhauses mit Küche, Esszimmer, Bad, Werkstatt und Laden.

Kastell, Kaiseraugst. Die Süd-West-Strecke der bis zu 4 m mächtigen Mauer, die ab dem 4. Jh. n. Chr. das römische Kastell und später den Dorfkern umgab, ist heute noch erhalten. Das Baptisterium, die frühchristliche Kastellkirche, gehört zu den frühesten Zeugnissen des Christentums in der Schweiz. Imposante Thermenanlagen mit Kalt-, Warm- und Heißbaderäumen, Bassin und Heizkanälen, außerdem sind zwei Brennöfen einer römischen Ziegelei vollständig erhalten.

Römerstadt Augusta Raurica, Augst, Giebenacher Str. 17, ✆ 5222222, ÖZ: tägl. 10-17 Uhr. Im wiederhergestellten Theater, einem Schauspielhaus im Freien, fanden einst rund 8.000 Personen Platz. Das Forum mit Curia war öffentliches Zentrum der Stadt, mit Tempel für Roma und Augustus, im Keller ist eine Mosaikausstellung zu sehen. Außerdem zu sehen sind der Schönbühltempel, ein prachtvoll gelegener Podiumstempel des 1. Jhs. n. Chr., und die Taberne, eine 1966 zum Vorschein gekommene Schankstätte mit einem großen Backofen in einmaliger Erhaltung.

Alexander's Bikeshop, Augst, Hauptstr. 22, ✆ 8118101

Um 44/43 v. Chr. gründete L. Munatius Plancus, Freund und Feldherr Julius Caesars, die Colonia, die anschei-

D10
NSG Ruschbachtal
Grenzach
Regionalmuseum Römervilla
Wyhlen
Schlosskopf
375
Markhof
Herten
Warmbach
A861
Haus Salmegg
St. Martin
Rhein
B34
Brauerei Feldschlösschen
5,2
37
D10
NSG Altrhein
Kastellmauer
17
Blosenberg
390
Rhein
Kaiseraugst
Römerstadt Augusta Raurica
Venusstr.
1,6
Augst
Brügglihau
425
3
Giebenach
Maispracher Bach
Volenbach
D12
A2 A3
Wasserwelt aquabasilea
Steinenbol
375
Basel-Landschaft
Olsberg
19
Bodenwelle
4,5
18
Muttenzerstrasse
Oberemattstraße
Mühleweg
Pratteln
Mayenfelserstr.
212
Ergolz
Arisdorf
Arisdorfer Bach
97
Girspel
510
530
A2

nend älteste römische Siedlung am Rhein. Die Stadt entwickelte sich im 2. Jahrhundert n. Chr. mit bis zu 20.000 Einwohnern zu einer prosperierenden Handels- und Gewerbestadt mit reichen öffentlichen Gebäuden: Forum mit Curia und Basilica, Theater, Thermen, Tempeln, Handelshäusern u. a. m. Sie avancierte zu einem Zentrum antiker Kultur an der Nordgrenze des Römischen Reiches. Nach der Zerstörung im späteren 3. Jahrhundert durch die Alamannen errichtete das römische Militär ein großes Kastell am Rhein bei Kaiseraugst. Die weitläufigen Anlagen werden seit 1582 (!) durch Einzeluntersuchungen und seit 1959 durch ganzjährige Ausgrabungen erforscht.

Römerstadt Augusta Raurica

Nach den Ausgrabungen von Augusta Raurica links in die **Schulstraße** abbiegen ~ den Bach überqueren und gleich danach links ~ an der nächsten Möglichkeit rechts in den Hausmattweg und die Bahn unterqueren ~ links in die **Poststraße** einbiegen und dem Straßenverlauf folgen ~ an der nächsten Kreuzung geradeaus und an der darauffolgenden Möglichkeit links ~ dem Verlauf der **Augsterstraße** folgen ~ links halten und nun der **Heißgländstraße** entlang der Bahn folgen ~ vor dem Spielplatz links unter der Bahn hindurch, gleich darauf rechts abbiegen ~ auf der Brücke über die Autobahn ~ die nächste Straße unterqueren ~ nach der Linkskurve der Straße rechts in die **Oberemattstraße** abbiegen ~ **18** der Rechtskurve der Straße folgen.

Pratteln

PLZ: CH-4133; Vorwahl: 061

- **Gemeindeverwaltung**, Schlossstr. 34, ✆ 8252111
- **Wasserwelten Aquabasilea**, Herdstr. 57, ✆ 8262424
- **Pfister Zweirad-Center**, Schlossstr. 29, ✆ 8215929

Geradeaus in die **Muttenzstraße** und dem Verlauf bis zu den Bahngleisen folgen **19** ~ vor den Gleisen links ~ entlang der Gleise nach Muttenz ~ weiter geradeaus auf der **Breite Straße** ~ auf dem **Kirchplatz** geradeaus gegen die Einbahnstraße.

Muttenz

PLZ: CH-4132; Vorwahl: 061

- **Kunsthaus Baselland,** St. Jakob-Str. 170, ✆ 3128388, ÖZ: Di, Do-So 11-17 Uhr, Mi 14-20 Uhr. Thema: Regionale und überregionale zeitgenössische Kunst.
- **Bauernhausmuseum**, Oberdorf 4, ✆ 4666171, ÖZ: April-Juni u. Aug.-Okt., jeweils am letzten So des Monats, 10-12 Uhr und 14-17 Uhr. Das Bauernhaus wurde 1678 erstmals kartiert und zeigt den bäuerlichen Alltag anhand von Originalobjekten.
- **Ortsmuseum**, Schulstr. 15, ✆ 4666171, ÖZ: am letzten So des Monats, ausgenommen Juli und Dez., 14-17 Uhr. Geschichte des Ortes. Zusätzlich Sonderausstellungen.
- **Wehrkirche St. Arbogast** (12. Jh.). Die Kirche ist die einzige in der Schweiz, die von einer ringförmigen Kirchenmauer fast ganz umschlossen ist.
- **Vordere, Mittlere** u. **Hintere Burg** auf dem Wartenberg. Die drei Burgen auf dem Wartenberg waren bis zum Ende des 13. Jhs.

Muttenz

eine Einheit. Heute sind nur mehr die Ruinen der Anlagen vorhanden.

Aebin 2-Rad, Hauptstr. 55, ✆ 4612535

In Muttenz links in die **Geispelgasse** und dann wieder rechts in den **Pfaffenmattweg** ~ geradeaus aus Muttenz hinaus ~ leicht bergauf ~ es folgt ein Rechtsbogen und dann einer nach links am **Sportplatz** entlang ~ **20** die Autobahn überqueren und auf einer Holzbrücke über einen Bach ~ gleich danach nach rechts ~ die Wohnsiedlung und einen Dinosaurier passieren ~ ein Sportplatzgelände geradeaus durchfahren ~ nach dem Parkgelände an einer Querstraße mit Straßenbahnschienen über den beschrankten Straßenbahnübergang, danach rechts ~ die Hauptstraße überqueren und weiter auf der **Birsstraße** ~ an der Vorfahrtsstraße geradeaus weiter auf dem Radstreifen ~ vorbei am **Kleiderbügelmuseum** ~ an der großen Kreuzung geradeaus auf der **Birsfelderstraße** weiter ~ am **St.-Alban-Rheinweg** links ~ vorbei am **Schweizer Papiermuseum** ~ noch vor der Wettsteinbrücke das Ufer über den schräg abzweigenden **Mühlenberg** verlassen ~ nach einem Anstieg über die **St.-Alban-**

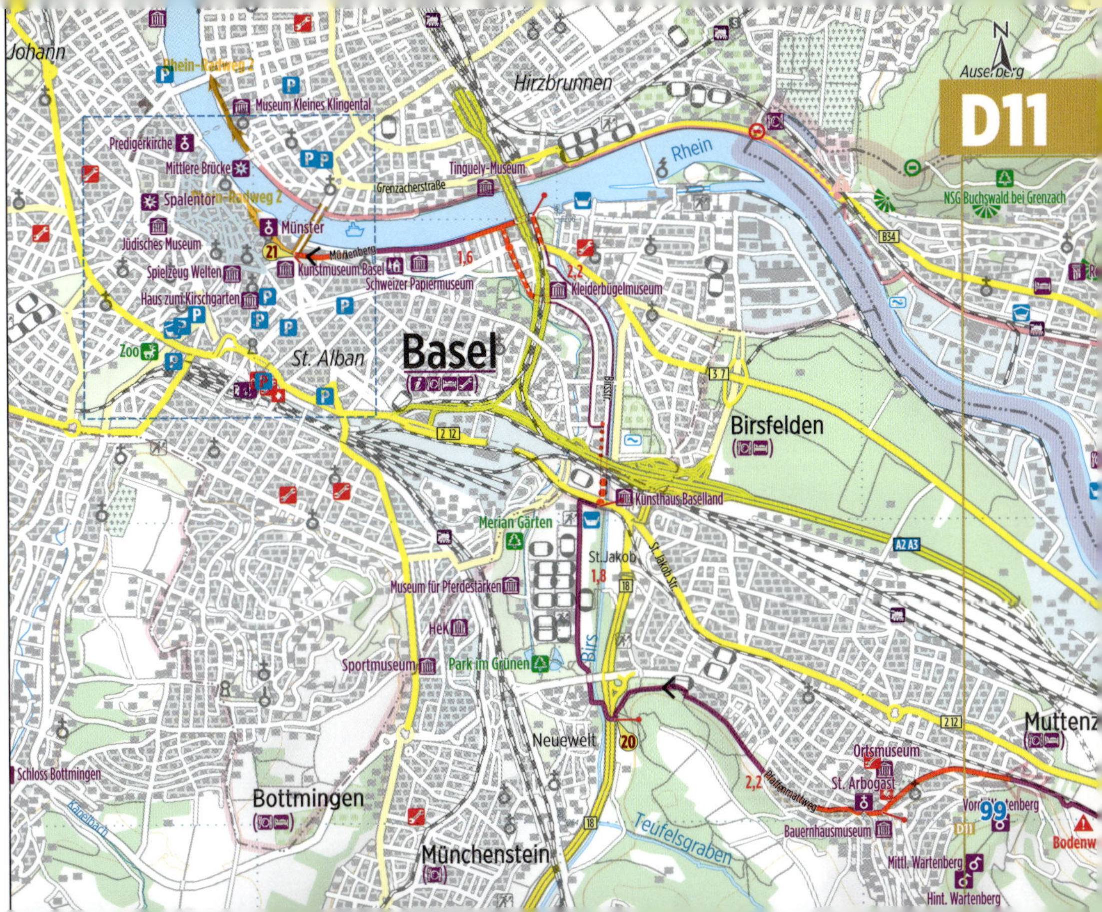

Vorstadt zur großen Kreuzung mit dem Kunstmuseum **21**.

TIPP Für die Abreise nach Deutschland mit der Bahn kommt nach dem Besuch von Basel der **Badische Bahnhof** im rechtsrheinischen Ortsteil Klein-Basel in Betracht, da vom SBB-Hauptbahnhof fast nur ICE-Züge Deutschland ansteuern (keine Fahrradmitnahme!).

Basel (CH) ≈km 167

PLZ: CH-4000 bis CH-4059; Vorwahl: 061

- **Basel Tourismus,** Tourist- und Hotelinformation, Im Bahnhof SBB, ✆ 2686868, www.basel.com
- **Basel Tourismus,** Tourist- und Hotelinformation, Im Stadtcasino am Barfüsserplatz, Steinenberg 14 ✆ 2686868
- **Basler Personenschifffahrt,** Westquaistr. 62, ✆ 6399500
- **Antikenmuseum und Sammlung Ludwig,** St.-Alban-Graben 5, ✆ 2011212, ÖZ: Di, Mi, Fr-So 10-17 Uhr, Do 10-21 Uhr. Griechische, ägyptische und römische Kunstwerke, hauptsächlich aus der Epoche 4.000 v. Chr. bis ins 7. Jh. n. Chr.
- **Skulpturhalle Basel,** Mittlere Str. 17, ✆ 2602500, ÖZ: Di-Fr 10-17 Uhr u. Sa, So 11-17 Uhr. Sammlung von Abgüssen antiker Plastiken, vollständige Zusammenführung der gesamten Bauplastik des Athener Parthenons.
- **SAM Schweizerisches Architekturmuseum,** Steinenberg 7, ✆ 2611413. ÖZ: Di, Mi, Fr 11-18 Uhr, Do 11-20.30 Uhr, Sa, So 11-17 Uhr. Wechselnde Ausstellungen zu aktuellen architektonischen Themen.
- **Fondation Beyeler,** Baselstr. 101, 4125 Riehen, ✆ 6459700, ÖZ: tägl. 10-18 Uhr, Mi 10-20 Uhr. Rund 200 Werke der klassischen Moderne, Kunstwerke von Künstlern wie Monet, Cézanne, van Gogh, Picasso, Warhol u. a.
- **Historisches Museum Barfüßerkirche,** Barfüßerplatz, ✆ 2058600, ÖZ: Di-So 10-17 Uhr. Objekte der kirchl. und weltl. Kunst des Mittelalters und der Renaissance, Münsterschatz und Münzkabinett, Stadtgeschichte. Die Kirche der Franziskaner gilt als das bedeutendste architektonische Werk des Ordens nördlich der Alpen. Die heutige dreischiffige Pfeilerbasilika entstand Anfang des 14. Jhs.
- **Haus zum Kirschgarten,** Elisabethenstr. 27-29, ✆ 2058600, ÖZ: Di-Sa 12-19 Uhr, So 10-17 Uhr. Basler Wohnkultur und angewandte Kunst.
- **Kunstmuseum Basel,** St.-Alban-Graben 16, ✆ 2066262, ÖZ: Di-So 10-18 Uhr. Die größte Kunstsammlung der Schweiz zeigt Alte Meister wie Witz oder Holbein; aber auch Malerei des 19. Jhs. oder moderne Kunst von Cézanne über Picasso bis heute. Im Kupferstichkabinett sind Zeichnungen und Grafiken vom 15.-20. Jh. ausgestellt. Weltweit größte Sammlung von Arbeiten der Holbein-Familie.
- **Kleiderbügelmuseum,** Birsstr. 56, ✆ 3113131, ÖZ: Mo-Fr 7.30-12 Uhr u. 13.30-17 Uhr. Die Entwicklung des Kleiderbügel anhand von über 4000 Ausstellungsstücken.
- **Kunsthalle Basel,** Steinenberg 7, ✆ 2069900, ÖZ: Di, Mi, Fr 11-18 Uhr, Do 11-20.30 Uhr, Sa, So 11-17 Uhr. Renommierter Veranstaltungsort für Wechselausstellungen zeitgenössischer Kunst.
- **Museum für Gegenwartskunst,** St.-Alban-Rheinweg 60, ✆ 2726262, ÖZ: Di-So 10-18 Uhr. Teil der Emanuel-Hoffmann-

Tinguely Museum

Stiftung und der Öffentlichen Kunstsammlung Basel.

Museum Tinguely, Paul-Sacher-Anlage 2, ✆ 6819320, ÖZ: Di-So 11-18 Uhr. Leben und Werk des bedeutenden Eisenplastikers.

Museum der Kulturen, Münsterpl. 20, ✆ 2665600, ÖZ: Di-So 10-17 Uhr. Thema Museum der Kulturen: Volks- und Völkerkundliche Sammlung, Schwerpunkt Südsee und Indonesien.

Naturhistorisches Museum, Augustinerg. 2, ✆ 2665500, ÖZ: Di-So 10-17 Uhr. Erdgeschichte, Fossilien- und Mineralienausstellung, ausgestorbene und lebende Säugetiere, Dinosauriersaal.

Spielzeugweltenmuseum Basel, Steinenvorstadt 1, ✆ 2259595, ÖZ: tägl. 10-18 Uhr. Thema: In einem historischen Gebäude aus dem Jahr 1867 finden Sie Puppenhäuser, Kaufmannsladen, Teddybaren und Spielzeug vom frühen 19. Jh. bis heute.

Vitra Design Museum, D-79576 Weil am Rhein, Charles-Eames-Str. 2, ✆ 0049/7621/7023200, ÖZ: tägl. 10-18 Uhr. Die international beachtete Sammlung verfügt über etwa 1.200 Möbelobjekte, die meistens Schlüsselpositionen in der Entwicklung des industriellen Möbeldesigns von 1850 bis heute einnehmen. Auch der architektonisch anspruchsvolle, moderne Bau des Museums an sich ist sehenswert.

Basler Papiermühle, St.-Alban-Tal 37, ✆ 2259090, ÖZ: Di-Fr, So 11-17 Uhr, Sa 13-17 Uhr. Die papierhistorische Sammlung schildert die Arbeitsweise von Buchdruck und Buchbinderei, in den Werkstätten wird vor den Augen der Besucher produziert. Es kann auch selber geschöpft und gedruckt werden.

Jüdisches Museum der Schweiz, Kornhausg. 8, ✆ 2619514, ÖZ: Mo, Mi 14-17 Uhr, So 11-17 Uhr. Rituelle Gegenstände, hebräische Drucke und Objekte des 1. Zionistenkongresses.

Cartoonmuseum, St.-Alban-Vorstadt 28, ✆ 2263360, ÖZ: Di-So 11-17 Uhr. Karikaturen, Cartoons und Comics in Wechselausstellungen.

Museum Kleines Klingental, Unterer Rheinweg 26, ✆ 2676642, ÖZ: Mi, Sa 14-17 Uhr, So 10-17 Uhr. Zu sehen sind u. a. Originalskulpturen des Basler Münsters, Stadtmodelle sowie periodische Ausstellungen zur Stadt- und Baugeschichte.

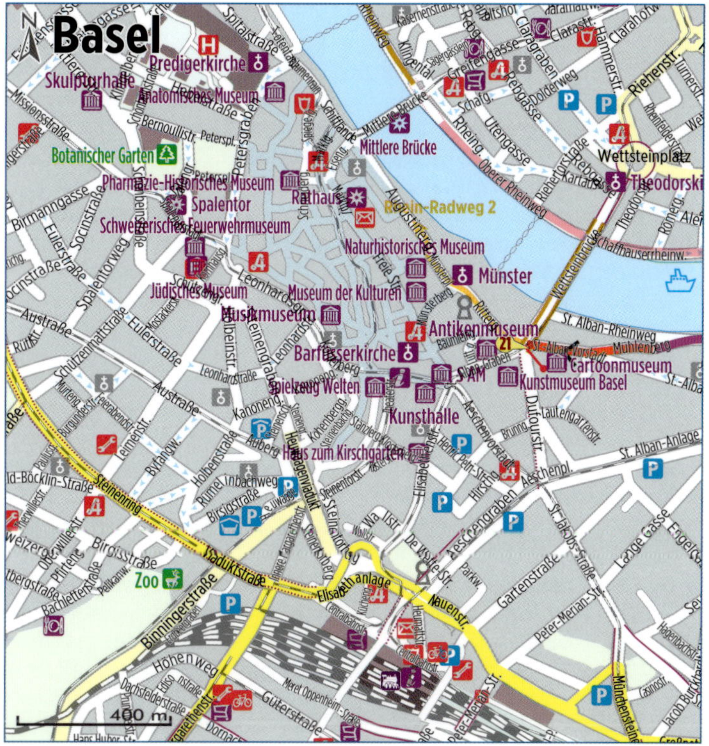

Pharmazie-Historisches Museum, Totengässlein 3, ✆ 2649111, ÖZ: Di-Fr 10-18 Uhr, Sa 10-17 Uhr. Sammlungen von alten Medikamenten und Apotheken, Laborutensilien und Bilddokumentationen.

Sportmuseum Schweiz, Rheinacherstr. 1-3, 4142 Münchenstein, ✆ 2611221, ÖZ: Mi, Fr 14-17 Uhr, Führungen n. V. Anhand von Geräten und Dokumenten bietet das Museum einen Querschnitt durch Sport u. Spiel aus drei Jahrtausenden.

Verkehrsdrehscheibe Schweiz und unser Weg zum Meer, Westquaistr. 2, ✆ 6314261, ÖZ: März-Dez., Di-So 10-17 Uhr, Jan.-Feb., Di, Sa, So 10-17 Uhr, während der Basl-Stadt-Sommerferien, Fr-So 10-17 Uhr. Geschichte u. Entwicklung der Rheinschifffahrt zwischen Basel und der Nordsee.

Haus der elektronischen Künste (HeK), Freilager-Pl. 9, ✆ 2836050, ÖZ: Mi-So 12-18 Uhr (während Ausstellungen). Es werden Kunstwerke gezeigt, die sich mit neuen Medientechnologien auseinandersetzen.

Museum für Musik, Im Lohnhof 9, ✆ 2058600, ÖZ: Mi-Sa 14-18 Uhr, So 11-17 Uhr. Geschichte der Musik in Basel vom 16. bis zum 20. Jh.

Museum für Pferdestärken, Merian Gärten, ✆ 2058600, ÖZ: Mi, Sa, So 14-17 Uhr. Schlitten, Kutschen und Kurioses.

Anatomisches Museum, Pestalozzistr. 20, ✆ 2673535, ÖZ: Mo-Fr 14-17 Uhr, So 10-16 Uhr. Originalpräparate des menschlichen Körpers und Sonderausstellungen zu verschiedenen Gebieten der Anatomie.

Münster, Münsterplatz, ✆ 2729157, ÖZ: Sommerzeit, Mo-Fr 10-17 Uhr, Sa 10-16 Uhr, So/Fei 11.30-116 Uhr, Winterzeit, Mo-Sa 11-16 Uhr, So/Fei 11.30-16 Uhr. Von der einstigen karolingischen Kirche blieben nach dem Ungarnsturm 917 nur Teile der Krypta erhalten. Der heutige Bau ist im Wesentlichen ein spätromanischer Neubau aus dem 12. Jh. Drei Jahrhunderte später entstanden auf romanischer Grundlage die beiden südlich angefügten Kreuzgänge. Der Bildersturm von 1529 vernichtete den Hochaltar, große Teile der Ausstattung und der Bauplastik.

Predigerkirche, Petersgraben, ÖZ: Mo-Fr 9-12 Uhr u. 14-16 Uhr, Sa 14-16 Uhr. Die ehemals für die Dominikaner errichtete Kirche entstand im 13. Jh. und wurde nach dem Erdbeben von 1356 erneuert. Geldmittel für den Bau soll der Handel mit dem Ablass von Sünden geliefert haben. Sehenswert sind die schmalen Maßwerkfenster im Chor. Die Mauern des Friedhofes auf der Nordseite der Kirche trugen bis 1805 die berühmten Totentanzfresken, deren noch erhaltene Teile im Historischen Museum verwahrt sind. Sie zeugen von den Ängsten der Pestzeit aus dem Jahr 1439.

Mittlere Brücke. Über Jahrhunderte war sie die einzige Rheinbrücke bis weit stromabwärts, denn der Oberrhein hatte bis zur Regulierung im 19. Jh. kein festes Flussbett und wechselte häufig seinen Lauf. Der Vorläufer der heutigen Brücke wurde 1225 aus Holz gezimmert und ließ Basel schon früh zu einem wichtigen Handelsplatz werden.

Spalentor. Spalenvorstadt. Das seit dem Abbruch der Befestigungsanlage freistehende Stadttor datiert aus dem späten 14. Jh. Das niedere Vorwerk ist mit einer Vielzahl teilweise lustiger Figuren versehen, die Originale sind im Historischen Museum.

Rathaus. Marktplatz. Nach ihrem Eintritt in die Eidgenossenschaft wollte die Bürgerschaft mit einem würdigen Bau aufwarten und ließ 1507-13 das Rathaus im spätgotischen Stil errichten.

Zoo. Binningerstr. 40, ✆ 2953535, ÖZ: tägl., März-April, Sept.-Okt., 8-18 Uhr, Mai-Aug., 8-18.30 Uhr, Nov.-Feb., 8-17.30 Uhr. Der in Basel liebevoll „Zolli" genannte Landschaftsgarten bildet eine grüne Insel für 4.000 Tiere von 600 Arten mitten in der Stadt. Für Kinder ein doppelter Spaß, da sie im Kinderzolli den Wärtern bei der Tierpflege helfen dürfen. Berühmt wurde der Zoo durch Zuchterfolge bei Gorillas und Nashörnern.

Botanischer Garten der Universität Basel, Schönbeinstr. 6, ✆ 2673519, ÖZ: tägl., April-Okt., 8-18 Uhr, Nov.-März, 8-17 Uhr, Gewächshauser: tägl. 9-17 Uhr.

Merian Gärten, Vorder Brüglingen 5, ✆ 3199780, ÖZ: tägl. 8 Uhr bis zum Einbruch der Dunkelheit. Erster botanischer Garten Europas mit Bio-Zertifikat.

Park im Grünen, Münchenstein, Rainstr. 6, ✆ 058/5758000, frei zugänglich.

2Rad Basilisk AG, Margarethenstr. 59, ✆ 2722222

Cenci Bikes & More, Clarastr. 51, ✆ 6817075

Wenger, Gartenstr. 143, Am Bahnhof SBB, ✆ 2838081

- **VeloPlus**, Leimenstr. 78, ☎ 0840/444777
- **Hilite Bikes**, J.-J.-Balmer-Str. 3, ☎ 5862119
- **Vitelli Velobedarf**, Dornacherstr. 101, ☎ 3617070
- **Isi-Velowerkstatt**, Dornacherstr. 277, ☎ 3322200
- **Speichä 36**, Therwilerstr. 28, ☎ 2818181
- **Schnell Velos**, Muespacherstr. 76, ☎ 3219737
- **Reemo Velos**, Bläsiring 150, ☎ 2222413
- **Brino Velo**, Burgfelderstr. 160, ☎ 3214389
- **Bike Corner**, Birsfelden, Büklinstr. 21, ☎ 3116860
- **Dienstleistungsgemeinschaft Veloparking**, in der Loge am Bahnhof, Zentralbahnstr. 20, Hotline ☎ 061/2720910, ÖZ: 8-22 Uhr.

Sprichwörtliche Schweizer Qualität trifft in Basel auf eine multikulturelle Bevölkerung im Grenzgebiet zu Frankreich und Deutschland. Das macht die Stadt unverwechselbar weltoffen, international und innovativ. Basel ist ein zentraler Verkehrsknotenpunkt in Europa und bietet auf dem Luftweg, über seine drei Bahnhöfe und die Autobahnhauptachsen hervorragende Verbindungen.

Das Stadtbild versprüht Kultur in vielen Facetten. So prägen nahezu 40 Museen mit ihren hochkarätigen Sammlungen und Sonderausstellungen den Ruf Basels als angesehene Kunststadt. Die Kunst begegnet einem aber nicht nur in der Fülle der Museen, sondern auch überall in der Stadt, und die Nachbarschaft klassischer Herrschaftshäuser, mittelalterlicher Kirchen und moderner Bauten zahlreicher Stararchitekten von Weltruf verspricht spannende Kontraste.

Zudem bietet Basel Savoir-vivre vom Feinsten: Sonnige Rheinufer, malerische Gassen der bestens erhaltenen Altstadt und unzählige Boulevardcafés laden zum Flanieren und Genießen ein. An der „Riviera", wo das fröhliche Dasein in all seinen Facetten spielt, pulsiert das Leben. Es sind die Spaziergänger, Sonnenanbeter, Studenten oder Geschäftsleute, die Ruhe und Energie tanken. Wer eine Stadt gerne beim Flanieren und Einkaufen entdeckt, ist am Rheinknie genau richtig, denn hier lässt sich Shopping und Sightseeing gut miteinander verbinden. Ein Cappuccino in einem der gemütlichen Cafés oder das Bummeln durch die schmucken Boutiquen am Spalenberg in der Altstadt runden die Besichtigung perfekt ab.

Basel macht Appetit, auf vielfältigste und köstlichste Art und Weise. Was für das außergewöhnliche Kulturangebot gilt, trifft in besonderem Maße auch auf die Gastronomie zu. Die einzigartige Lage im Dreiländereck garantiert Abwechslung und Spitzenqualität auf dem Speisezettel. Die Basler haben sich dem Genießen und vor allen Dingen der Gastfreundschaft verschrieben. Daher können sich Besucher auf eine kulinarische Entdeckungsreise freuen.

Dass in Basel stets einiges los ist, hat sich in der ganzen Welt herumgesprochen. In der kalten wie auch warmen Jahreszeit lockt Basel Besucher an – ob mit Messen, traditionellen Anlässen, Sportevents oder saisonbedingten Happenings. Als führende Messe- und Kongressstadt der Schweiz beherbergt Basel zwei Weltmessen: die Kunstmesse Art Basel sowie die Uhren- und Schmuckmesse Baselworld, die einen Wind von internationaler Extraklasse durch die Stadt wehen lassen.

Basler Münster

Am Nordufer von Schaffhausen nach Basel (E) 110,2 km

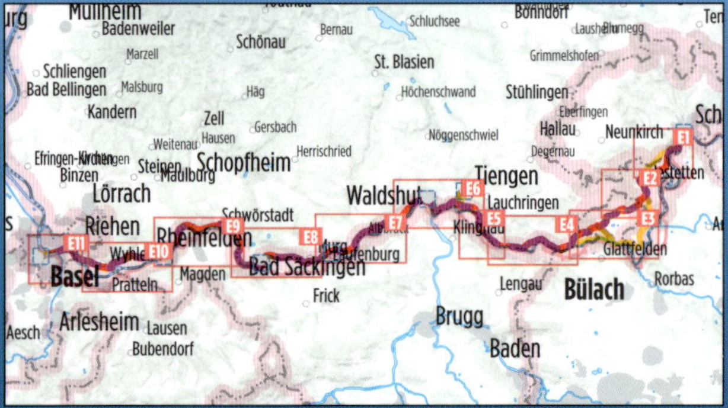

Der letzte Abschnitt des Rhein-Radweges verläuft die meiste Zeit auf deutschem Boden. Die Route führt vorbei am Rheinfall, dem größten Wasserfall Europas. Danach gelangen Sie in sehenswerte Städte wie Waldshut oder Bad Säckingen, wo sich die längste gedeckte Holzbrücke Europas befindet. Außerdem wird Hohentengen mit dem südlichsten Weingut Deutschlands durchquert. Entlang des Rheins und am Rande des Schwarzwaldes führt der Radweg schließlich nach Basel, der drittgrößten Stadt der Schweiz. Von dort haben Sie die Möglichkeit, dem Rhein-Radweg weiter bis zur Mündung in die Nordsee zu folgen.

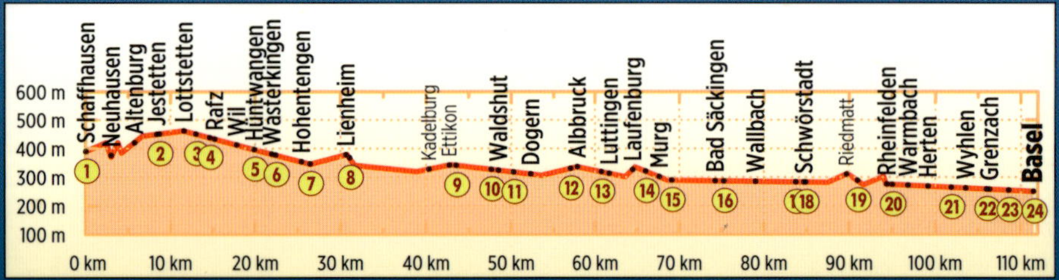

Der Radweg verläuft meist auf ruhigen Landstraßen und Radwegen, nur
selten sind kurze Abschnitte auf stärker befahrenen Straßen zurückzulegen.Bis Lottstetten gibt es mehrere kurze, steile Anstiege, insgesamt sind am Nordufer aber deutlich weniger steile Anstiege als bei der Route am Südufer zu bewältigen.

Schaffhausen s. S. 76

Von Schaffhausen nach Hohentengen *26,1 km*

1 Nach der Autobahnunterführung entfernt sich der Weg vom Ufer ~ auf dem nicht asphaltierten Radweg weiter ~ kurz vor der nächsten Rheinbrücke im spitzen Winkel nach rechts Richtung Waldshut-Tiengen

TIPP
Ab hier folgen Sie nun der Beschilderung des Rheintal-Radwegs bzw. der D-Route 8 bis Basel.

Durch die Bahnsteigunterführung der SBB-Station Neuhausen, danach links auf die Straße ~ rechts in die **Rheinstraße** ~ der Rechts-Links-Kurve der Straße folgen ~ am **Industrieplatz** links abbiegen.

VARIANTE
Wenn Sie möglichst schnell und mit möglichst wenigen Steigungen nach Jestetten gelangen wollen, können Sie am Industrieplatz rechts abbiegen und der in orange eingezeichneten Route folgen. Einen Anschluss an diese Strecke gibt es allerdings auch von der Rheinfallstraße unterhalb des Wasserfalls.

Vor dem SIG-Areal rechts ~ mit 15 Prozent Gefälle hinab zum Rheinfall ~ an der Aussichtsterrasse dem Fahrradwegweiser nach rechts folgen ~ weiterhin bergab ~ an der

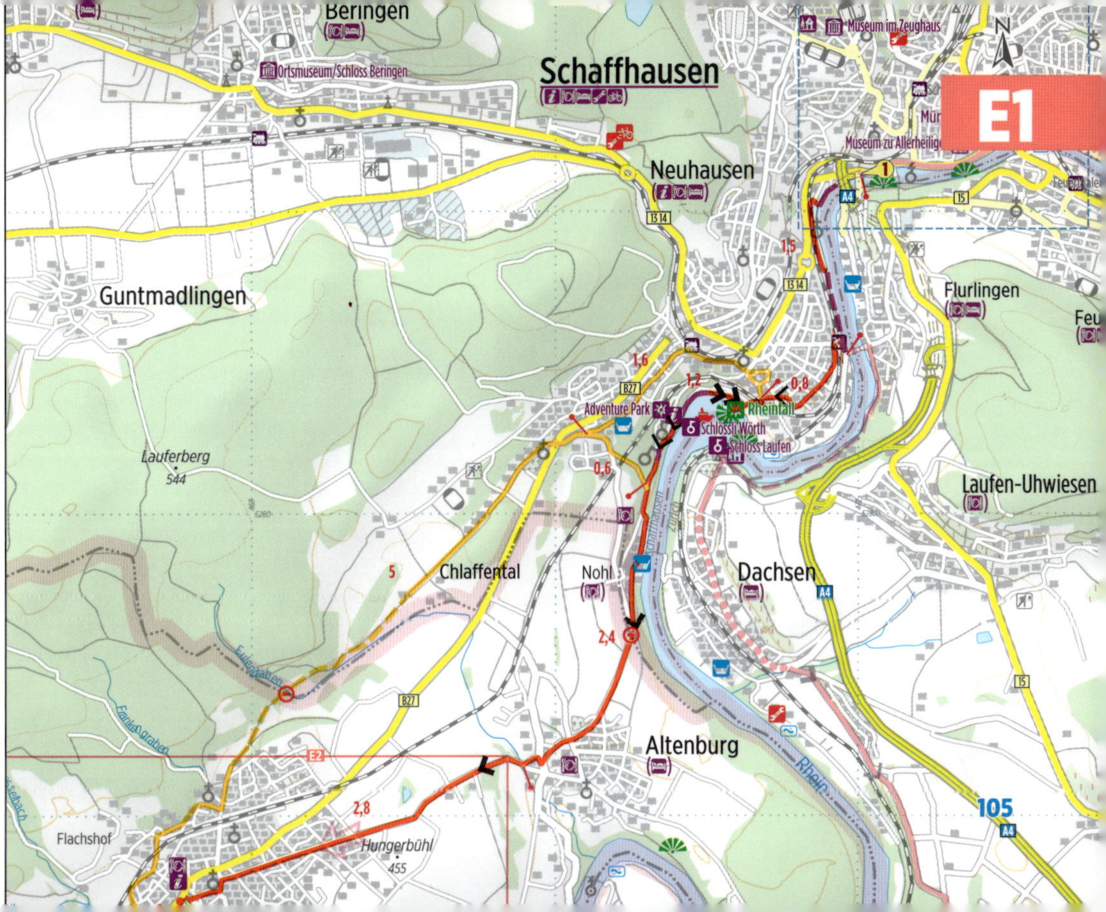

Promenade vor zum **Schlössli Wörth**, wo Sie eine Schifffahrt zum mittleren Felsen des Rheinfalls unternehmen können.

Neuhausen a. Rheinfall (CH) ≈km 47

PLZ: CH-8212; Vorwahl: 052

Info-Shop Rheinfall, Rheinfallquai, ✆ 6324020, www.schaffhauserland.ch

Schiffsbetrieb Rhyfall-Mändli, Rheinfallquai 30 ✆ 6724811. Von Ende März bis Okt. täglich verschiedenen Linien- u. Ausflugsfahrten.

Rheinfall. Der Rheinfall, der größte Wasserfall Europas, ist in etwa 16.000 Jahre alt. Er hat eine Höhe von 23 m und eine Breite von 150 m, pro Sekunde stürzen hier rund 600 m³ Wasser in die Tiefe. Dieses eindrucksvolle Schauspiel kann sehr gut vom Restaurant Schlössli Wörth oder vom Restaurant Schloss Park im Rheinfallbecken besichtigt werden. Die direkt im Rheinfall stehenden Plattformen „Känzeli" und „Fischetz" können vom Schloss Laufen auf einem Fußweg, der direkt an den tosenden Wassermassen vorbeiführt, erreicht werden. Interessant ist sicher auch eine Schifffahrt, die zum mittleren Felsen des Rheinfalls führt und der auch erklommen werden kann. Weitere Infos auf s. S. 80

Adventure Park Rheinfall, Nohlstraße, ✆ 6701960, ÖZ: Ende März-Ende d. Sommerzeit, tägl. 10-19 Uhr; Beginn der Winterzeit-1. Nov., tägl. 10-17.30 Uhr. Unterschiedliche Kletterparcours.

Neuhausen war einst eine Zollstelle, wo die auf dem Landweg transportierten Güter nach Umgehung des Wasserfalls wieder auf Schiffe umgeladen wurden. Die Wasserburg (Schlössli Wörth) auf der Insel unterhalb des Rheinfalls stammt aus dem 12. Jahrhundert.

Am **Info-Shop** geradeaus weiter ⤳ die Straße führt nun wieder bergauf ⤳ am Parkplatz links ⤳ links auf die Straße einbiegen ⤳ am Beginn von **Nohl** dem Linksbogen folgen ⤳ nach der Siedlung mit einer kräftigen Steigung hinauf zum Zoll ⤳ am Grenzübergang links ⤳ weiter nach Altenburg.

Altenburg (D)

An der T-Kreuzung im Ort rechts Richtung Zürich, Schaffhausen und Jestetten ⤳ gleich darauf wieder links in die Straße **Herrenacker** ⤳ an der nächsten T-Kreuzung rechts in die **Jestetter Straße** ⤳ es geht steil bergauf ⤳ die Route führt nach Jestetten hinein.

Jestetten (D)

PLZ: D-79798; Vorwahl: 07745

Gemeindeverwaltung, Hombergstr. 2, ✆ 92090, www.jestetten.de

Schwimmbad, Waldshuter Str. 13, ✆ 1220

An der T-Kreuzung links in die **Kirchstraße** ⤳ an der Kirche vorbei und nach der Kirche rechts ⤳ an der nächsten T-Kreuzung wieder rechts ⤳ **2** kurz darauf links auf die **B 27** ⤳ am Kreisverkehr bei der Ortsausfahrt geradeaus ⤳ unter der Bahn hindurch ⤳ links auf den Radweg Richtung Lottstetten ⤳ im Auf und Ab entlang der Gleise bis Lottstetten.

Lottstetten (D)

AUSFLUG

Wer die Reise mit einem reizvollen Abstecher ergänzen will, kann von Lottstetten den Ausflug über Buchberg nach Eglisau starten. Auf dieser Strecke müssen Sie allerdings mit einigen, auch steilen, Anstiegen und Gefällestrecken rechnen. Allerdings werden Sie für Ihre Mühe mit tollen Ausblicken ins Rheintal, etwa von der Kapelle in Buchberg, belohnt. Wer allerdings über weniger sportliche Ambitionen verfügt und dennoch Eglisau nicht versäumen möchte (auch als Anschluss an die linksrheinische Variante geeignet), kann dies später auch von Hüntwangen aus tun.

Ausflug nach Eglisau — 12,5 km

Am Ortsanfang von Lottstetten links in den **Dornenweg** und über die Bahngleise rechts in die **Wettegasse** an der Kreuzung mit der Hauptstraße geradeaus in die **Nacker Straße**

Jestetten, Klosterinsel

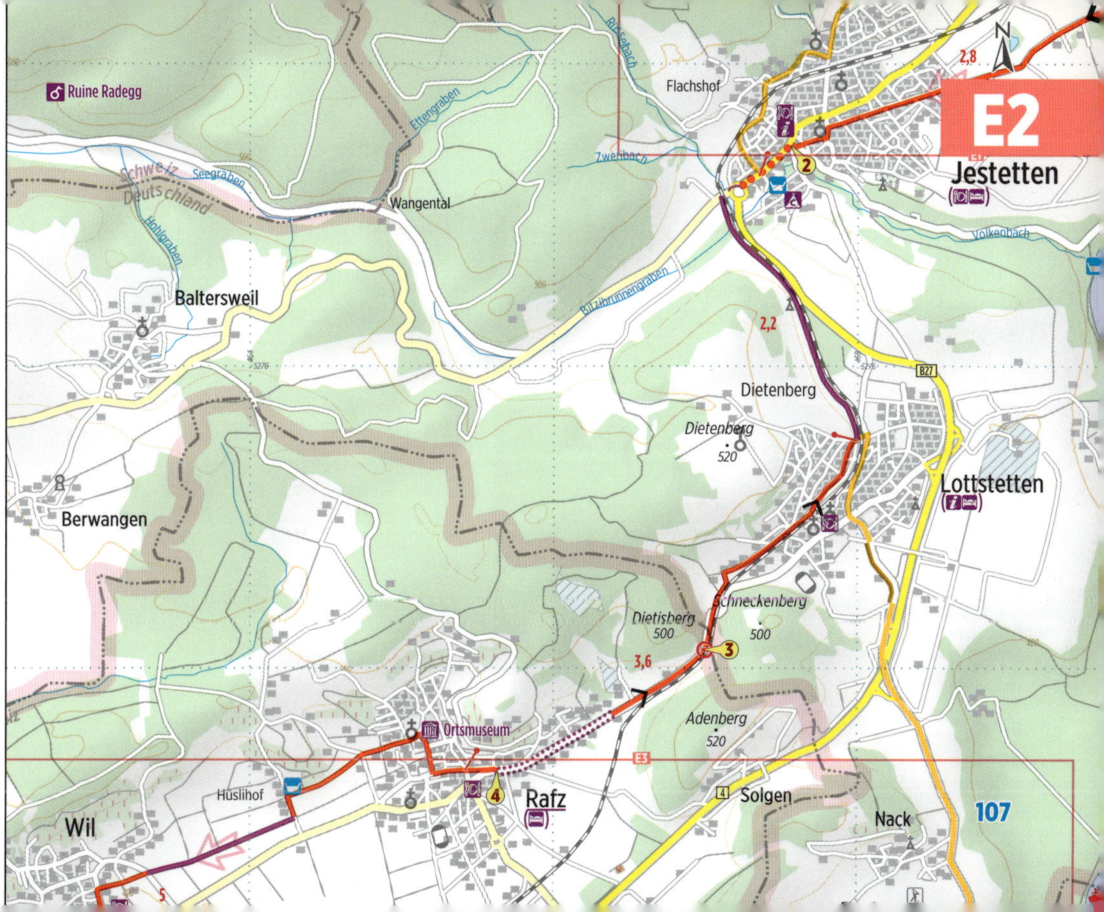

die Bundesstraße überqueren ⤳ dem Verlauf der Straße durch **Nack** folgen ⤳ vorbei am Golfplatz ⤳ an der nächsten großen Kreuzung geradeaus nach Steinenkreuz und Buchberg ⤳ dem Straßenverlauf bergan folgen bis **Steinenkreuz** ⤳ an der Kreuzung schräg links nach Buchberg ⤳ wieder bergauf bis zur **Kapelle**, an dieser vorbei in den Ort hinein ⤳ dem Verlauf der **Dorfstraße** durch den Ort folgen ⤳ nach den letzten Häusern rechts in die **Bettliackerstraße** ⤳ am Ende der Straße links

Eglisau

in die **Eglisauerstraße** ⤳ dem kurvenreichen Verlauf bis Eglisau folgen.

Eglisau (CH) ≈km 75

PLZ: CH-8193; Vorwahl: 044

- **Verkehrsverein,** Untergasse 25, ✆ 8673612, www.eglisau.ch
- **Rheinschifffahrten Wirth,** Alte Landstr. 34, ✆ 8671715, Schifffahrten zwischen Rheinfelden-Eglisau-Tössegg-Rüdlingen und Ellikon.
- **Bauernmuseum,** Wilerstr. 14, ✆ 079/3407690, ÖZ: jeden 2. So im Monat, 14-16 Uhr od. n. V. Bäuerlicher Alltag im Wein- u. Ackerbau u. der Waldwirtschaft.
- **Ortsmuseum Weierbachhus,** Weierbachstr. 6, ✆ 043/8107527, ÖZ: jeden 1. So im Monat, 14.30-17 Uhr, Führungen n. V.
- **Städliführungen** n. V., ✆ 043/8107527 (Gioia Stamm).
- **Velos-Motos Hebeisen,** Seglingen, Zürcherstr. 17, ✆ 8671940

Eingebettet in sonnigen Rebbergen liegt Eglisau, die Oase am Zürcher Rhein. Das alte Städtchen ist geprägt durch stattliche Bürgerhäuser mit hohen Giebeln, romantischen Lauben und viel handwerklichem Schmuck. Die historische Stadtsilhouette am Rhein übt wohl eine unwiderstehliche Anziehungskraft aus. Die Terrassen der Gasthöfe laden geradezu ein, bei einem Glas „Eglisauer" die Rheinlandschaft zu genießen. Zu den Wahrzeichen von Eglisau gehört aber auch das 60 Meter hohe Eisenbahnviadukt, mit einzigartiger Sicht auf die Flusslandschaft.

VARIANTE Sie können von Eglisau auch weiter am Rhein entlang bis Hohentengen radeln und ersparen sich das etwas verkehrsreichere Stück zwischen Wasterkingen und Günzgen.

Am Ortseingang von Lottstetten rechts in den Dornenweg ⤳ gleich danach wieder links in die Wiesenstraße ⤳ geradeaus durch das Wohngebiet ⤳ an der Bahnbrücke links halten ⤳ nach dem Ortsausgang die Zollstation passieren **3** ⤳ für kurze Zeit verläuft die Route erneut auf Schweizer Boden, der Wechsel ist eigentlich nur daran zu erkennen, dass hier rote statt weiße Schilder den Weg weisen ⤳ der Radweg mündet in die Landstraße, es geht in gleicher Richtung weiter ⤳ auf Höhe einer Ziegelei schwenkt die Bahn weg, es geht nach Rafz.

Rafz (CH)

PLZ: CH-8197; Vorwahl: 044

- **Ortsmuseum Rafz,** Oberdorf 2, ✆ 044/8690141, ÖZ: April-Nov., 2. So im Monat, 14-17 Uhr. Themen: Landwirtschaft und Flachsverarbeitung, bäuerliches Handwerk und Leben.

4 Von der Landstraße rechts weg in die **Marktgäss** ⤳ nach 500 m rechts in die **Dorfstraße**

E3
Oberhof
Hüslihof
Wil
Rafz
Solgen
Nack
Gnüll
590
Eisenberg
450
Hüntwangen
Wasterkingen
Günzgen
Herdern
Landbach
Eglisau
Bauernmuseum
Ortsmuseum
Honegg
495
Rüdlingen
Naturzentrum Thurauen
Schlafen
Rheinsfelden
Rhein
Seglingen
Buchberg
Zweidlen-Hard
Tössriederen
Glattfelden
Zweidlen
A50
E2
E4
2,8
5,5
4,2
0,4
0,8
8,5
4
5
Dorfstr.

~ vor der Kirche wendet sich die Route nach links und führt geradeaus aus Rafz hinaus ~ an der Wegkreuzung geradeaus ~ am Freibad vorbei ~ gleich dahinter links und noch vor der Landstraße wieder nach rechts auf Wil zu.

Wil (CH)

In **Wil** bei der Stopptafel nach links ~ an der Gabelung rechts auf der **Bahnhofstraße** bleiben ~ an der **Schützenhausstraße** rechts ~ gleich darauf wieder links ~ an der kleinen Querstraße rechts ~ vor Hüntwangen unter einer Straße durch.

Hüntwangen (CH)

An der **Dorfstraße** rechts ~ **5** im Ortszentrum links in die **Meierstraße**.

VARIANTE Wenn Sie an der nächsten Kreuzung links in die Bahnhofsstraße einbiegen, können Sie nach Eglisau am Rhein und auf die Schweizer Routenführung wechseln.

Eglisau (CH) s. S. 108

Weiter zur Bahnhofsstraße und geradeaus in die **Friedhofstraße** ~ hinter Hüntwangen am Fuße der Hänge geradeaus nach **Wasterkingen** ~ wieder bei der Landstraße angekommen, dem kurzen Begleitradweg folgen, danach direkt auf der Straße weiter ~ **6** vor **Günzgen** passiert die rechtsrheinische Route bis Basel das letzte Mal die Grenze nach Deutschland ~ bis Hohentengen nun einfach geradeaus weiterfahren ~ in der Ortsmitte knickt die Durchgangsstraße mit einem Gefälle rheinwärts ab, und die Route führt wieder zum Fluss hin.

Hohentengen am Hochrhein (D) ≈km 82

PLZ: D-79801; Vorwahl: 07742

- **Verkehrsamt,** Kirchstr. 4, ✆ 8530 od. ✆ 85350, www.hohentengen.de
- **Burg Rotwasserstelz** (12. Jh.), westlich von Hohentengen. Die Burg wird auch Schloss Rötteln genannt und war auch Sitz des Obervogtes von Kaiserstuhl.
- **Burgruine Weißwasserstelz** (12. Jh.), westlich von Rotwasserstelz. Gemeinsam mit den Burgen Rotwasserstelz und der schon verschwundenen Burg Schwarzwasserstelz am anderen Rheinufer konnte der Warenverkehr an dieser engen Rheinstelle von den Burgherren gut kontrolliert werden. Heute sind noch einige Mauerreste erhalten.
- **Weingut Engelhof,** Engelhof 1, 2 km westlich, ✆ 7497, ÖZ: Mo-Fr 9-12 Uhr u. 14.30-18 Uhr, Sa 9-13 Uhr u. n. V. Kultur im Weinberg, Degustation, Hofverkauf
- **Schwimmbad,** Badstr. 21, ✆ 1841
- **Schneider Bikes,** Reinhalde 40, ✆ 1866
- **Firma Rehm,** Hauptstr. 90, ✆ 5757

Schloss Rotwasserstelz in Hohentengen

Im südlichsten Weingut Deutschlands, am Engelhof bei Hohentengen, werden Weine von den Sorten Traminer, Weißer und Grauer Burgunder oder Spätburgunder durch biologischen Säureabbau hergestellt. Dies bewirken die natürlicherweise im Rebberg und Keller vorhandenen Mikroorganismen – die Milchsäurebakterien. Diese Prozedur ist ein altes traditionelles Entsäuerungsverfahren, welches heute vor allem in der Schweiz intensiv gepflegt wird und einen wesentlich geringeren Schwefelbedarf ermöglicht.

Von Hohentengen nach Waldshut 21,5 km

7 Am Ortsausgang beginnt auf der linken Seite ein straßenbegleitender Radweg ~ nach dem renommierten Weingut **Engelhof** wird die Straße leicht abschüssig ~ hinter dem nächsten Ort Lienheim fällt die Straße weiter auf Flussniveau ab.

E4
Schlossberg
Küssaburg
635
Hasle
670
Wannenberg
690
Vieletschen
Schluchenbach
Dangstetten
Küßnach
Bergöschingen
Stetten
Flumbach
Herzlegraben
Weilergraben
Bercherhof
Badgraben
Eichbühl
415
Guggenmühle
Steinlebach
4
4,2
Herdern
Landbach
6,5
Reckingen
Weißwasserstelz
Engelhof
Weingut Engelhof
Grassergraben
Lienheim
8
7
2,5
Burg Rotwasserstelz
Schlafen im Stroh
Rhein
Oberer Turm
Badi
Kaiserstuhl
Hohentengen
am Hochrhein
kingen
Mellikon
Rümikon
Fisibach
Weiach
111
Wislikofen
Mellstorf
Böbiken
dingen
Stein
545

Lienheim (D)

PLZ: D-79801; Vorwahl: 07742

Schwimmbad, Rümikoner Str. 18, ✆ 6172

8 Am Ortsende beginnt linker Hand ein Radweg ~ der Radweg entfernt sich von der Bundesstraße und führt am Rhein entlang ~ etwas später entfernt sich der Weg entgültig von der Bundesstraße ~ auf der **Kraftwerksstraße** geradeaus nach Reckingen.

Reckingen (D)

Am Brunnen rechts, gleich danach links in die **Reinheimer Straße** ~ der Wirtschaftsweg bringt Sie zurück zur Bundesstraße ~ entlang der Bundesstraße nach **Rheinheim** ~ die Radroute geht zunächst in eine Sackgasse weiter ~ am Ende der Gasse setzt dann ein Fußweg ein und fällt bald steil ab ~ unten bei der Querstraße angelangt, geradeaus in den **Seilerweg** ~ in Fortsetzung des Seilerweges geht es nach Überquerung der **Zurzacher Straße** in die **Austraße** weiter.

AUSFLUG Links in die Zurzacher Straße können Sie einen Abstecher über den Rhein nach Bad Zurzach (s. S. 84) machen.

Küssaberg-Rheinheim (D)

PLZ: D-79790; Vorwahl: 07741

Tourist-Info Küssaberg, Gemeindezentrum 1, ✆ 600145 od. ✆ 0170/1840153, www.kuessaberg.info

E-Bike-Verleih in der Tourist-Info, Gemeindezentrum 1, ✆ 600145 od. ✆ 0170/1840153

Hoppe Bikes, Zurzacherstr. 18, ✆ 64978

Vorbei am Rathaus und aus Rheinheim hinaus ~ nach dem Ortsende geradeaus auf den Güterweg ~ an der T-Kreuzung rechts ~ danach begleitet die Route kurz wieder die Landstraße ~ vor dem Campingplatz von **Kadelburg** erneut rheinwärts von der Straße wegfahren ~ am Ufer entlang in die Ortsmitte von Kadelburg.

Küssaberg-Kadelburg (D)

An der Kreuzung nicht auf die Hauptstraße auffahren, sondern

E6
Gurtweil
Stunzingen
485
Glockenberg
430
Vitibuckturm
Maria Himmelfahrt
Schloss Tiengen
Storchenturm
Hist. Holzbrücke
Eschbach
Waldshut
Gottesackerkapelle
Wildgehege
Kaiserstraße
Rathaus
Eisenbahnstraße
Dogern
Full
Homburg
Ettikon
Ettikoner Hof
Schmittenau
Koblenzer Lauffen
Kadelburg
Schweizerisches Militärmuseum
Festungsmuseum
Besucherzentrum KKW
Reuenthal
Felsenau
Koblenz
Barz
Küssaberg
Schlafen im Stroh
Rietheim
Leibstadt
Solebohrtürme
Deutschland
Schweiz
Rhein
Wutach
Konstanzer Str.
Koblenzer Str.
Auweg
Hauptstr.
B500
B34
A98
L160
L161
E5
E7
113
0,8
0,6
2,4
2,5
5,7

links in die anfangs gepflasterte Straße ⇝ an der nächsten Kreuzung leicht rechts versetzt in die **Rheinstraße** ⇝ rechts in die **Schanzstraße** ⇝ am **Holunderweg** rechts ⇝ links in den **Soolweg** ⇝ auf der kleinen Straße durch die Felder ⇝ nach 1 km geht es mit einem Knick wieder zur Landstraße ⇝ vor **Ettikon** von der Landstraße wegfahren und an der ersten Kreuzung rechts in die **Ringstraße** ⇝ bei der nächsten Gelegenheit erneut rechts ⇝ an der T-Kreuzung links ⇝ am nächsten Abzweig rechts in die **Waldstraße** ⇝ bevor die Landstraße erreicht ist, zweigt die Hauptroute links nach Waldshut ab.

AUSFLUG Wer vor der Weiterfahrt kurz Waldluft schnuppern und Tiengen am Rande des Schwarzwaldes besichtigen möchte, folgt geradeaus dem Radwegweiser nach Tiengen über die Straße zur Siedlung Homburg. Auf dem Rückweg aus Tiengen können Sie entlang der B 34 wieder zur Hauptroute stoßen.

Ausflug nach Tiengen 5,6 km

Nach Überquerung der Landstraße bei **Homburg** gleich nach rechts ⇝ nach den letzten Häusern geradeaus auf einen nicht ganz ebenen Forstweg ⇝ leichte Steigung, nach

Waldshut-Tiengen

800 m im Wald quert eine Straße, hier links weiter ⇝ hinab zum Flüsschen Wutach und über die historische Holzbrücke ⇝ drüben auf der **Wutachstraße** fast bis zur stark befahrenen Klettgaustraße vorfahren und rechts in die **Ostpreußenstraße** ⇝ diese wird bis zum Ende durchfahren ⇝ hier geht's links über die Durchgangsstraße in die **Heckerstraße** ⇝ diese führt zur Fußgängerzone, wo es linksherum durch die Altstadt geht ⇝ hier sind das Alte Schloss und am Ende der Straße der Storchenturm zu finden.

Tiengen (D)

PLZ: 79761; Vorwahl: 07741

- **Tourist-Info,** Bürgerservice im Rathaus, Hauptstr. 36, ✆ 833440, www.waldshut-tiengen.de
- **Klettgau- und Heimatmuseum,** Schloßpl. 1, ✆ 07751/969557, ÖZ: April-Okt., Do 16-18 Uhr, So 10.30-11.30 Uhr. Geschichte der Stadt und Leben des Komponisten Heinrich Kaminski (1886-1946), der in Tiengen geboren wurde.
- **Pfarrkirche Maria Himmelfahrt.** Die barocke Kirche des Vorarlberger Baumeisters Peter Thumb mit stattlichem Turm wurde 1753-55 erbaut, sehenswert auch das Deckengemälde des Nürnberger Malers Eusebius Gabriel.
- **Schloss Tiengen,** Schlossplatz. Der einstige Sitz der Sulzer Landgrafen wurde nach langer Baugeschichte 1619 abgeschlossen. Klettgau-und Heimatmuseum.
- **Storchenturm,** Weiherg. 10. Der Unterbau des ehemaligen Wehrturmes stammt aus dem 13. Jh., das Obergeschoss mit Dach aus dem 15. Jh., außerdem sind Reste der Stadtmauer zu sehen.
- **Vitibuckturm,** nördlich der Stadt. Der Turm auf dem Tiengener Hausberg bietet einen wunderschönen Blick auf die Umgebung.
- Die **Bürgerhäuser** sind teilweise mit historischen Wandgemälden verziert.
- **Historische Holzbrücke** an der Wutach
- **Radsport Baumbach,** Klettgaustr. 24, ✆ 671440

Das Zusammentreffen von vier Flusstälern – des Rheins, der Wutach, der Steina und der Schlücht – macht den besonderen Reiz der Landschaft aus, in deren Mitte das anmutige „Städtle" Tiengen liegt.

Stadtauswärts wieder retour bis zur **Wutachstraße** ⁓ Tiengen am Radweg entlang der **Klettgaustraße** und der **Waldshuterstraße** verlassen.

Ettikon (D)

Auf der Hauptroute ab Ettikon entlang der Landstraße nach Waldshut ⁓ **9** bei einem Knotenpunkt mit der B 34 erwartet Sie eine Fahrt im Zickzack: Das Flüsschen Wutach wird auf einer getrennten alten Brücke überquert ⁓ danach geht es rechtsherum, dem asphaltierten Weg folgend, unter der Landstraße durch ⁓ nach links gewendet, zur **B 34,** wo der Radweg aus Tiengen quert ⁓ die Hauptroute begleitet nun die Bundesstraße nach links ⁓ 100 m weiter geht es durch eine Unterführung auf die rechte Seite der **B 34** ⁓ auf dem straßenbegleitenden Radweg am Gewerbegebiet entlang und weiter Richtung Waldshut ⁓ die Hauptstraße nach Koblenz in die Schweiz zweigt ab, auf dieser Höhe die Hauptstraße überqueren ⁓ geradeaus in die **Züricher Straße** ⁓ links in die **Klingnauer Straße** ⁓ bei der nächsten Möglichkeit rechts in die **Koblenzer Straße** ⁓ geradeaus in den **Jahnweg** ⁓ **10** an der Minigolfanlage geradeaus in den unbefestigten Weg ⁓ direkt am Rheinufer entlang.

INS ZENTRUM Vom Fähranleger aus können Sie rechts einen Abstecher hinauf in die historische Altstadt machen

Waldshut (D) ≈km 105

PLZ: D-79761; Vorwahl: 07751

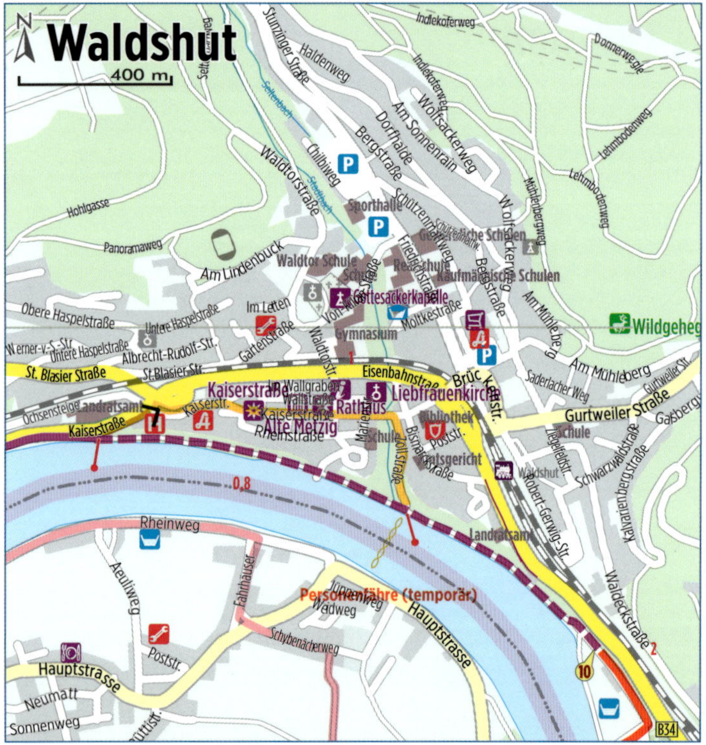

Tourist-Information, Wallstr. 26, ✆ 833200, www.waldshut-tiengen.de

Fähre Full-Waldshut, Peter-Thumb-Str. 1, ✆ 07741/833601, Fährzeiten: April-Okt., Mo, Mi-Sa 9-17 Uhr, So/Fei 13-17 Uhr, Nov.-März, Mo, Mi-Sa 9-17 Uhr.

Heimatmuseum Alte Metzig, Kaiserstr. 62, ✆ 833200, ÖZ: So 14-17 Uhr. Im historischen Gebäude aus 1588 und beherbergt eine Dauerausstellung zur Stadtgeschichte und wechselnde Ausstellungen zu Kunst und Kultur.

Liebfrauenkirche, Marienstr. 8. Die Kirche wurde um 1800 gebaut, und weist einige gotische Mauerreste auf, das Innere stellt einen vorzüglich ausgestatteten klassizistischen Saalraum dar.

Gottesackerkapelle (auch Friedhofskapelle), im Alten Friedhof im Stadtzentrum. Erbaut 1683 mit flacher Kassettendecke, Barockaltären von 1683 und 1710 und einer Nachbildung des Heiligen Grabes anstelle des Altars.

Kaiserstraße. Die malerische Hauptstraße von Waldshut wird von zwei sehenswerten Stadttoren aus dem 13. Jh. begrenzt und ist mit Geschäfts- und Zunfthäusern aus dem 16.-18. Jh. bestückt, die kunstvolle Reliefverzierungen und typische, weit vorgebaute Holzgiebel mit ihren Schopfwalmen („Hotzenhauben") zeigen.

Rathaus, Kaiserstraße. Zu dem schmucken Bau von 1770 lieferte möglicherweise Johann Kaspar Bagnato die Pläne.

Wildgehege, Am Sonnenrain 4, ✆ 3431, ÖZ: Sommer 8-20 Uhr, Winter 9-18 Uhr.

Mybike, Gartenstr. 10, ✆ 9866286

Der gut erhaltene Stadtkern von Waldshut zwischen dem Unteren und Oberen Stadttor beeindruckt mit seinen prächtigen Bürgerhäusern. Die Stadt zieht ihre Identität aus der Funktion als Brücke zur Schweiz und Tor zum Schwarzwald. Streng genommen ist der Ort schon den östlich an den Schwarzwald angrenzenden Gäulandschaften zuzurechnen. Doch die einstige Waldishute, die „Hüterin des Waldes", und eine Habsburger-Gründung von 1242 waren als vorderösterreichischer Verwaltungssitz nachhaltig an der Entwicklung der Gemeinde- und Gerichtsverfassung auf dem Hotzenwald beteiligt.

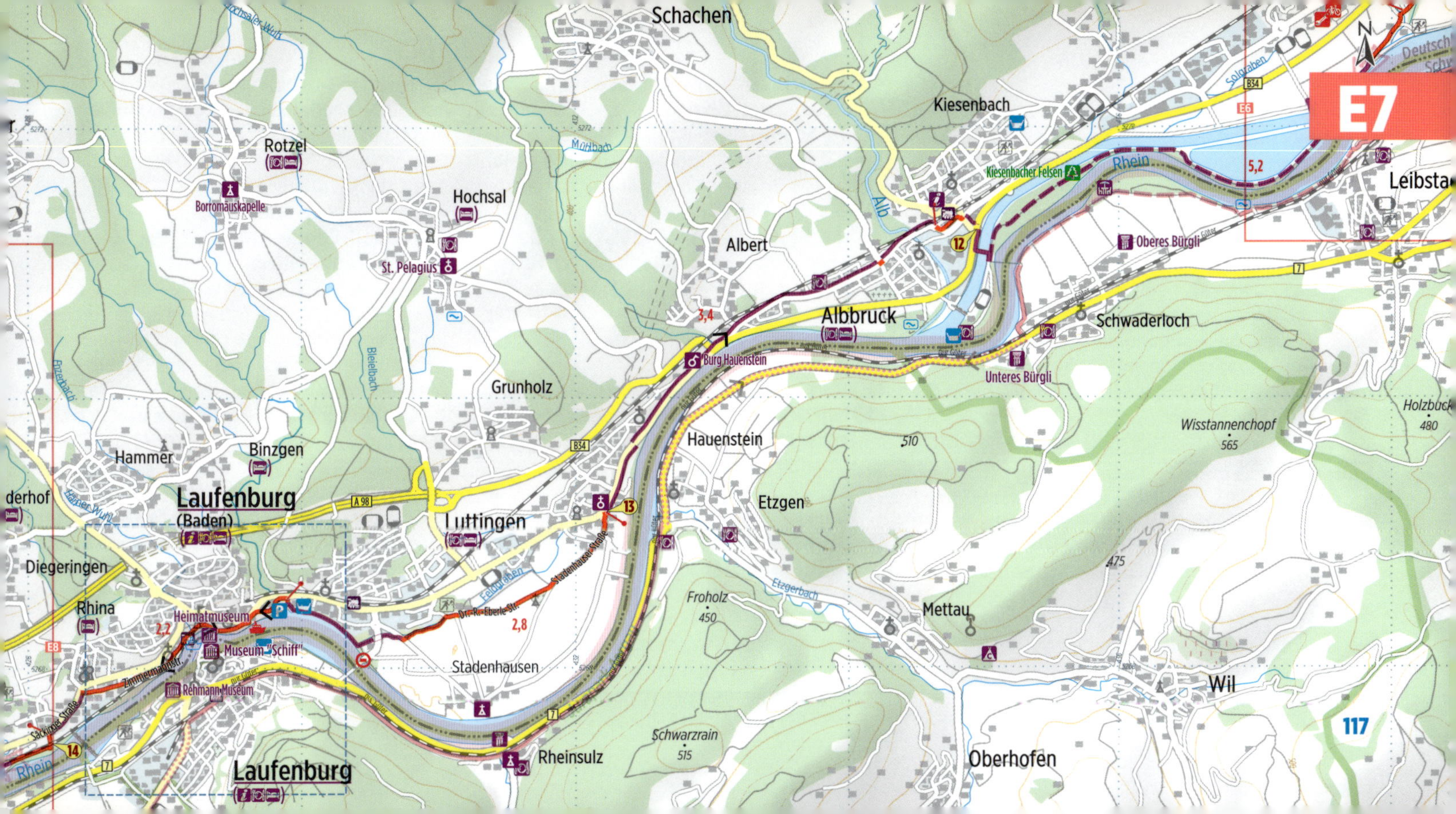
Schachen
Kiesenbach
E7
Leibstadt
Rotzel
Borromäuskapelle
Hochsal
St. Pelagius
Mühlbach
Kiesenbacher Felsen
Rhein
Alb
Albert
Oberes Bürgli
Albbruck
Schwaderloch
Burg Hauenstein
Unteres Bürgli
Grunholz
Hauenstein
Wisstannenchopf
565
Holzbuck
480
510
Hammer
Binzgen
Laufenburg
(Baden)
A 98
B34
Luttingen
Etzgen
Diegeringen
Rhina
Heimatmuseum
Museum "Schiff"
Rehmann-Museum
Stadenhausen
Stadenhauser Straße
Dr.-R.-Eberle-Str.
Zimmermannstr.
Säckinger Straße
Feldgraben
Etzgerbach
Froholz
450
Mettau
475
Wil
Schwarzrain
515
Rheinsulz
Oberhofen
Laufenburg
3,4
5,2
2,8
2,2
12
13
14
117

Von Waldshut nach Laufenburg *15,2 km*

Die Hauptroute verläuft weiterhin direkt am Rheinufer entlang ~ nach dem kurzen Anstieg links auf den straßenbegleitenden Radweg ~ die Route begleitet nun die Bundesstraße bis vor Liedermatten und wählt dort rheinwärts den **Auweg** **11** ~ ein **Umspannwerk** umfahren und danach geradeaus in Flussrichtung an der **Kläranlage** vorbeiradeln ~ am Ende der Gewerbezone gerade auf einen Weg abzweigen, dieser führt durch einen kleinen Rest von der Au nach Dogern.

Dogern (D)

PLZ: D-79804; Vorwahl: 07751

Zweirad Martin, Hauptstr. 3, ✆ 910266

Die Hauptroute führt hier geradeaus am Rhein entlang nach Albbruck weiter ~ nach einigen Höfen am Damm entlangradeln ~ darauffolgend beschreibt der Weg einen Schlenker landeinwärts, um auf eine Querstraße scharf links einzubiegen ~ auf dieser über den Werkkanal ~ jetzt wird, dem Rheindamm folgend, in der Abgeschiedenheit einer industriell geprägten Landschaft ein künstliches Wasserbecken umrundet ~ wieder zum Werkkanal und diesen auf einem Schotterweg bis kurz vor Albbruck begleiten ~ dort überquert die Route auf der ersten Brücke den Kanal und unterquert die Bundesstraße **12**.

An der Kreuzung danach links und bei der Linkskurve der Straße geradeaus vor zu einer Fußgängerbrücke ~ vor dieser Brücke links ~ die Route führt entlang der Gleise weiter.

Albbruck (D) ≈km 112

PLZ: 79774; Vorwahl: 07753

- **Verkehrsverein**, Schulstr. 6, ✆ 930104, www.albbruck.de
- **Pfarrkirche St. Pelagius in Hochsal**, 5 km westlich. Das gotische Langhaus entstand im 14. Jh. nach dem Vorbild des Säckinger Münsters mit spitzbogigen Arkaden, der riesige Chorturm, im Volksmund „Alte Hotz", kam im 15./16. Jh. hinzu. Er ist auch Wahrzeichen für die gläubigen Menschen des Hotzenwaldes.
- Die **Burg Hauenstein** wurde wahrscheinlich um 1100 zur Sicherung des Klosters Säckingen erbaut.
- **Kiesenbacher Felsen**, 2 km nordöstlich. Naturdenkmal am linken Rheinufer. In der „Kiesenbacher Fluh" am Rheinuferweg bei Niederwasser sichtbare Gletschermühle.

Die Straße knickt bald nach rechts ab, hier geradeaus in die **Hauensteiner Straße** ~ weiter in die nächste Ortschaft **Albert** ~ bei der Weggabelung mit einer großen Linde geradeaus ~ mit Schwung zur Bundesstraße hinunter ~ die Route führt nach Luttingen hinein ~ **13** bei der Kirche links in die **Stadenhauser Straße**, Richtung Friedhof.

Laufenburg-Luttingen (D)

Beim Friedhof an der Gabelung rechts in die **Dr.-Rudolf-Eberle-Straße** ~ die Kreuzung geradeaus überqueren ~ an der Querstraße rechts und gleich darauf wieder links ~ unter einer Brücke hindurch und in einer Rechtskurve eine Brücke überqueren ~ nach der Überquerung einfach weiter am Rhein entlang nach Laufenburg.

In Laufenburg auf der **Andelsbachstraße** Richtung Ortszentrum ~ die Andelsbachstraße führt im badischen Laufenburg über den namensgebenden Bach und tangiert wieder die Durchgangsstraße, die **Waldshuter Straße** ~ links in die **Hauptstraße**, die durch die sehenswerte Altstadt zur Rheinbrücke hinunterführt.

Laufenburg (D) ≈km 121 (Stadplan s. S. 92)

PLZ: D-79725; Vorwahl: 07763

- **Tourismus- und Kulturamt**, Hauptstr. 26, ✆ 80651 od. ✆ 80649, www.laufenburg.de
- **Hochrheinschifffahrt**, Anlegestelle Andelsbachmündung,

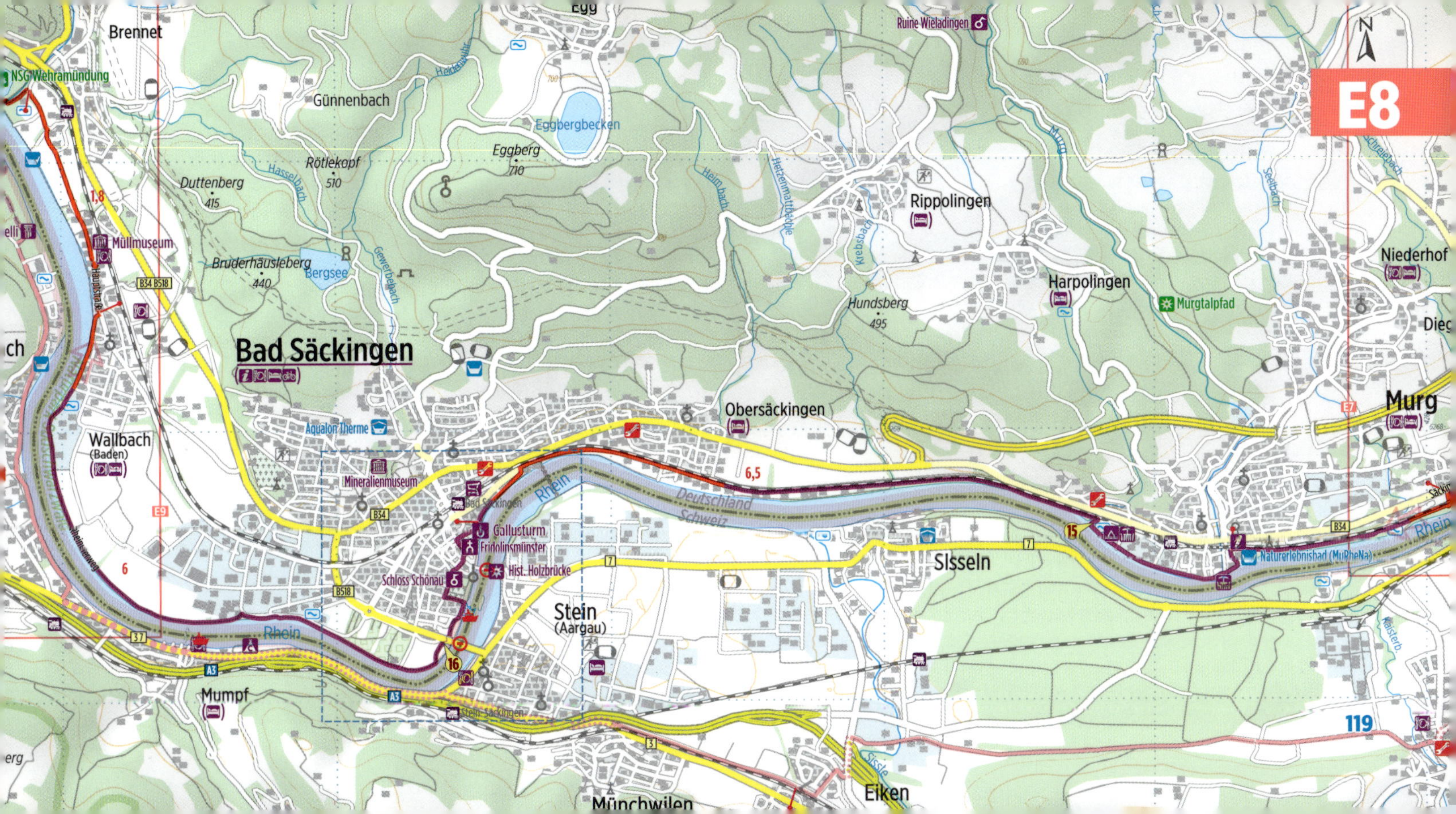
E8
Egg
Brennet
Ruine Wieladingen
NSG Wehramündung
Günnenbach
Eggbergbecken
Eggberg
710
Rötlekopf
510
Duttenberg
415
Hasselbach
Heim bach
Hetzenmattbächle
Murg
Schneisbach
Seelbach
Rippolingen
Niederhof
Harpolingen
Murgtalpfad
Hundsberg
495
Krebsbach
Müllmuseum
Hauptstr.
B34 B518
Bruderhäusleberg
440
Bergsee
Gewerbebach
Bad Säckingen
Obersäckingen
Murg
Aqualon Therme
Wallbach
(Baden)
Mineralienmuseum
Bad Säckingen
Rhein
Deutschland
Schweiz
6,5
1,8
6
Gallusturm
Fridolinsmünster
Hist. Holzbrücke
Schloss Schönau
Sisseln
Naturerlebnisbad (MuRheNa)
B34
B518
Stein
(Aargau)
Rhein
16
15
A3
37
Mumpf
Stein-Säckingen
3
7
Münchwilen
Eiken
Sissle
Kaisterb.
119
Dieg
ch
elli
erg

✆ 801954 od. ✆ 0173/3293147. Rundfahrten, Themenfahrten

Heimatmuseum „Maria Grün“, Bahnhofstraße, ✆ 3774. Das Gebäude beherbergt die Zunftstube der Narro-Altfischerzunft und ist kein Museum im herkömmlichen Sinne. Trotzdem gibt es Holzlarven und Narronen-Gewändle der Fasnachtszunft zu sehen.

„Schlössle“, auf der Anhöhe über der Stadt. Die herrschaftliche Villa verdankt ihre Existenz Mary Codman-Beikamp, einer um die Jahrhundertwende in Laufenburg lebenden, wohltätigen Amerikanerin, und ist stilistisch eine Nachempfindung der französischen Renaissance und des Barocks. Heute wird es für Kulturveranstaltungen genutzt. Im Erdgeschoss befindet sich ein Restaurant. Von hier hat man außerdem eine herrliche Aussicht auf die Schwesterstadt Laufenburg/Schweiz.

Das historische Laufenburg – ein Detail

Der Rhein suchte nach der Eiszeit seinen Weg zwischen dem Schwarzwald und dem Tafeljura durch den Riegel aus rotem Gneis und schuf so an der engsten Stelle eine nur 12 Meter breite Schlucht mit den berühmten Stromschnellen, dem „Louffen“. Dass Laufenburg heute in zwei Ländern liegt, ist ein Ergebnis der Napoleonischen Kriege. 1801 wurde im Frieden zu Lunéville das Fricktal der Helvetischen Republik, Kanton Aargau, zugeschlagen und der Rhein zur Landesgrenze erklärt. Trotz der nunmehr 200 Jahre alten Teilung haben die beiden Laufenburg eine gemeinsame Identität bewahrt. So werden die meisten Feste gemeinsam gefeiert, wie die berühmte alemannische Fasnacht der Laufenburger Narro-Alt-Fischerzunft von 1386. Vereine werben ihre Mitglieder hüben wie drüben an. Der Fischreichtum und die Möglichkeit, über den Rhein hier eine Brücke schlagen zu können, dürften einst zur Gründung von Laufenburg geführt haben. Um 1173 wurde das Fricktal und damit Laufenburg unter den Schutz des Hauses Habsburg gestellt. 1985 erhielt die sogenannte „mehrere Stadt“ den renommierten Henri-Louis-Wakker-Preis für vorbildliche Ortspflege zugesprochen. So beeindruckt das Städtchen nicht mit aufregenden Objekten, sondern vielmehr mit dem reizvollen Ensemble seiner Bürgerhäuser.

Von Laufenburg nach Rheinfelden 31,1 km

Die Route am badischen Nordufer steuert die „Trompeterstadt“ Bad Säckingen an ~ nach der Zollbrücke in Laufenburg am Uferweg zur Talkante hinauf und dem Weg zur Linken über die Bahn folgen ~ auf der in den Felsen gehauenen **Bahnhofstraße** in den Ortsteil Rhina.

Rhina (D)

Der **Zimmermannstraße** folgen bis zur Einmündung in die Säckinger Straße, hier links halten ~ danach links in den Kraftwerkweg und die Bahnlinie überqueren **14** ~ an der Bahn entlang und am Murger Naturerlebnisbad vorbei ~ auf einer Brücke die Hauensteiner Murg überqueren.

Murg (D) ≈km 124

PLZ: D-79730; Vorwahl: 07763

Tourist-Info, Hauptstr. 52, ✆ 9300, www.murg.de

Murgtalpfad. Wildromantische Felsenschlucht mit themenbezogenen Stationen und Planwagenfahrten durch's Murgtal.

Naturerlebnisbad „MuRheNa“, Am Freibad, ✆ 1072. Ein einmaliges Badeerlebnis in chlorfreiem Wasser bietet das Bad direkt am Radweg.

Radsport Matt, Rothenbächlestr. 3, ✆ 20697. Schlauchautomat

15 Rechts und gleich danach links abbiegen und an der Bahn entlang bis Bad Säckingen ~ vorbei am Wehr von Obersäckingen ~ beim nächsten Bahnübergang rheinwärts halten ~ auf der **Rheinallee** ins Zentrum von Bad Säckingen. Rechts in die **Fischergasse** einbiegen ~ der Gasse bis zur Steinbrückstraße folgen ~ links zum **Münsterplatz** ~ weiter geht es in der **Wernergasse,** von hier aus kann zur holzgedeckten **Rheinbrücke** abgezweigt werden ~ auf der Wernergasse geht es in weiterer Folge auch zur Hauptsehenswürdigkeit der Stadt, zum **Schloss Schönau.**

Bad Säckingen (D) ≈km 130

PLZ: D-79713; Vorwahl: 07761

Tourismus GmbH, Waldshuter Str. 20, ✆ 56830, www.bad-saeckingen-tourismus.de

Zweigstelle Hallwyler Hof, Rheinbrückstr. 48, ✆ 5534523

Personenschifffahrt, Sanary Str. 21, ✆ 4441 od. ✆ 0171/6840346 od. ✆ 0049/7761/4441, Juni-Ende Juli u. Mitte Sept.-Anfang Okt., Di, Do, So/Fei 14.30 Uhr, Ende Juli-Mitte Sept., Di-Fr, So/Fei 14.30 Uhr. Fahrten nach Schwörstadt und retour.

Trompetenmuseum, Trompeterschloss – Schloss Schönau, Schönaugasse, ✆ 2217, ÖZ: Di, Do, So 14-17 Uhr, Mai-Okt. auch Mi 14-17 Uhr. Hier sind Trompeten aus 4. Jh. ausgestellt. Weiters Exponate zur Stadtgeschichte,

aus dem Hotzenwald und zur Ur- und Frühgeschichte der Hochrheinregion.

Mineralienmuseum Villa Berberich, Parkstr. 1, ✆ 933697, ÖZ: Mi, So 15-17 Uhr u. n. V. Über 1000 Mineralien aus dem Südschwarzwald, dem Jura und der ganzen Welt.

Fridolinsmünster, Münsterplatz, ✆ 568190, ÖZ: tägl. ca. 8-19 Uhr. Anfänge der Gründung des hl. Fridolin sind infolge eines großen Kirchenbrandes 1272 unbekannt. Karolingische Krypta nach Schema des St. Galler Klosterplanes. Zwischen 1343 und 1360 Errichtung des gotischen Baukörpers. Umfassende Renovierung im 19. und 20. Jh.

Schloss Schönau, Schönaugasse, ✆ 2217. Durch die Herren von Schönau um 1600 anstelle einer früheren wasserburgartigen Anlage erbaut. Typisches Herrenhaus mit polygonalen Ecktürmen und Satteldach. Hochrheinmuseum, bedeutende Trompetensammlung aus vier Jahrhunderten.

Gallusturm, Rheinbadstr. 6. Der Turm wurde 1343 als Wellenbrecher gebaut, weil sich der Rhein hier in einen Haupt- und einen Nebenarm teilte. Heute befinden sich im Turm das Zunftlokal der Bad Säckinger Narren und eine Buchhandlung.

Holzbrücke über den Rhein. Das früheste Zeugnis von einer Rheinbrücke stammt aus dem 13. Jh. Das heutige Bauwerk ist die längste gedeckte Holzbrücke Europas und entstand in seiner Grundkonstruktion im 17.-18. Jh. nach Plänen des bekannten Brückenbaumeisters Baldischwiler. Umfassende Renovierungsarbeiten 1989/90.

Trompeter in Bad Säckingen

Grabmal des Trompeters, an der Nordseite des Fridolinsmünsters. Franz Werner Kirchhofer (1633-1690), Bürger und Ratsherr der Stadt und Maria Ursula von Schönau (1632-91), Tochter des Freiherrn Otto Rudolph von Schönau, sind das historische Liebespaar der Geschichte des „Trompeters von Säckingen“. Sie wurden weltberühmt durch das 1854 erschienene Epos von Joseph Victor von Scheffel.

Waldbad, Bannweg 2, ✆ 7499

Aqualon Therme, Bergseestr. 59, ✆ 56080

Fahrrad Riedl-Leirer, Friedrichstr. 92, ✆ 92130

Sport+Leitern Wassmer, Unter dem Dorf 3, ✆ 8703

Hallwyler Hof, Rheinbrückstr. 48, ✆ 5534523

Die Stadt Bad Säckingen geht ursprünglich auf eine Klostergründung des irischen Mönchs St. Fridolin zurück. Das bald darauf entstehende adelige Frauenstift wird geistiges und kulturelles Zentrum dieser Landschaft. Nach Jahrhunderten österreichischer Herrschaft kommt Säckingen 1805 durch den Pressburger Frieden zu Baden. In der Mitte des 19. Jahrhunderts erscheint dann Scheffels „Trompeter von Säckingen“, der die Stadt weithin berühmt gemacht hat. Als „Bad“ soll Säckingen bereits im so unrein verschrienen Mittelalter gerne besucht worden sein. Doch erst die moderne Freizeitgesellschaft nach dem Zweiten Weltkrieg schuf die Bedingungen für einen intensiven Ausbau der Kuranlage.

Nach der Stadtdurchfahrt und Besichtigung von Bad Säckingen wechselt die Route am Ende der Wernergasse leicht links versetzt in die **Austraße** ~ vor einem Parkplatz dann links in den **Hotzenweg** ~ am Rheinufer weiter auf einer Naturstraße und unter der neuen Zollbrücke **16** flussabwärts ~ weiter am Rheinufer entlang, bis sich der Weg einer etwas höher gelegenen Straße anschließt ~ vorbei an einem Industriepark ~ weiter am Rheinufer entlang ~ auf der **Fährstraße** in den Ort.

Wallbach (D) ≈km 136

PLZ: D-79713; Vorwahl: 07761

Müllmuseum, Hauptstr. 162, ✆ 4325, ÖZ: Do 15-17 Uhr, So 14-17 Uhr u. n. V. Im „ersten deutschen Müllmuseum“ wird ausgestellt, was für andere Leute wertloser Müll war: von Spielzeug bis zu

E9
Minseln
Karsau
Riedmatt
Schwörstadt
Ossenberg
Lochstein der Megalithanlage
Tschamberhöhle
Beuggen
Schloss Beuggen
Rhein
Bürkli
Fahrgraben
Kraftwerksstraße
Baumattstr.
NSG Wehramündung
Brennet
Riburg
Pferrichgraben
Solebohrtürme
Kraftwerk Rheinfelden
Saline Riburg
Storchenstation
Nollingen
Rheinfelden
Röm. Wachturm
Ausstellungspavillon
Fricktaler-Museum
Haus Salmegg
Burgstell
St. Martin
Möhlin
Wallbach
Wallbach (Baden)
Stelli
Müllmuseum
Hauptstraße
Brauerei Feldschlösschen
Rheinfelden
Am Kalkofen
Hirschbach
Heulgraben
2,6
3,6
2,6
1,8
3,4
0,6
0,4
6
17
18
19
20
123
B34
B316
B518
A98
A3
E8
E10
360
375

alten Handwerksmaschinen.

Geradeaus in die **Rheinstraße** ~ an der **Hauptstraße** links ~ an der ersten Möglichkeit links in die **Bündtenstraße** ~ auf einem Wirtschaftsweg den Ort verlassen.

TIPP Die Anhöhen des Südschwarzwaldes rücken zusehends näher an den Fluss heran, gleichzeitig nimmt die industrielle Prägung des Rheintals zu.

Dem Verlauf des Weges nach halb links in die **Rötelbachstraße** folgen ~ auf einem unbefestigten Weg hinunter zur Wehramündung

Brennet

Naturschutzgebiet Wehramündung. Durch die abwechslungsreiche Landschaft an der Wehramündung mit Fließgewässern, Sümpfen, Flachwasserzonen, etc. leben hier 128 Vogelarten, von denen 60 auf der roten Liste stehen.

Nach Überquerung des Flusses am Rhein entlang auf Asphalt weiter ~ nach 0,5 km sucht der Weg erneut die Nähe zur Bahn ~ geht es entlang der Bahn weiter ~ **17** ein Stückchen weiter führt der Weg unter der Bahn durch und begleitet bis Schwörstadt die Bundesstraße.

Schwörstadt (D) ≈km 140

Heidenstein der Megalithanlage, Römerstraße. Der Lochstein ist der Rest einer rund 5.000 Jahre alten Megalithanlage.

Bei den ersten Häusern links ab in die **Baumattstraße** ~ in der Ortsmitte kreuzt die Rheinstraße, und der R 1 zweigt rechts Richtung Schwarzwald ab ~ die Rheinroute hingegen wendet sich dem Rhein zu ~ **18** nach dem Bahnübergang rechts zum Schwimmbad ~ im Zickzack am Bad und den Sportplätzen vorbei, danach schließt sich der Weg wieder dem Bahnverlauf an ~ die nächsten paar Kilometer nun an der Bahn entlangradeln.

Nach dem Umspannwerk wird das **Kraftwerk Schwörstadt-Riburg** erreicht ~ hier rechter Hand unter der Bahn durch ~ über einen kleinen Anstieg und bei der ersten Abzweigung links in einen Wirtschaftsweg ~ die Bundesstraße überqueren und am Waldrand links halten ~ geradeaus und in **Riedmatt** der Straßenbiegung folgend nach links

Karsau-Riedmatt

PLZ: D-79618; Vorwahl: 07623

Tschamberhöhle, Zugang gegenüber des Hotel-Restaurants Storchen (Brombachstr. 3), ÖZ: April-Okt., So/Fei 13-17 Uhr. Die 600 m lange Muschelkalkhöhle gibt einen Einblick in die unterirdische Gesteinswelt. Sie durchwandern die Höhle auf einem Steg bis zum tosenden Wasserfall.

Bei der Gastterrasse des Hotels Storchen

Schwörstadt, Lochstein der Megalithanlage

schließt sich die Route wieder dem Verlauf der Bundesstraße an und begleitet sie bis Beuggen.

Beuggen (D) ≈km 146

PLZ:D-79618; Vorwahl: 07623

Schloss, Schloss Beuggen 11, ✆ 75190. Die einstige Burganlage der zur Ballei (Provinz eines Ritterordens) Elsass und Burgund gehörenden und 1806 aufgelösten Deutschordenskommende stammt aus dem Jahr 1268, das große Torhaus von 1534. Heute sind eine Tagungs- u. Begegnungsstätte und ein Hotel im Schloss untergebracht.

E10
Rheinfelden
(Baden)
Grenzach
Wyhlen
Herten
Warmbach
St. Chrischona
Volkertsberg
460
Eigenturm
525
Engel
NSG Ruschbachtal
Regionalmuseum Römervilla
Schlosskopf
375
Markhof
4,7
3,2
21
20
0,6
0,4
Adelbergstraße
Schwarzer Weg
Ausstellungspa
Fricktaler-Museum
Haus Salmegg
Burgstell
St. Martin
Brauerei Feldschlösschen
Dorfbach
A861
B34
37
Rhein
NSG Altrhein
Kastellmauer
Römerstadt Augusta Raurica
Venusstr.
Augst
Kaiseraugst
Giebenach
Blosenberg
390
Brügglihau
425
Maispracher Bach
Volenbach
Steinenbül
375
Olsberg
Wasserwelt aquabasilea
A2 A3
Muttenzerstrasse
Oberemattstraße
Mühleweg
Pratteln
E9
E11
Ergo

Deutschordenskirche, Schloss. Ursprünglich ein Werk des 15. Jhs., im 18. Jh. im Stil des Barock vergrößert.

Die sich über Jahrhunderte erstreckende Baugeschichte des Schlosses bei Beuggen lässt sich sehr gut am Treppenturm, der ehemaligen Kornschütte, der alten Burgschmiede, der Wagenremise oder dem Storchenturm ablesen. Die Anlage wurde 1752-57 von J. K. Bagnato barock erweitert und wird heute als Evangelische Tagungs- und Begegnungsstätte genutzt. Im rokokogeprägten Innenraum der Deutschordenskirche sind besonders die Deckengemälde von Franz Ludwig Hermann und die originelle Figurengruppe im zeitgenössischen Gewand über der Orgel sehenswert.

Links Richtung **Schloss Beuggen** in den **Kastanienweg** abbiegen ~ **19** nach der Bahnunterführung links und auf dem direkten Weg durch Tor und Hof der Schlossanlage ~ auf der flusszugewandten Seite verabschiedet sich die Route dann wieder durch ein Tor ~ kurz darauf rheinwärts abzweigen und auf einer Betriebsstraße an den Aluminiumwerken von Rheinfelden vorbeiradeln ~ nach 2 km erreichen Sie das Gelände des Kraftwerks Rheinfelden ~ am Nordufer stadteinwärts setzt ein unbefestigter Weg direkt am Rhein ein ~ über ein kurzes Stück wird der Weg recht schmal und mit Geländern geschützt ~ ein Bächlein wird gequert, danach hinauf bis zum Aussichtspunkt.

Oben links halten und die Höhe bis zum Ortsgebiet beibehalten ~ nach den ersten Gärten weiter in die **Adelbergstraße** ~ im badischen Rheinfelden zur Rheinbrückstraße **20**.

AUSFLUG: Nach links können Sie einen Abstecher ins Schweizer Rheinfelden (s. S. 94) machen. Über den Fluss gefahren, befinden sich links nach der Zollbrücke die Marktstraße und die Altstadt.

Rheinfelden (Baden, D)

PLZ: D-79618; Vorwahl: 07623

- **Tourist-Info,** Karl-Fürstenberg-Str. 17, ✆ 9668720, www.tourismus-rheinfelden.ch
- **Stadtmuseum Haus Salmegg,** an der Rheinbrücke, Rheinbrückstr. 8, ✆ 95237, ÖZ: Sa, So 12-17 Uhr u. n. V. Im historischen Gebäude sind das stadtgeschichtliche Museum und ein Restaurant untergebracht.
- **Ausstellungspavillon „Kraftwerk 1898"** und Rheinübergang über das neue Stauwehr. Der Generator der „Maschine 10" des alten Kraftwerks ist zu besichtigen.
- **Rheinbrücke.** Die alte gedeckte Holzbrücke brannte 1897 ab, die heutige Brücke wurde 1911-12 errichtet.
- **Fahrradwerkstatt Pflüger,** Friedrichstr. 25, ✆ 9833
- **Motoland Rheinfelden,** Ochsenmattstr. 10, ✆ 799110

Von Rheinfelden nach Basel — 16,3 km

Die **Nordufervariante** auf badischer Seite biegt in Rheinfelden rechts in die **Rheinbrückstraße** ein ~ nach der Bahnunterführung links halten ~ am **Oberrheinplatz** links in die **Werderstraße.**

ZUM BAHNHOF: Wer kräftesparend mit der Bahn bis Basel fahren will, schwenkt vom **Oberrheinplatz** scharf links in die **E.-Brandström-Straße,** um zum Bahnhof zu gelangen.

Stadtauswärts der **Werderstraße** geradeaus folgen ~ am Friedhof weiterhin geradeaus in die **Eichbergstraße** ~ am Sportplatz und Schwimmbad vorbei ~ geradeaus bis ans Ortsende von **Warmbach.**

Warmbach (D)

Die Hertener Straße überqueren und den Ort verlassen ~ über die Autobahn ~ die Straße geht in einen Güterweg über.

Größere Felder füllen den breiter gewordenen Talboden. Die Höhen des Schwarzwaldes und der Schweizer Jura treten zurück und bieten gleichzeitig einen anmutigen Rahmen.

Der Weg schlängelt sich bis nach **Herten** durch ~ nach dem Friedhof von Herten geradeaus auf die **Hauptstraße**.

Herten (D)

Dem Straßenverlauf folgen ab dem Ortsende auf einem Begleitradweg weiter geradeaus durch **Markhof** geradeaus über den Kreisverkehr **21** nach der **Kraftwerksstraße** rechts in den Radweg einbiegen

Grenzach-Wyhlen (D) ≈km 158

PLZ: 79639; Vorwahl: 07624

- **Fähre Kaiseraugst-Herten,** ✆ 8169060, Juni-Aug., Di-Sa 14-17 Uhr, So/Fei 10.30-12 Uhr u. 13-17 Uhr; April-Sept., Mi 14-17 Uhr; April-Okt., Sa 14-17 Uhr; April-1. Nov., So/Fei 10.30-12 Uhr u. 13-18 Uhr.
- **Regionalmuseum Römervilla**, Hauptstr. 25, ✆ 1813 od. ✆ 5898, ÖZ: April-1. Nov., So/Fei 15-18 Uhr, Juli-Aug., zusätzlich Mi 17-19 Uhr. In Grenzach wurden bei Grabungsarbeiten die Überreste einer Römervilla entdeckt. Seit 2011 ergänzen verschiedenste Exponate aus der Umgebung die Ausstellung.
- **Naturschutzgebiet Buchswald**, nördlich von Grenzach. Das Naturschutzgebiet ist einer der letzten und größten Standorte von wildem, immergünem Buchs in Deutschland. Allerdings bedroht ein Pilzbefall und der Buchsbaumzünsler die Bestände.
- **Hallenbad**, Scheffelstr. 3, ✆ 988144
- **Schwimmbad**, Rheinallee 40, ✆ 5012
- **Zweirad Schlageter**, Marktgrafenstr. 47, ✆ 5649

In **Wyhlen** auf der **Ritterstraße** geradeaus

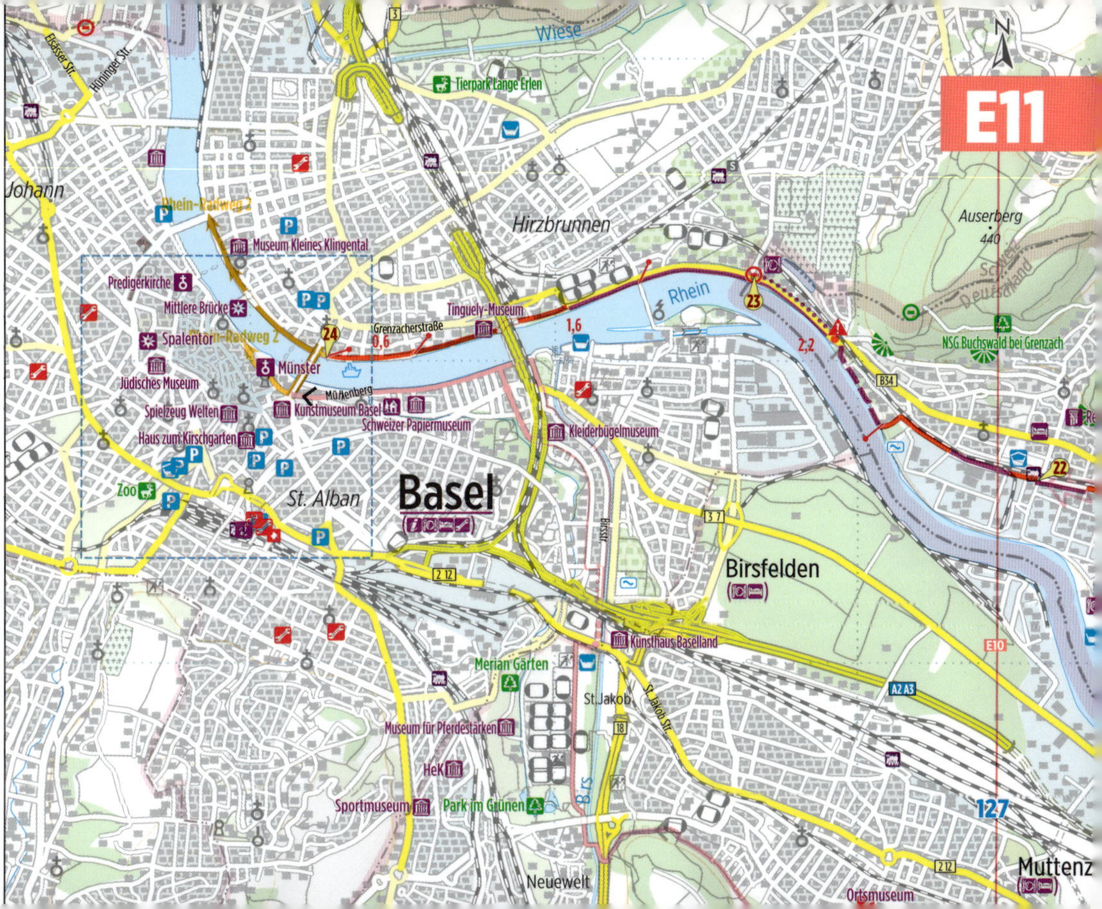

Basel, Rhein-Münster

durch das Wohngebiet ~ nach dem Ortsende geradeaus weiter ~ am **Gemeiniweg** rechts ~ vor der Eisenbahnbrücke links in die **Emil-Barell-Straße** ~ zwischen dem Industriegebiet und den Gleisen entlang ~ auf Höhe des Bahnhofs die Rheinallee queren **22** ~ bei der quer verlaufenden Straße links auf den Radweg ~ wo die Gleise einer Werksbahn queren, wechselt der Radweg auf die rechte Straßenseite ~ nach dem nächsten Bahnübergang endet der Radweg ~ bei der Bahnunterführung links ab in den **Salzländeweg** und auf dem unbefestigten Uferweg weiter.

Neben einem Bahnübergang mündet der Weg in die Bundesstraße ~ ⚠ die Bundesstraße vorsichtig überqueren und an der Straße entlang ~ **23** nach 700 m geht es bei der Zollstation aus Deutschland hinaus.

Wieder auf Schweizer Gebiet auf dem linksseitigen Radweg der stark befahrenen **Grenzacher Straße** fahren ~ in der Rechtskurve der Straße geradeaus in die **Grenzacher Promenade** ~ in der Fortsetzung dem **Eisenbahnweg** folgen und unter der Bahn durch ~ einfach geradeaus am Rhein entlang halten ~ weiter am **Schaffhauserrheinweg** zur **Wettsteinbrücke 24**.

Basel (CH) s. S. 100

ZUM BAHNHOF: Um in die Altstadt und zum SBB-Bahnhof zu gelangen, müssen Sie die Wettsteinbrücke überqueren, auf die eine Rampe hinaufführt.

TIPP: Sie sollten vor der Überquerung nicht auf den Anblick der Altstadt vom Rhein aus verzichten! Dazu fahren Sie am besten unter der Brücke durch und nehmen dann die **Mittlere Brücke**. Die Fähre zwischen den Brücken ist für eine Überfahrt mit dem Rad nicht so gut geeignet, da Sie auf der anderen Seite des Rheins eine Reihe von Stufen erwartet. Wer den Rhein-Radweg Richtung Breisach fortsetzen will, fährt einfach geradeaus am Rheinufer entlang weiter.

Sie haben nun das Ende Ihrer Radreise erreicht. Wir hoffen, Sie hatten einen erlebnisreichen und interessanten Radurlaub und freuen uns, dass Sie ein *bikeline*-Radtourenbuch als Begleiter gewählt haben.

Das gesamte *bikeline*-Team wünscht Ihnen eine gute Heimreise!

Übernachtungsverzeichnis

Dieses Verzeichnis beinhaltet folgende Übernachtungskategorien:

H	Hotel
Hg	Hotel garni
Gh	Gasthof, Gasthaus
P	Pension, Gästehaus
Pz	Privatzimmer
BB	Bed and Breakfast
Fw	Ferienwohnung (Auswahl)
Bh	Bauernhof
Hh	Heuhotel

	Jugendherberge, -gästehaus
	Campingplatz
	Zeltplatz (Naturlagerplatz)

Die Auflistung erhebt keinen Anspruch auf Vollständigkeit und stellt keine Empfehlung der einzelnen Betriebe dar.

Die römische Zahl (I-VI) nach der Telefonnummer gibt die Preisgruppe des betreffenden Betriebes an. Wir möchten Sie jedoch darauf hinweisen, dass die angegebenen Preiskategorien dem Stand des Erhebungs- bzw. Überarbeitungszeitraumes entsprechen und sich von den tatsächlichen Preisen unterscheiden können. Besonders während Messezeiten, aufgrund von unterschiedlichen Zimmertypen und nicht zuletzt saisonal bedingt sind preisliche Schwankungen möglich.

Folgende Unterteilung liegt der Zuordnung zugrunde:

I	unter € 25,-	
	sFr 28,-	
II	€ 25,-	bis € 35,-
	sFr 28,-	bis sFr 39,-
III	€ 35,-	bis € 50,-
	sFr 39,-	bis sFr 55,-
IV	€ 50,-	bis € 70,-
	sFr 55,-	bis sFr 77,-
V	€ 70,-	bis € 100,-
	sFr 77,-	bis sFr 110,-
VI	über € 100,-	über sFr 110,-

Die Preisgruppen beziehen sich auf den Preis pro Person in einem Doppelzimmer mit Dusche oder Bad inkl. Frühstück. Übernachtungsbetriebe mit Zimmern ohne Bad oder Dusche, aber mit Etagenbad, sind durch das Symbol nach der Preisgruppe gekennzeichnet.

Fahrradfreundliche Bett+Bike-Betriebe sind mit dem Symbol gekennzeichnet, die fahrradfreundlichen Beherbergungspartner von SchweizMobil mit dem Symbol .

Da wird das Verzeichnis stets aktuell halten, sind wir für Mitteilungen bezüglich Änderungen jeder Art dankbar. Der einfache Eintrag erfolgt für Betriebe natürlich kostenfrei, aus Platzgründen können wir diesen allerdings nicht garantieren.

In der Schweiz gehören alle Vorwahlnummern zur Telefonnummer, diese müssen also immer mitgewählt werden.

Korrekturen zum Übernachtungsverzeichnis erhalten Sie über das LiveUpdate auf www.esterbauer.com.

Andermatt

Tourismusbüro, Gotthardstr. 2, ✆ 041887100
H Alpenhotel Schlüssel, Gotthardstr. 30, ✆ 0418887088, IV-V
H Aurora, Gotthardstr. 163, ✆ 0418871661, V
H Badus, Gotthardstr. 25, ✆ 0418871286, IV-V
H Bergidyll, Gotthardstr. 39, ✆ 0418871455, IV-III
H Crown, Gotthardstr. 64, ✆ 0418880303, V-VI
H Hotel 3 Könige & Post, Gotthardstr. 69, ✆ 0418870001, V-VI
H Kristall, Bahnhofstr. 44, ✆ 0418871557, IV
H Monopol-Metropol, Gotthardstr. 43, ✆ 0418871575, IV-VI
H Schweizerhof-Central, Gotthardstr. 85, ✆ 0418871189, IV-V
H Sonne, Gotthardstr. 76, ✆ 0418871226, IV
H The River House Boutique Hotel, Gotthardstr. 58, ✆ 0418870025, V-VI
Gh Bären, Gotthardstr. 137, ✆ 0418871030, II-III
Gh Skiklub, Gotthardstr. 94, ✆ 0418870330, IV
Gh Tell, Gotthardstr. 97, ✆ 0418871520, II
Gh Zum Sternen, Gotthardstr. 67, ✆ 0418871130, V
P Anne Maria Regli, Bodenstr. 7, ✆ 0418871649, III
P Bellavista, Oberalpstr. 67, ✆ 0418870456, III
P Fw Zaugg, Oberalpstr. 39, ✆ 0418871549, III
Pz Fw Glockentürmli, Oberalpstr. 15, ✆ 0418870052, IV
Pz Kumli-Regli Verena, Mariahilfg. 6, ✆ 0418871965, III
Hh Pferdestall Reussen, Pferdestall Reussen, ✆ 0418871734, I
Gotthard Camping Andermatt, Gotthardstr. 110, ✆ 079/7448749

Oberalppass (Andermatt)

Gh Piz Calmot, Oberalppass, ✆ 0819491213, IV

Tschamut (Tujetsch)

Vorwahl: 081
H Hotel Rheinquelle, Via Alpsu 323, ✆ 0819491112, III

Rueras (Tujetsch)

H Posta, Via Alpsu 217, ✆ 0819491126, IV-V
Hg La Val, Via Alpsu 211, ✆ 0819491115, IV
Naturcamping Rueras, Via Milar, ✆ 0819491461

Sedrun (Tujetsch)

Sedrun Disentis Tourismus, Via Alpsu 64a, ✆ 0819204030
H Cresta, Via Alpsu 253, ✆ 0819491225, III
H Krüzli, Via Alpsu 79, ✆ 0819491106, IV
H La Cruna, Via Alpsu 65 , ✆ 0819204040, IV-VI
H Mira, Via Alpsu 105, ✆ 0819491182, IV
H Postigliun, Via Alpsu 57, ✆ 0819491046, IV-II
H Soliva, Via Alpsu 83, ✆ 0819491114, IV

Disentis/Mustér

Sedrun Disentis Tourismus, Via Alpsu 64a, ✆ 0819204030
H Alpsu, Via Alpsu 4, ✆ 0819475117, IV
H Catrina Resort, Via S. Catrina 12, ✆ 0819295454, V-VI
H Disentiserhof, Via Disentiserhof 1, ✆ 0819295700, IV
H Lodge Sax, Via Sax 1, ✆ 0819203150, IV
H Pazzola, Gassa da Cuoz 3, ✆ 0819253333, IV
H Pez Ault, Via Acletta 63, ✆ 0819474146, III
H Rhätia, Sontget, ✆ 0819475626, III
H laFurca, Via dalla Staziun 1, ✆ 0819475227, III-IV
BB Nangijala, Via Alpsu 43, ✆ 0819364460, II-III
TCS Camping Disentis, Via Fontanivas 9, ✆ 0819474422, I-III

Sumvitg

Camping Garvera, Staziun, ✆ 0819363271

Cumpadials (Sumvitg)

BB Resgia, Resgia 180, ✆ 0819363425, 076/5727027, III-IV
Camp Caharli, ✆ 0819431414

Surrein (Sumvitg)

BB Greina-Surrein, Plazzas 351, ✆ 0819431868, III

Rabius (Sumvitg)

H Greina, Via Principala 489, ✆ 0819431168, III-IV
H Surselva, Via Principala, ✆ 0819431233, II
Camp Turistic, ✆ 0819431198

Trun

Verkehrsverein Trun, In der Raiffeisenkasse, Via Principala 56, ✆ 0819433149
H Casa Tödi, Via principala 78, ✆ 0819431121, IV
Campadi Trun, Via Campadi, ✆ 0815445697

Dardin (Breil/Brigels)

P Acletta, Funtaniala, ✆ 0819411555, III

Ilanz

H Casutt, Glennerstr. 20, ✆ 0819251131, IV-V
H Hotel Eden-Montana, Bahnhofstr. 31, ✆ 0819255151, V
H Rätia, Via Centrala 5, ✆ 0819252393, V
Gh Mundaun, Städtlistr. 2, ✆ 0819254555, I-II

Castrisch (Ilanz)

H Ustria Mundaun, Via Staziun 1, ✆ 0819251916, III-IV
Gh Zum Glenner, Glennerstr. 7, ✆ 0819251437, IV

Valendas (Safiental)

Gh Am Brunnen, Hauptstr. 61, ✆ 0819216935, V
BB Fam. Buchli, Damunt 1, ✆ 0819215094, III
Hh Biohof Walther, Carstulien 32, ✆ 0819212344, II-VI

Carrera (Safiental)
Camping Carrera, Turisch, ✆ 0794429701, I

Versam (Safiental)
Gh Rössli, Hauptstr., ✆ 0816451113, IV

Bonaduz
H Alte Post, Versamerstr. 1, ✆ 0816411218, IV
H Grischunata, Versamerstr. 5, ✆ 0816411174, IV

Tamins
Gh Krone, Afuris 19, ✆ 0816412238, II
BB Jörimann-Friedl, Fanaus, ✆ 0816412775
BB Willi, Foppa 9, ✆ 0813539859, II-III

Domat/Ems
H Gartenhotel Sternen, Via Nova 102, ✆ 0816332727, V

Chur
Chur Tourismus, Bahnhofpl. 3, Personenunterführung, ✆ 0812521818
H City West, Comercialstr. 32, ✆ 0812565500, VI
H Drei Könige, Reichsg. 18, ✆ 0813549090, V
H Franziskaner, Kupferg. 18, ✆ 0812521261, IV-V
H Hotel Chur, Welschdörfli 2, ✆ 0812543400, V-VI
H Ibis, Richtstr. 19, ✆ 0812526060, IV
H Romantik Hotel Stern, Reichsg. 11, ✆ 0812585757, V-VI
H Sommerau, Emserstr. 4, ✆ 0812586161, IV-V
H Zunfthaus zur Rebleuten, Pfisterpl. 1, ✆ 0812551144, IV
Hg ABC, Ottostr. 8/Bahnhofpl., ✆ 0812541313, V
Ho VIVA Hostel, Welschdörfli 19, ✆ 0812841010, IV
Camp Au, Felsenaustr. 61, ✆ 0812842283

Chur
H Freieck, Reichsg. 44, ✆ 0812551515, V-VI

Zizers
H Neuer Name, Oberauweg 186D, ✆ 081/3071990

Landquart
BB Weibel, Bahnhofstr. 57 , ✆ 081/3000162, 076/4809134, IV-V
TCS Camping Landquart, Ganda 21, ✆ 0813223955, I-II

Malans GR
H Krone, Kroneng. 1, ✆ 0813221455, III
H Weiss Kreuz, Dorfpl. 1, ✆ 0817352500, VI
P Haus Meierhüsli, Löweng. 6, ✆ 0813224065, 079/5555156, IV
P Riposo, Degenstr. 46, ✆ 0813224418, IV

Jenins
Gh Gasthof zur Bündte, Jeninserg. 6, ✆ 0813021223, IV
Gh Zur Traube, Unterdorf 1, ✆ 081/3021026, IV

Maienfeld
Heidiland Tourismus, Bahnhofstr. 1, ✆ 0813301800
Tourismus Bündner Herrschaft, Bahnhofstr. 1, ✆ 0813025858
H Heidihof, Bovelweg 16, ✆ 0813004747, V
H Swiss Heidi, Werkhofstr. 1, ✆ 0813038888, V
BB Victors, Bahnhofstr. 8, ✆ 0813004424, IV-VI
Bh Hh Hof Just, Bovelg. 26, ✆ 0813023841, II-IV

St. Luzisteig (Maienfeld)
Gh St. Luzisteig, St. Luzisteig 3, ✆ 0813027222, IV

Fläsch
BB B&B Im Torkelbongert, Oberdorf 27, ✆ 0813023814, IV-V

Bad Ragaz
Infostelle Bad Ragaz, Am Pl. 1, ✆ 0813004020
H Bambi, Bernhard-Simonstr. 2, ✆ 0813022333, IV
H Cristal, Bahnhofstr. 36, ✆ 0813038400, HP, VI
H Grand Hotel Quellenhof, Pfäferserstr. 8, ✆ 0813033030, VI
H Krone, Kronenpl. 10, ✆ 0813038444, IV
H Ochsen, Bartholomepl., ✆ 0813307920, V
H Rössli, Freihofweg 3, ✆ 0813023232, V-VI
H Sardona, Sarganserstr. 34, ✆ 0813004642, V
H Schloss Ragaz, Schloss-Str., Zeughausstr., ✆ 0813037777, V-VI
H Tamina, Am Pl. 3, ✆ 0813037171, VI
H Vitalressort Ad Fontes, Kirchg. 18, ✆ 0813024010, IV
Hg Torkelbündte, Fläscherstr. 21a, ✆ 0813004466, V
Hg Ursalina, Fläscherstr. 15, ✆ 0813022588, V
Giessenpark, Seestr. 41, ✆ 0816612345

Sargans
H Franz Anton, Zürcherstr. 74, ✆ 0817233035, IV-V
H Post, Bahnhofstr. 1, ✆ 0817204747, IV
BB BB Mariandl's, Zürcherstr. 10, ✆ 0817234220, 0797058852, III
BB Collenberg, Stadterwingert 2, ✆ 0817233491, III-II

Balzers (FL)
Gh Hofbalzers, Höfle 2, ✆ 3881400, IV

Triesen (FL)
H Meierhof, Meierhofstr. 15, ✆ 3990011, o.F., V
H Schatzmann, Landstr. 80, ✆ 3991212, IV-V
H Schlosswald, Eichholzweg 8, ✆ 3922488, V-VI
Hg Garni „uf der Säga", Alte Landstr. 17, ✆ 3924377, III
Pz Feger, Im Riet 42, ✆ 3921708, II
Camping Mittagsspitze, ✆ 3923677

Triesenberg (FL)
Tourist Office, Dorfzentrum, ✆ 2621926, 2655010
H Kulm, Schlossstr. 3, ✆ 2377979, III-IV
H Oberland, Bergstr. 25, ✆ 2625777, V-IV
Pz Alpenblick, Neudorf 383, ✆ 2623577, I

Vaduz (FL)
LiechtensteinTourismus, Städtle 39, ✆ 2396363
H Landhaus am Giessen, Zollstr. 16, ✆ 2350035, V
H Park-Hotel Sonnenhof, Mareestr. 29, ✆ 2390202, VI
H Residence, Städtle 23, ✆ 2392020, V
Gh Löwen, Herreng. 35, ✆ 2381144, VI

Schaan (FL)
Tourist Office in der Galerie Domus, Landstr. 19, ✆ 2377280
H Dux, Duxweg 31, ✆ 2321727, IV
H Linde, Feldkircher Str. 1, ✆ 2321704, IV-V
H Schaanerhof, In der Ballota 3, ✆ 2321877, V-IV
H Sylva, Saxg. 4, ✆ 2323942, III

Jugendherberge Schaan/Vaduz, Under Rüttigass 6, 2325022, II-VI

Buchs SG

H Buchserhof, Grünaustr. 2, 0817557070, IV-V
H Taucher, St. Gallerstr. 29, 0817506565, IV
Hg City Buchs, Bahnhofstr. 43, 0817505710, V-VI

Grabs

Gh Werdenberg, Grabenstr. 2, 0817714646, IV
BB B&B Schär, Lilienweg 5, 0817711271, III
BB Dorfengrabenhof, Dorfengrabenstr. 22, 0817713857, III

Gams

H Schäfli, Hof 2, 0817711138, IV-III

Sennwald

BB Siegrist, Äugstisriet 16, 0817571173, II-III

Frümsen (Sennwald)

H Schäfli, Gristen 11, 0817404115, III

Feldkirch (A)

Vorwahl: 05522
Feldkirch Tourismus, Monfortpl. 1, 73467
H Best Western Plus Central Hotel Leonhard, Leonhardspl. 2, 74600, IV-VI
H Bären, Bahnhofstr. 1, 35500, III-IV
H Central Hotel Löwen, Schlossgraben 13, 72070, III
H Gutwinski, Roseng. 4-6, 72175, V-IV
H Löwen, Kohlg. 1, 35830, III-IV
H Montfort, Galurag. 7, 72189, V
H Post, Schloßgraben 5, 72820, IV
Gh Schäfle, Naflastr. 3, 72203, IV-V
Jugendherberge, Reichstr. 111, 73181

Nofels (Feldkirch) (A)

Vorwahl: 05522
H Engel, Feldkircher Str. 18, 3583, III
P Bad Nofels, Sebastian-Kneipp-Str. 25, 72181, III

Tosters (Feldkirch) (A)

Vorwahl: 05522
Pz Gasthof Löwen Tosters, Egelseestr. 20, 72868, 0680/1115361, I

Oberriet SG

BB Haus zur Krone, Freienbach 18, IV

Kriessern (Oberriet SG)

Hh Schlaf-in-Stroh, Storchenhof Kriessern, 0717224749

Montlingen

Bh Hh Steigmatt, Steigmatt, 0717552201, I-IV

Lustenau (A)

Verkehrsamt, Rathausstr. 1, 05577/81810
H Sinohaus, Rheinstr. 1, 05577/82226
Gh Krönele, Reichsstr. 12, 05577/82118, IV
Gh Restaurant Meindl, Hofsteigstr. 15, 05577/82586, III-IV

Fußach (A)

Vorwahl: 05578
Gemeinde Fußach, Baumgarten 2, 757160
Gh Anker, Dorfstr. 52, 730610, III
Pz Grabherr-Erath Helga, Montfortstr. 14, 76958
BB Lackner, Ahorn 2, 72557
Campingpl. Rohrspitz, Rohr 1, 75708

Höchst (A)

Vorwahl: 05578
Bodensee-Vorarlberg Tourismus, Römerstr. 2, 05574/434430
Gemeindeamt Höchst, Hauptstr. 15, 790738
H Das smarte Hotel, Landstr. 57, 77600, III
H Linde, Kirchpl. 16, 75378, IV
Hg Krenn, Am Wald 26, 75510, III
Gh Hecht, Gaißauer Str. 26, 75408, III
Pz Bachmair, Seestr. 78a, 0650/8202941
Pz Franz, Bäumlestr. 8, 74499, 0699/11512824
Pz Schobel, Kreuzdorfstr. 33, 76799
Pz Unterberger, Gartenstr. 12, 75492
BB Wagner, Kreuzdorfstr. 35, 73551, 0699/81983112
Fw Brunner, Waldstr. 23a, 77559

Rheineck

Tourist Information, Hauptstr. 21, 0718864010
H Hecht, Hauptstr. 51, 0718882925, V
H Traube, Poststr. 1, 078/7915162
Hg Seilbahn, Ruderbach 18a, 0718863010, II
BB B&B Das Gasthaus, Rorschacherstr. 14, 0718887268, II-IV

Thal

Gemeindeverwaltung, Kirchpl. 4, 0718861010
Tourist Information, Hauptstr. 56, 0718417034
H Landgasthaus Hirschen, Dorfstr. 6, 0718880982, IV
Bh Hh Hof Rosentürmli, Rosentürmli/Rebenstr. 4, 0718886793, II-IV

Staad (Thal)

Gemeindeverwaltung, Kirchpl. 4, 0718861010
Tourist Information, Hauptstr. 56, 0718417034
H Weisses Rössli, Hauptstr. 69, 0718551515, IV-V

Altenrhein (Thal)

CGSG Camping, Mennstr., 0718554213
Camping Marina Rheinhof, Rheinhofstr. 44, 0718555555

Rorschach

Tourist Information, Hauptstr. 56, 0718417034
H Mozart, Hafenzentrum, 0718444747, V
BB Herberge See Rorschach, Churerstr. 4, (im Strandbad), 0718449712, III
Campingplatz, Fischerweg 6, 0718554936

Rorschacherberg

H Rebstock, Thalerstr. 57, 0718552455, IV-V
H Schloss Wartegg, Von Blarer-Weg 1, 0718586262, V-VI
H Schloss Wartensee, Wartensee 1, 0718587373, V-VI
H Waldau, Waldaustr. 8, 0718587070, V-VI

Goldach

Gh Linde, St. Galler Str. 54, 0718412218, IV

Horn

Verkehrsverein, Seestr. 75, 0718419341

H Bad Horn, Seestr. 36, ✆ 0718445151, V
H Schiff, Seestr. 74, ✆ 0718455020, IV

Arbon
Arbon Tourismus, Schmiedg. 5, ✆ 0714401380
H Bedhub-Swisslodge, Schäflig. 4, ✆ 0714403893, IV
H Bellevue, Römerstr. 21, ✆ 0714402216, II
H Metropol, Bahnhofstr. 49, ✆ 0714478282, V
H Park, Parkstr. 7, ✆ 0714461119, V
H Rotes Kreuz, Hafenstr. 3, ✆ 0714461918, IV
H Römerhof, Freiheitsg. 3, ✆ 0714473030, V-VI
H Seegarten, Seestr. 66, ✆ 0714475757, V
H Wunderbar, Weiteg. 8, ✆ 0714400505, V
Gh Frohsinn, Romanshorner Str. 15, ✆ 0714478484, V
Pz M. Schär, Aachstr. 14, ✆ 0714772061, II
Pz S. Hug-Köhler, Weststr. 9, ✆ 0714469413, II
BB B&B Astrid Hug, Eichenstr. 46, ✆ 0714401912, I
BB B&B Heidi Strauss, Rebenstr. 28, ✆ 0792665796, III
BB BnB zur Korinthe, Freiheitsg. 12, ✆ 0714460195, II
BB M.-L. Klöckler, Kapellg. 5, ✆ 0714467771, II-III
Bh Hh Strohhotel Bodensee, Kratzern 39, ✆ 0714464772, II-VI
Camping Arbon-Buchhorn, Philosophenweg 17, ✆ 0714466545

Wiedehorn (Egnach)
H Landgasthof Seelust, Wiedehorn, ✆ 0714747575, IV-VI
Camping Seehorn, Wiedehorn, ✆ 0714771006, I

Romanshorn
Tourist-Information, Im Bahnhof, ✆ 0714633232
H Anker, Neustr. 6, ✆ 0714631732, IV-V
H Bahnhof, Löwenstr. 1, ✆ 0714631726, IV-V
H Inseli, Inselistr. 6, ✆ 0714668888, IV
H Schloss Restaurant und Hotel Tribeca, Schlossbergstr. 26, ✆ 0714667800, V
Gh Brücke, Arbonerstr. 69, ✆ 0714602882, IV
Gh Neuhaus, Arbonerstr. 66, ✆ 0714631328, IV
Pz Langenegger, Obstgartenstr. 2, ✆ 0714634903, III
Pz Saurer, Dufourstr. 3, ✆ 0714634763, III
BB Brasserie Bahnhof, Im Bahnhof, ✆ 0714600860, o.F., III
BB Mirasol, Hafenstr. 28, ✆ 0714602434, III-V
Jugendherberge Romanshorn, Gottfried-Keller-Str. 6, ✆ 0714631717, II-VI

Uttwil
Tourist-Information, Seehofstr. 11, ✆ 0714637462
H Bad Uttwil, Seestr. 17, ✆ 0714631703
Pz Fitze, Romanshornerstr. 9, ✆ 0714612547, II
BB BnB Im Müsli, Im Müsli 12, ✆ 0714632136, 076/4362136
Camping und Strandbad, Strandbadstr., ✆ 0714634774
Royal, Kesswilerstr. 20, ✆ 0714667530

Kesswil
Tourist-Information, Uttwilerstr. 3, ✆ 0714633850
H Seegasthof Schiff, Hafenstr. 28, Kesswil, ✆ 0714631855
H Traube, Niederholzstr. 9, ✆ 0714633840, I
Pz Casa Solelago, Rietwiesenstr. 41, ✆ 0718415501
Pz Deiringer, Wasserwerkstr. 1, ✆ 0714612822
Pz Rosegärtli, Güttingerstr. 7, ✆ 0714631619

Güttingen
Tourist-Information, Sommeristr. 3, ✆ 0716945684
H Bahnhof, Bahnhofstr. 47, ✆ 0716951659, IV
H Seemöve, Hauptstr. 54, ✆ 0716951010, II-III

Altnau
Tourist-Information, Bahnhofstr. 12, ✆ 0716945684
H Urs Wilhelms Kleinhotel, Kaffeeg. 1, ✆ 0716951847, V-VI
Pz Gubler, Rank 2, ✆ 0716952293, II
Bh Feierlenhof, ✆ 0716952372
Bh Fw Feierlenhof, Bleihofstr., ✆ 0848488088, III-VI
Bh Hof Seealp, Seealp, ✆ 0716951803, I-III
Camping + Gruppenunterkunft Ruderbaum, Ruderbaum 3, ✆ 0716952965, I

Landschlacht (Münsterlingen)
Kreuzlingen Tourismus, Hauptstr. 39, ✆ 0716723840
Tourist-Information, Hauptstr. 39, ✆ 0716945684
H I.B.Z Landschlacht, Alte Landstr. 265, ✆ 0716946161, IV
H Rotes Haus, Seestr. 10, ✆ 0716951916, III-IV
Gh Landgasthof Sonne / Ritterstube, Seestr. 30, ✆ 0716951918, IV
Pz Leuch, Chelhof 7, ✆ 0716951754

Bottighofen
Gh Gasthaus zum Bären , Seestr. 2, ✆ 0716883130, IV
BB Wigärtli, Wigärtlistr. 2, ✆ 0716881725

Kreuzlingen
Kreuzlingen Tourismus, Hauptstr. 39, ✆ 0716723840
H Bahnhof-Post, Nationalstr. 2, ✆ 0716727972, II
H Bodensee-Arena, Seestr. 11b, ✆ 0716771530, IV-V
H Kreuzlingen, Seestr. 50, ✆ 0716778899, IV
H Plaza, Löwenstr. 23, ✆ 0716726868, IV
H St. Gallerhof, Bahnhofstr. 35, ✆ 0716726020, IV
H Swiss, Hauptstr. 72, ✆ 0716778040, V
H Ziil, Lengwilerstr. 4, ✆ 0716867070, V
Gh Bahnhof-Hafen, Pestalozzistr. 1, ✆ 079/2570375, IV-V
BB Touristenunterkunft Fischerhaus, ✆ 0716884903
Jugendherberge Kreuzlingen, Promenadenstr. 7, ✆ 0716882663, II-VI
Camping Fischerhaus, Promenadenstr. 52, ✆ 0716884903

Konstanz (D)
Vorwahl: 07531
Tourist-Information, Bahnhofpl. 43, ✆ 133030
H Augustiner Tor, Bodanstr. 18, ✆ 282450, IV
H Barbarossa, Obermarkt 8-12, ✆ 128990, III-V

H Barleben am See, Seestr. 15, ☎ 942330, V
H Bilger-Eck, Reichenaustr. 2, ☎ 59330, III-V
H Constantia, Kreuzlingerstr. 13, ☎ 363210, IV-V
H Goldener Sternen, Bodanpl. 1, ☎ 25228, IV
H Graf Zeppelin, St. Stefanspl. 15, ☎ 6913690, III
H Ibis, Benediktinerpl. 9, ☎ 45700, II-IV
H Ko'Ono, Martin-Schleyer-Str. 19, ☎ 361900, III-IV
H Parkhotel Halm Konstanz GmbH, Bahnhofpl. 6, ☎ 1210, IV-V
H Petershof, St. Gebhardstr. 14, ☎ 993399, IV-V
H Ringhotel Schiff am See, William-Graf-Pl. 2, ☎ 31041, IV-V
H Riva, Seestr. 25, ☎ 363090, V
H Stadthotel, Bruderturmg. 2, ☎ 90460, III-V
H Steigenberger Inselhotel, Auf der Insel 1, ☎ 1250, V
H Viva Sky, Sigismundstr. 19, ☎ 6923620, IV-V
H Waldhaus Jakob, Eichhornstr. 84, ☎ 81000, IV-V
Hg ABC-Hotel, Steinstr. 19, ☎ 8900, III-V
Hg Buchner Hof, Buchnerstr. 6, ☎ 81020, IV-V
Hg Hirschen, Bodanpl. 9, ☎ 128260, IV-V
Hg Pension am Fischmarkt, Zollernstr. 6-8, ☎ 455825, II-III
Hg Sonnenhof, Otto Raggenbass Str. 3, ☎ 22257, III
Hg Wiesentäler Hof, Zogelmannstr. 5, ☎ 23385, III-IV
Gh Zur Traube, Fischerstr. 4, ☎ 31317, III-IV
P Graf, Wiesenstr. 2, ☎ 1286890, II-III
P Gästehaus Centro, Bahnhofpl. 4, ☎ 4571818, III
P Holzer, Fischerstr. 6, ☎ 31546, III-V
Pz Böhme, Richard-Wagner-Str. 15, ☎ 54895, I-II
Pz Büttner, Rheing. 19, ☎ 26607, II
Pz Diegruber, Bärlappweg 19, ☎ 77278, III
Pz Keller, Alfred-Wachtel-Str. 3, ☎ 189513, III
Pz Philipp, Pirminweg 16, ☎ 77286, II
AH Apartment Hotel, Steinstr. 21a, ☎ 98060, IV
Jugendherberge Otto-Moericke-Turm, Zur Allmannshöhe 16, ☎ 32260

Wollmatingen (Konstanz) D

Vorwahl: 07531
H Hotel-Gasthof Zur Linde, Radolfzeller Str. 27, ☎ 97420, III-IV

Staad (Konstanz) D

Vorwahl: 07531
Campingpl. Bruderhofer, Fohrenbühlweg 50, ☎ 31388, I
DKV Campingplatz Bodensee, Fohrenbühlweg 45, ☎ 33057

Gottlieben

H Drachenburg und Waaghaus, Am Schlosspark, ☎ 0716667474, VI
H Hotel die Krone, Seestr. 11, ☎ 0716668060, IV-VI

Tägerwilen

H Jucker's, Hauptstr. 96, ☎ 0716691168, I
H Trompeterschlössle, Konstanzerstr. 123, ☎ 0716693131, V-VI
Gh Ochsen, Gottlieberstr. 5, ☎ 0716670505, IV
Pz Hirzel, ☎ 0716691470

Triboltingen

Hg Ochsen, Hauptstr. 31, ☎ 0716641706
Pz Haus zum glücklichen Gast, Seestr. 4, ☎ 0716601045

Ermatingen

Ermatingen Tourismus, Bahnhof, ☎ 0716641909
H Adler, Fruthwillerstr. 2, ☎ 0716641133, V
Hg Ermatingerhof, Hauptstr. 82, ☎ 0716632020, VI
BB Hh Zelglihof, Zeglihof, ☎ 0716642563, II-IV
Zelglihof, ☎ 0716642563

Mannenbach-Salenstein

H Seehotel Schiff, Seestr. 4, ☎ 0716634141, IV-V

Berlingen

Verkehrsverein Berlingen, Seestr. 78, ☎ 0527702822
H Hirschen, Seestr. 67, ☎ 0527611306, III
Gh Adler, Seestr. 28, ☎ 0527611192, III
BB B&B Seegärtli, Seestr. 232, ☎ 0527702556, IV

Steckborn

Steckborn Tourismus, Seestr. 99, ☎ 0527611055
H Frohsinn, Seestr. 62, ☎ 0527611161, IV-V
H Seehotel Feldbach, Im Feldbach 10, ☎ 0527622121, VI
H Weingarten, Frauenfelderstr. 2, ☎ 0527612469, III
Strandbad, Seestr. 188, ☎ 0527622085, I
Zivilschutzanlage, ☎ 0527612096
Camping Strandbad, Seestr. 188, ☎ 0583462087

Gaienhofen D

Vorwahl: 07735
Verkehrsbüro Gaienhofen, Im Kohlgarten 1, ☎ 81823
P Sunnehof, Höristr. 8, ☎ 937564, III
Pz Haus Maier, Kapellenstr. 3, ☎ 3820, II
Pz Haus im Grünen, Ludwig-Finck-Weg 7, ☎ 98754, III-II
Pz Landpension Seeblick, Zur Hohenmarkt 8, ☎ 2133, 919230, 01715233900, II
Pz Menzel, Hauptstr. 237, ☎ 0176/22744377, I
Pz Stoffel, Feuerwehrstr. 2, ☎ 2837, II
AH Mersch, Hauptstr. 256, ☎ 2624, 0170/5044726, I
Bh Hof Balisheim, Hauptstr. 5, ☎ 93030, I-II
Campingplatz Bohner, Mühlenstr. 7, ☎ 2642
Campingplatz Willibald, Mühlenstr. 7, ☎ 2643
Höristrand, Hauptstr. 237, ☎ 9369834, 0170/4971707

Hemmenhofen (Gaienhofen) D

Vorwahl: 07735
Verkehrsbüro Gaienhofen, Im Kohlgarten 1, ☎ 81823
H Seehotel Höri, Uferstr. 18-20, ☎ 8110, IV-VI
Hg Stern am See, Uferstr. 34, ☎ 2015, II-III
Gh Landgasthaus Kellhof, Hauptstr. 318, ☎ 2035, IV-V
Gh Zur Alten Post, Hauptstr. 329, ☎ 9383070, 0174/6497567, III
Pz Haus Corinna, Dorfstr. 15, ☎ 2030, 0162 3031649, III

Pz Haus Edith, Torkelg. 1, ✆ 938303, II
Pz Haus Rösler, Uferstr. 3, ✆ 2817, I
Pz Obermeier, Dorfstr. 15, ✆ 2030, I
Pz Welte, Kirchsteig 7, ✆ 3740, I
Fw Haus Emmerich, Hauptstr. 314, ✆ 1818, I-III

Mammern

Tourist-Information, Liebenfelsstr. 2, ✆ 0527413232
H Bahnhof, ✆ 0527412464
H Gasthaus Hecht, Hauptstr. 5, ✆ 0527412463, IV
Gh Adler, Hauptstr. 4, ✆ 0527412929
Gh Schiff, Seestr. 3, ✆ 0527412444, V
P Gästehaus Pipa, Liebenfeldstr. 12, ✆ 42072613, II
P Klingenegg, ✆ 0527412358
Massenlager auf dem Campingpl. Guldifuss, Guldifussstr. 1, ✆ 0527411320
Camping Guldifuss, Guldifussstr. , ✆ 0523171320
Camping Seewiese, Hauptstr. 6, ✆ 0527411289, 052741 46 19

Eschenz

Gemeinde, Hauptstr. 88, ✆ 0583460077
Gh Raben, Hauptstr. 89, ✆ 0527412149
Pz Kammerer, ✆ 052412761
Pz Streicher, Büelstr. 3, ✆ 0527403601
Pz Ullmann, Büelstr. 6, ✆ 0527412985
BB Anni's Bn+B, Höflerweg 1, ✆ 0797367755, IV-VI
Bh Hh Frohsinn Eschenz, Hauptstr. 126, ✆ 0527412678, 0848488088, I-VI

Camping Hüttenberg, Hüttenberg, ✆ 0527412337

Wagenhausen

Verkehrsbüro, ✆ 0527412835
Gh Camping, Hauptstr. 82, ✆ 0527414271, II-III
Gh Ochsen, Hauptstr. 15, ✆ 0527412162, III
Gh Campingplatz und Landgasthof Wagenhausen, Hauptstr. 82, ✆ 0527414271, I

Stein am Rhein

Tourismus Stein am Rhein, Oberstadt 3 , ✆ 0526324032
H Adler, Rathauspl. 2, ✆ 0527426161, V
H Chlosterhof, Oehningerstr. 2, ✆ 0527424242, V
H Rheinfels, Rhigass 8, ✆ 0527412144, V
H Rheingerbe, Schiffsländi 5, ✆ 0527412991, IV
H Schiff, Schiffsländi 10, ✆ 0527412273, IV
Gh Mühletal, Oehingerstr. 6, ✆ 0527412725, II
Gh Zur Ilge, Rathauspl. 14, ✆ 0527411392, III
Jugendherberge, Hemishoferstr. 87, ✆ 0527411255, II-III
Grenzstein, Öhningerstr. 75, ✆ 0796469602

Öhningen (D)

Vorwahl: 07735
Tourist-Information, Klosterpl. 1, ✆ 81920
H Residenz am See, Seeweg 2, ✆ 07737/93000, IV
Gh Landgasthof Adler, Oberdorfstr. 14, ✆ 450, III
P Karin, Lederg. 11, ✆ 440179, II

Hemishofen

Bh Fw Bolderhof, Bolderhof, ✆ 0848488088, II-V

Gailingen am Hochrhein (D)

Tourist-Information, Hauptstr. 7, ✆ 07734/930343
H Gasthof Rheingold, Hauptstr. 26, ✆ 07734/97356, III
H Hirschen, Hauptstr. 19, ✆ 07734/6334, II
H Rheingold, Hauptstr. 21-23, ✆ 07734/306010, III-IV
Gh Krone, Bergstr. 2
P Anita Nowak, Alte Poststr. 12, ✆ 07734/94030, II
P Anni Bössler, Breitenweg 9, ✆ 07734/6650, II

Diessenhofen

Verkehrsverein, Obertor 3, ✆ 0526571077
H Adler, Schaffhauserstr. 1, ✆ 0526571201
H Krone, Rheinstr. 2, ✆ 0526573070, II-III

Büsingen am Hochrhein (D)

Vorwahl: 07734

Gemeindeverwaltung, Junkerstr. 86, ✆ 930220
H Alte Rheinmühle, Junkerstr. 93, ✆ 931990, V
P Adler, Junkerstr. 92, ✆ 1796
Pz Heller, Junkerstr. 23, ✆ +4152/5334484, II-III
Fw Gindele, Küblerbückli 4, ✆ 1426, III
Hh Vestner, Schwärzlenstr. 10, ✆ 326, +41/79/2904162, I-II

Büsingen

BB Bed & Breakfast, Schaffhauserstr. 62, ✆ 0525034057, IV

Schaffhausen

Schaffhauserland Tourismus, Herrenacker 15, ✆ 0526324020
H Best Western PlusBahnhof, Bahnhofstr. 46, ✆ 0526303535, V
H Kronenhof, Kirchhofpl. 7, ✆ 0526357575, V
H Park Villa, Parkstr. 18, ✆ 0526356060, V-VI
H Promenade, Faesenstaubstr. 43, ✆ 0526307777, V-VI
H Rüden, Oberstadt 20, ✆ 0526323636, IV-V
H Zak, Weberg. 47, ✆ 0526254260
H Zum Sittich, Vorderg. 43, ✆ 0526251372, V
H arcona LIVING, Bleichepl. 1, ✆ 0526310000, VI
Belair, Randenstr. 65, ✆ 0526258800, II-VI
Camping Schaffhausen, Hauptstr., ✆ 0526593300

Neuhausen am Rheinfall

Info-Shop Rheinfall, Rheinfallquai, ✆ 0526324020
Schaffhauserland Tourismus, Herrenacker 15,

✆ 0526324020

H Edelweiss, Pestalozzistr. 20, ✆ 0526701063, IV

Flurlingen

Gh Frohsinn, Dorfstr. 40, ✆ 0526591763, IV

Dachsen

BB Heidi's BnB am Rheinfall, Güterstr. 2, ✆ 0526596439, III-IV

Jugendherberge Dachsen, Schloss Laufen am Rheinfall, ✆ 0526596152, II-VI

Rheinau

Gemeindeverwaltung, Schulstr. 11, ✆ 0523054080

Gh Zum Salmen, Zollstr. 18, ✆ 0523191252, III-IV

Ellikon am Rhein

Gh Schiff, ✆ 0523014000, IV

Flaach

Gh Engel, Wesenpl. 6, ✆ 0523181303, V

BB B&B Schwalm, Im Schuder 12, ✆ 0523181734, III-V

Bh Hh Wydhof, Wydhof 2, ✆ 0848488088, II-V

TCS Camping Flaach am Rhein, Steubisallmend 761, ✆ 0523181413, I-III

Freienstein-Teufen

BB Hh Puurehof im Rüedi, Im Rüedi 10, ✆ 0794379166, II-IV

Teufen (Freienstein-Teufen)

Hh Schlafen im Stroh Weingut Lienhard, Dorfstr. 5, ✆ 0448650686, I

Glattfelden

H Riverside, Spinnerei-Lettenstr., ✆ 4035009292, IV

Gh Löwen, Dorfstr. 105, ✆ 0448673377, o.F., IV

Eglisau

Verkehrsverein, Unterg. 25, ✆ 0448673612

H Bahnhof, Bahnhofstr. 9, ✆ 0448670105, IV-V

Kaiserstuhl AG

H Kreuz, Bahnhofpl. 64, ✆ 0448582206, IV-V

Bad Zurzach

Bad Zurzach Tourismus, Dr.-Martin-Erb Str. 9, ✆ 0562690060

H Hotel zur Therme, Quellenstr. 31, ✆ 0562652222, VI

H Park-Hotel, Badstr. 44, ✆ 0562698811, VI

H Tenedo, Quellenstr. 30, ✆ 0562652222, VI

H Turmhotel, Quellenstr. 31, ✆ 0562652222, V-VI

H Zur Post, Hauptstr. 61, ✆ 0562696600, IV

H Zur Waag, Hauptstr. 25, ✆ 0562493322, V

Gh Schlüssel, Hauptstr. 31, ✆ 0562491140, IV

Achenberg, Achenberg, ✆ 0562492430, I-II

Oberfeld, Talacherweg 5, ✆ 0562492575

Rietheim

Hh Fäsackerhof, Feldstr. 9, ✆ 0562493453, I-II

Koblenz

Gh Engel, Landstr. 20, ✆ 0562461550

Reuenthal (Full-Reuenthal)

P Ponyhof, Talg. 61, ✆ 0562461364, II

Wallbach

H Fabriggli-Bistro, Rheinstr. 16, ✆ 0618611814, VI

BB B&B am Rhein, Oberdorfweg 4, ✆ 0795454012, III

Möhlin

H Schiff, Salinenstr. 2, ✆ 0618511129, V

Pz Ingeborg Ritzmann-Baass, Gartenstr. 9, ✆ 0618514178, III

Bh Erlenhof, Erlenhof, ✆ 0618313727, I-III

Rheinfelden

Tourismus Rheinfelden, Marktg. 16, ✆ 0618355200

H Eden, Froneggweg 3, ✆ 0618362424, VI

H Parkhotel am Rhein, Roberstenstr. 31, ✆ 0618366633, VI

H Parkresort Rheinfelden, Roberstenstr. 31, ✆ 0618366611, VI

H Schiff am Rhein, Marktg. 60, ✆ 0618362222, VI

H Schützen Rheinfelden, Bahnhofstr. 19, ✆ 0618362525, VI

Pz Maria Patruno, Spitalhalde 10, ✆ 0618317192, III

Pz Pfanner, Geissg. 21, ✆ 0618313220, 0795303654, III

Pz Rosenthaler, Maienweg 7, ✆ 0618316902, o.F., III

Pz Schmid-Waelti, Bahnweg 37, ✆ 0618112182

Fw Barbara Astore, Haldenweg 24, ✆ 0794341786, III

Tabakhüsli, Fröschweid 1, ✆ 0618133216, III-V

Kaiseraugst

Gh Zur Sonne, Dorfstr. 52, ✆ 0618111014, IV-V

Pratteln

H Courtyard by Mariott Basel, Hardstr. 55, ✆ 0618215907, V

BB B&B Tomsi, Schauenburgerstr. 26, ✆ 0786774454, IV-V

Muttenz

Gemeinde Muttenz, Kirchpl. 3, ✆ 0614666262

H Baslertor, St. Jakob-Str. 1, ✆ 0614655555, V

H Coop, Seminarstr. 12-22, ✆ 0614661111, V

H Mittenza, Hauptstr. 4, ✆ 0614655050, V-VI

BB Cottage Muttenz, Burgg. 18, ✆ 0614622424, 079/6660591, IV

Birsfelden

H Alfa, Hauptstr. 15, ✆ 0613156262, IV

H Waldhaus, In der Hard, ✆ 0613130011, V

Jestetten (D)
Vorwahl: 07745
Gemeindeverwaltung, Hombergstr. 2, ✆ 92090
H Zum Löwen, Hauptstr. 22a, ✆ 92110, III
Schwimmbad mit Campingplatz, Waldshuter Str. 11, ✆ 1220, 0173/6709131

Altenburg (Jestetten) (D)
Vorwahl: 07745
Pz Berenji Anton, Rheinauer Str. 1, ✆ 7335, II
Pz Herr, Neuhauser Str. 9, ✆ 8698, o.F., III-IV

Lottstetten (D)
Vorwahl: 07745
Bürgermeisteramt, Rathauspl. 1, ✆ 92010
H Holzscheiter, Hauptstr. 38, ✆ 921313, II-III

H Schweizer Hof, Hauptstr. 24, ✆ 919532, III
Hg Hotel-Hirschen-Garni, Hauptstr. 34, ✆ 919955, III
Gh Nacker Mühle, Nackermühle 1, ✆ 919826
P Fran's Vogelnest, Kirchstr. 8, ✆ 9261771, II-III
Pz Busam, Lerchenstr. 13, ✆ 8237, o.F., I
Pz Hauser, Nacker Str. 1, ✆ 7928
Pz Hoegee, Kapellenweg 8, ✆ 922641, I
Pz Merkt, Hanfbündtenstr. 2, ✆ 1018
Pz Minard, Hauptstr. 39, ✆ 925905

Nack (Lottstetten) (D)
Vorwahl: 07745
Pz Güntert, Dorfstr. 4, ✆ 1231, I-II
Fw Meier, Obere Dorfstr. 27, ✆ 7826, II

Rafz
H Sternen, Märktgäss 36, ✆ 0448694000, III-IV

Hohentengen am Hochrhein (D)
Vorwahl: 07742
Verkehrsamt, Kirchstr. 4, ✆ 8530, 85350
P Hartenstein, Hauptstr. 3, ✆ 9700090, 057970, III
Pz Bradler, Kirchstr. 3, ✆ 2880, 7657, II
Pz Burger, Auenweg 43, ✆ 5584, o.F., I
Pz Haus Rheinblick, Hauptstr. 4, ✆ 1318, II
Pz Privatpension Familie Brädler, Kirchstr. 3, ✆ 2880, II
Fw Boller, Fluhstr. 2, ✆ 4037, I-II
Fw Brenzinger, Auenweg 46, ✆ 5796, II
Fw Haus RoSi, Merktweg 17, ✆ 9266008, II
Hohentengen, Badstr. 21, ✆ 1841, 015172006098

Herdern (Hohentengen am Hochrhein) (D)
Vorwahl: 07742
Fw Kötzel, Fridolinstr. 3, ✆ 6788, II-III
Camping Herdern, Kunzweg 10, ✆ 1680, 16802709

Günzgen (Hohentengen am Hochrhein) (D)
Vorwahl: 07742
Fw Haus Birgit, Schaffhauserstr. 24, ✆ 2503, 01734394162, I

Guggenmühle (Hohentengen am Hochrhein) (D)
Vorwahl: 07742
Gh Wasserstelz, Guggenmühle 15, ✆ 92300, III-IV

Lienheim (Hohentengen am Hochrhein) (D)
Vorwahl: 07742
H Hirschen, Rheintalstr. 13, ✆ 7635, III
Campingplatz Lienheim, Rümikoner Str. 18, ✆ 6172

Küssaberg (D)
Vorwahl: 07741
P Alois u. Elisabeth Geppert, Fischerweg 5, ✆ 61568

Kadelburg (Küssaberg) (D)
Vorwahl: 07741
P Krauß, Schanzstr. 24, ✆ 2210, II-III
Pz Mehlin, Rheinstr. 49, ✆ 966783, II
Camping Hochrhein, Oberdorf 56, ✆ /0795062218, 016097021193

Rheinheim (Küssaberg) (D)
Vorwahl: 07741
Tourist-Info Küssaberg, Gemeindezentrum 1, ✆ 600145
Pz Volk, Austr. 17, ✆ 4867, 1866, I-II

Reckingen (Küssaberg) (D)
Vorwahl: 07741
Gh Zum Rheintal, Rheinheimer Str. 2, ✆ 3131, III

Waldshut-Tiengen (D)
Vorwahl: 07751
Gh Zum Lauffen, Homburg 1, ✆ 07741/61588, III-IV
Ho goalsports Motel, Lonzaring 10, ✆ 9175881, III

Gurtweil (Waldshut-Tiengen) (D)
Vorwahl: 07741
Camping Schlüchttalterrassen, Neubergweg 39, ✆ 2034

Schmittenau (Waldshut-Tiengen) (D)
Vorwahl: 07751
P Rhein-Camping Waldshut, Jahnweg 22, ✆ 3152, II

Dogern (D)
Vorwahl: 07751
Gh Zum Hirschen, Hauptstr. 17, ✆ 3562, III

Albbruck (D)
Vorwahl: 07753
Verkehrsverein Albbruck e.V., Schulstr. 6, ✆ 930104

Laufenburg
Tourist-Info, Laufenpl., ✆ 0628744455
H Schützen, Winterthurer Str. 6, ✆ 0628741264, II
Hg Hotel Bahnhof garni, Burgmattstr. 1,

0628741224, IV

P Pension Heimat, Friedweg 13, 0628751239, 0794493254, 079 4493254, o.F., IV

BB Dietz, Marktg. 178, 079 4399059, III

Laufenburg D

Vorwahl: 07763

Tourismus- und Kulturamt, Hauptstr. 26, 80649, 80651

H Rebstock, Hauptstr. 28, 92170, III

AH Geyer, Wilhelm-Kiefer-Weg 3, 5280, 015154047850, I

Fw Marx, Grunholzer Str. 35, 928706, 0171/1445944, II

Fw Schacht, Hermann-C.-Starck-Str. 1, 2169149, I

Luttingen (Laufenburg) D

Vorwahl: 07763

Gh Engel, Luttinger Str. 34, 7104, III

Gh Kranz, Luttinger Str. 22, 93990, III

Murg D

Vorwahl: 07763

Verkehrsamt Murg, Hauptstr. 52, 9300

Hg Fischerhaus, Fährstr. 15, 6004, III

B Herberge zum Fischbähren, Rheinuferweg, 9300, I

Fw Haus Zimmermann, Totenbühlstr. 14, 5739, II-III

Naturlagerplatz, In der Au 6, 2179278, 0173 3005 122, I

Niederhof (Murg) D

Vorwahl: 07763

Gh Engel, Reithallenweg 4, 07763/4041

Bad Säckingen D

Vorwahl: 07761

Tourismus GmbH Bad Säckingen, Waldshuter Str. 20, 56830

H Am Hochrhein, Rheinuferstr. 30, 92420, III-IV

H Goldener Knopf, Rathauspl. 9, 5650, IV-V

H Kater Hiddigeigei, Tanzenpl. 2, 556440, III

H Rheinsberg, Schaffhauser Str. 121, 999249 0, IV-V

H Schneider, Gießenstr. 21, 7017, III

H St. Fridolin, Hasenrütte 4, 931100, III

H Zum schwarzen Walfisch, Münsterpl. 30, 919454, III

H Zur Flüh, Weihermatten 40, 924480, III-IV

Hg Schweizerblick, Schneckenhalde 1, 92520, III-IV

P Hallwylerhof, Rheinbrückstr. 48, 5534523, II

Pz Gerteis, Rheinbrückstr. 29, 4158, o.F., I

Pz Gästehaus Weizenkorn, Rheinbrückstr. 4, 9279789, 0173/6810649, III

Pz Haus Hahn, Eggbergstr. 8, 4160, II

Pz Im Kurpark, Meisenhardtweg 12, 933002, II

Fw Haus Müller, Bergseestr. 100, 96309, II

Fw Koch, Martinsweg 78, 4938, V

Fw Kähny, Bergseestr. 29, 7361, I

Hh Isele-Hof, Hasenrütte 7, 58115

Wallbach (Bad Säckingen) D

Vorwahl: 07761

Pz Haus Gerspach, Gartenstr. 30, 50503, I-II

Schwörstadt D

Vorwahl: 07762

Fremdenverkehrsamt, Hauptstr. 107, 522017, 5220712

H Hotel-Restaurant Schlossmatt, Lettenbündte 5, 52070, III

Rheinfelden D

Vorwahl: 07623

Tourist-Info, Karl-Fürstenberg-Str. 17, 9668720

H Danner, Alte Landstr. 1, 72170, IV-V

H Sängerhalle, Emil-Frey-Str. 10, 798112, III-II

Hg Bellevue, Kapuzinerstr. 2, 965130, IV-VI

Hg Oberrhein, Werderstr. 13, 72110, III-IV

Gh Chinarestaurant Rosengarten, Warmbacher Str. 62, 1409, 742040, II-III

Karsau-Riedmatt (Rheinfelden) D

Vorwahl: 07623

H Alexandras-Storchen, Brombachstr. 3, 75110, IV-V

Hg Hotel Pension Jasmin, Rütte 19, 71728200, IV

Herten (Rheinfelden) D

Vorwahl: 07623

Hg Rheinbrücke, Gewerbestr. 3, 705660, III

Fw Restaurant Schwarzer Adler, Hauptstr. 27, 4472

Beuggen (Rheinfelden) D

Vorwahl: 07623

Hg Schloss Beugen, Schloss Beuggen 11, ✆ 75190, III-IV

Grenzach-Wyhlen D

Vorwahl: 07624

H Auerhahn, Rheinfelder Str. 10, ✆ 4377, III

Gh Löwen, Lörracher Str. 2, ✆ 4295, II

Rührberg (Grenzach-Wyhlen) D

Vorwahl: 07624

Gh Rührbergerhof, Inzlinger Str. 1, ✆ 91610, III

Basel

i Basel Tourist & Hotelinformation, Im Bahnhof SBB, ✆ 0612686868

i Basel Tourist & Hotelinformation, Steinenberg 14, Im Stadtcasino am Barfüsserplatz, ✆ 0612686868

H Hotel Stücki, Badenstr. 1, ✆ 0616383434, V-VI

H Adagio, Hammerstr. 46, ✆ 0616864600, VI

H Alexander, Riehenring 83/85, ✆ 0616857000, V

H Au Violon, Im Lohnhof 4, ✆ 0612698711, V

H Balade, Klingental 8, ✆ 0616991900, V-VI

H Balegra, Reiterstr. 1, ✆ 0613067676, V

H Basel, Münzg. 12, ✆ 0612646800, V

H Birsighof, Birsigstr. 30, ✆ 0612733030, V

H DasBreiteHotel, Zürcherstr. 149, ✆ 0613156565, IV-V

H Dorint an der Messe Basel, Schönaustr. 10, ✆ 0616957000, VI

H Du Commerce, Riehenring 91, ✆ 0616902323, III-V

H East West, Rheing. 8, ✆ 0616901515

H Euler, Centralbahnpl. 14, ✆ 0612758000, V

H Gaia Hotel, Centralbahnstr. 13-15, ✆ 0612251313, V

H Helvetia, Kücheng. 13, ✆ 0612720688, V

H Hotel Basilisk, Klingentalstr. 1, ✆ 0616869666, V

H Hotel Bildungszentrum 21 AG, Missionsstr. 21, ✆ 0612602121, VI

H Hotel Merian am Rhein, Rheing. 2, ✆ 0616851111, VI

H Hotel Wettstein, Grenzacherstr. 6, ✆ 0616906464, V

H Ibis Basel Bahnhof, Margarethenstr. 33/35, ✆ 0612010707, V

H Krafft am Rhein, Rheing. 12, ✆ 0616909130, V

H Les Trois Rois, Blumenrain 8, ✆ 0612605050, V

H Locanda, Drahtzugstr. 61, ✆ 0616992020, V

H Pullmann Basel Europe, Clarastr. 43, ✆ 0616908080, V-VI

H Radisson Blu, Steinentorstr. 25, ✆ 0612272727, V

H Ramada Plaza, Messepl. 12, ✆ 0615604000, V

H Resslirytti, Theodorsgraben 42, ✆ 0616916641, V

H Rheinfelderhof, Hammerstr. 61, ✆ 0616954545, V

H Rochat, Petersgraben 23, ✆ 0612618140, IV-V

H Schweizerhof, Centralbahnpl. 1, ✆ 0615608585, IV-V

H Spalenbrunnen, Schützenmattstr. 2, ✆ 0612692626, IV

H Spalentor, Schönbeinstr. 1, ✆ 0612622626, IV-V

H Stadthof, Gerberg. 84, ✆ 0612618711, III-IV

H Swissôtel Le Plaza, Messepl. 25, ✆ 0615553333, V

H Teufelhof, Leonhardsgraben 47-49, ✆ 0612611010, V

H The Passage, Steinengraben 51, ✆ 0616315151, VI

H Victoria, Centralbahnpl. 3-4, ✆ 0612707070, V

H Wettstein, Grenzacherstr. 8, ✆ 0616906969, V-VI

H White Horse, Weberg. 23, ✆ 0616915757, III

H easyHotel Basel, Riehenring 109, ✆ 0900327927, o.F., III

H royal hotel, Schwarzwaldallee 179, ✆ 0616865555, VI

Hg Hotel D, Blumenrain 19, ✆ 0612722020, V

Hg Metropol, Elisabethenanlage 5, ✆ 0612067676, V

Hg Steinenschanze, Steinengraben 69, ✆ 0612725353, IV-V

Ho Basel backpack, Dornacherstr. 192, ✆ 0613330037, III

Fw Basel-rooms, Bärenfelser Str. 30, ✆ 3823322, II-III

Jugendherberge Basel, St. Alban-Kirchrain 10, ✆ 0612720572, III-VI

YMCA Hostel, Gempenstr. 64, ✆ 0613617309, III-IV

Danke

Dank an alle, die uns bei der Erstellung dieses Buches tatkräftig unterstützt haben. Besonderen Dank für Informationen und Korrekturen an: G. Binder, Edingen; R. u. M. Sbosny, Heide; H. Huber, Köln; M. u. a. Zimmermann-Schneller, Rheinau; A. Bergmann, Neumünster; J. Keller, Schifferstadt; D.-H. Böhme, Krumbach; J. Illing Puchheim; D. Schulz, Berlin; L. Schmidt, Wagenfeld; I. Kammerer; U. u. W. Lanzmich, Kall; J. Bayer, Wiesau; G. Poetsch, Mainz; U. u. Ch. Peiffer, Bremen; K. Schäfer; W. Ruscheweyh, Frankfurt; R. Mahrer-Hilpert, Möhlin; M. Scheuble, Hohentengen a. Hrh.; H. Illig; Michael Lenz; M. Schäfer; M.Reinsch, Trier; G. Klimke, Hameln; K. Lais, Todtnau; H. Bittner; R.H. Krug, Denkingen; H.P. Wyssmann, Jegenstorf; Fam. Kuntosch; R. Wehnl; B. Conrad; D. Sacher; H. Kassack; I. Pasternack u. F. Rexforth, Essen; P. Reiser; A. Heymann; K. G. Korf, Kehl-Sundheim; J. Stevens; J. Kantner, Braunschweig; B. Lekauskas; F. u. M. Rauch, Innsbruck; G. Bayerle, Günzburg; M. Junker, Solothurn; S. Kuwert, Uffing; J. Jong, Amersfoort, W. A. Valder, Bornheim; W. Rampe; H. Lühmann, Bremen; H. Braun, Friedrichshafen; G. Bathe, Winsen; M. Härdle; F. Baumann, St. Gallen; B. Verfürth; T. Antoni; P. Vorbrugger; F. Baguette; E. Müller, Karlsruhe; E. Frank, Idstein; G. Lacher, Bad Hönningen; W. Mehl, Darmstadt; L. Kahn, Freudenberg; J. u. B. Berger, Esslingen; H. Friederici; B. Hertach; E. Hoffmann; H. Seidl; A. Mattls; Hohenems; G. Hempfer,

Ortsindex

Die Seitenzahlen ab S. 129 beziehen sich auf das Übernachtungsverzeichnis.

A
Albbruck 118, 137
Albert 118
Altenburg 106, 137
Altenrhein 50, 132
Altnau 60, 133
Andermatt 16, 130
Arbon 54, 133

B
Bad Ragaz 37, 131
Bad Säckingen 121, 138
Bad Zurzach 84, 136
Balzers 131
Basel 100, 128, 139
Berg 83
Berlingen 68, 134
Beuggen 124, 139
Bibermüli 72
Birsfelden 136
Bonaduz 24, 131
Bottighofen 60, 133
Brennet 124
Buchs SG 40, 132
Büsingen 135
Büsingen am Hochrhein 75, 135

C
Carrera 131
Castrisch 24, 130
Chur 26, 131
Cumpadials 130

D
Dachsen 81, 136
Dardin 130
Darvella 22
Diessenhofen 74, 135
Disentis/Mustér 18, 130
Dogern 118, 137
Domat/Ems 131

E
Eglisau 83, 108, 136
Egnach 56
Ellikon am Rhein 82, 136
Ermatingen 66, 134
Eschenz 70, 135
Ettikon 114, 115
Etzgen 90

F
Feldkirch 132
Felsberg 26
Flaach 82, 136
Fläsch 36, 131
Flurlingen 79, 136
Freienstein-Teufen 136
Frümsen 43, 132
Full 90
Fußach 46, 50, 132

G
Gaienhofen 70, 134
Gailingen am Hochrhein 74, 135
Gaißau Rheineck 50
Gams 43, 132
Glattfelden 136
Goldach 132
Gottlieben 66, 134
Grabs 42, 132
Grenzach-Wyhlen 127, 139
Guggenmühle 137
Günzgen 110, 137
Gurtweil 137
Güttingen 60, 133

H
Hemishofen 72, 135
Hemmenhofen 134
Herdern 137
Herten 126, 127, 138
Höchst 45, 132
Hohentengen am Hochrhein 110, 137
Homburg 114
Horn 54, 132
Hüntwangen 110

I
Igis 32
Ilanz 22, 130

J
Jenins 34, 131
Jestetten 106, 137

K
Kadelburg 112, 137
Kaiseraugst 96, 136
Kaiserstuhl AG 84, 136
Karsau-Riedmatt 124, 138
Kesswil 60, 133
Koblenz 88, 136
Konstanz 62, 133
Kreuzlingen 61, 133
Kriessern 132
Küssaberg 112, 137

L
Landquart 131
Landschlacht 60, 133
Laufenburg 90, 118, 137, 138
Leibstadt 90
Lienheim 112, 137
Lottstetten 106, 137
Lustenau 44, 132
Luttingen 118, 138

M
Maienfeld 34, 131
Malans 33
Malans GR 131
Mammern 70, 135
Mannenbach-Salenstein 66, 134
Mellikon 84
Möhlin 136
Montlingen 132
Mumpf 92
Münsterlingen 60
Murg 120, 138
Mustér 18
Muttenz 98, 136

N
Nack 137
Neuhausen am Rheinfall 106, 135
Niederhof 138
Nofels 132

O
Oberalppass 18, 130
Oberriet SG 132
Öhningen 135

P
Pardomat 20
Pratteln 98, 136

R
Rabius 130
Rafz 108, 137
Reckingen 112, 137
Reichenau 24
Rekingen 84
Reuenthal 136
Rheinau 81, 106, 136
Rheineck 50, 132
Rheinfall 80
Rheinfelden 94, 126, 136, 138
Rheinheim 112, 137
Rheinsfelden 84
Rhina 120
Riburg 93
Riedmatt 124
Rietheim 88, 136
Romanshorn 58, 133
Rorschach 52, 132
Rorschacherberg 132
Rueras 130
Rührberg 139
Rümikon 84

S
Salenstein 66
Sargans 38, 131
Schaan 131
Schaffhausen 76, 105, 135
Scherzingen 60
Schmittenau 137
Schwaderloch 90
Schwörstadt 124, 138
Sedrun 18, 130
Seglingen 83
Sennwald 43, 132
Staad 132, 134
Steckborn 134
Stein am Rhein 71, 135
St. Luzisteig 131
Staad 52
Steckborn 68
Sumvitg 130
Surrein 20, 130

T
Tägerwilen 66, 134
Tamins 26, 131
Tavanasa 22
Teufen 83, 136
Thal 132
Tiengen 114
Tössegg 83
Tößriederen 83
Tosters 132
Triboltingen 134
Triesen 131
Triesenberg 131
Trübbach 38
Trun 22, 130
Tschamut 130

U
Uttwil 60, 133

V
Vaduz 38, 131
Valendas 24, 130
Versam 24, 131

W
Wagenhausen 135
Waldshut-Tiengen 115, 137
Wallbach 92, 122, 136, 138
Warmbach 126
Werdenberg 41
Wiedehorn 133
Wil 110
Wollmatingen 134

Z
Zizers 32, 131